FALTA DE PAGAMENTO DA RENDA NO ARRENDAMENTO URBANO

FERNANDO DE GRAVATO MORAIS

Doutor em Direito
Professor da Escola de Direito da Universidade do Minho

FALTA DE PAGAMENTO DA RENDA NO ARRENDAMENTO URBANO

FALTA DE PAGAMENTO DA RENDA NO ARRENDAMENTO URBANO

AUTOR
FERNANDO DE GRAVATO MORAIS

EDITOR
EDIÇÕES ALMEDINA, SA
Av. Fernão Magalhães, n.º 584, 5.º Andar
3000-174 Coimbra
Tel.: 239 851 904
Fax: 239 851 901
www.almedina.net
editora@almedina.net

PRÉ-IMPRESSÃO | IMPRESSÃO | ACABAMENTO
G.C. GRÁFICA DE COIMBRA, LDA.
Palheira – Assafarge
3001-453 Coimbra
producao@graficadecoimbra.pt

Maio, 2010

DEPÓSITO LEGAL
311934/10

Os dados e as opiniões inseridos na presente publicação
são da exclusiva responsabilidade do(s) seu(s) autor(es).

Toda a reprodução desta obra, por fotocópia ou outro qualquer
processo, sem prévia autorização escrita do Editor, é ilícita
e passível de procedimento judicial contra o infractor.

Biblioteca Nacional de Portugal – Catalogação na Publicação

MORAIS, Fernando de Gravato

Falta de pagamento da renda no arrendamento
urbano. – (Monografias)
ISBN 978-972-40-4251-0

CDU 347

O presente texto trata da obrigação de pagamento da renda, o principal dever do arrendatário urbano, e das consequências, a variados níveis, do seu não cumprimento.

A temática tem sido abordada na doutrina, mas é a jurisprudência que tem salientado os seus problemas fundamentais. A conotação prática que conferimos a este trabalho, obrigou a uma procura vasta de arestos dos tribunais superiores.

Em relação à estrutura da monografia, destaca-se, num primeiro momento, as características e os aspectos fundamentais da obrigação de pagamento da renda.

Seguidamente, curamos da mora do arrendatário no cumprimento do dever de pagar a renda e dos direitos do senhorio em face de tal situação: o de exigir as rendas em atraso, o de exigir uma indemnização igual a metade do valor da(s) renda(s) em atraso e, em especial, a resolução do contrato de arrendamento.

Ainda tratamos – autonomamente – a falta de pagamento da renda na pendência da acção de despejo.

Por fim, abordamos a obrigação em apreço em dois quadros bem peculiares: em face da penhora do estabelecimento comercial instalado em imóvel arrendado; na sequência da insolvência do arrendatário.

ABREVIATURAS

Ac.	Acórdão
art.	artigo
BFDUC	*Boletim da Faculdade de Direito da Universidade de Coimbra*
BMJ	Boletim do Ministério da Justiça
CAP.	Capítulo
CCom.	Código Comercial
CDP	Cadernos de Direito Privado
cit.	Citado
CJ	Colectânea de Jurisprudência
DL	Decreto-Lei
Ed.	Edição
esp.	especialmente
RAU	Regime do Arrendamento Urbano
NRAU	Novo Regime do Arrendamento Urbano
p. (pp.)	página (s)
reimp.	Reimpressão
RFDUL	Revista da Faculdade de Direito da Universidade de Lisboa
RLJ	Revista de Legislação e de Jurisprudência
ROA	Revista da Ordem dos Advogados
RT	Revista dos Tribunais
SEC.	Secção
SI	*Scientia Ivridica*
STJ	Supremo Tribunal de Justiça
Tit.	Título
v.g.	*verbi gratia*
Vol.	Volume

PLANO SUCINTO

TÍTULO I
A obrigação de pagamento da renda

§ 1. Consagração legal da obrigação de pagamento da renda.
§ 2. A correspectividade entre as obrigações de entrega e de proporcionar o gozo do imóvel e a obrigação de pagamento da renda.
§ 3. A renda como prestação pecuniária.
§ 4. A renda como prestação periódica.
§ 5. A fixação inicial da renda.
§ 6. Determinabilidade da renda.
§ 7. Actualização da renda: breves notas.
§ 8. Vencimento da renda.
§ 9. Legitimidade para receber e para pagar a renda.
§ 10. Lugar do pagamento.
§ 11. Depósito das rendas: seu regime.
§ 12. Prescrição da obrigação de pagamento da renda.
§ 13. Autonomia da prestação de renda.

TÍTULO II
Mora do arrendatário no pagamento da renda

CAPÍTULO I
Regime geral e regime especial

§ 1. Mora nas obrigações pecuniárias.
§ 2. Mora do arrendatário na obrigação de pagamento da renda: regime geral.
§ 3. A mora do arrendatário na obrigação de pagamento da renda: regime especial.
§ 4. Meios de reacção do senhorio perante a mora do arrendatário: as vias alternativas ao seu dispor.
§ 5. Situação das partes perante a mora juridicamente relevante.

CAPÍTULO II
Casos de mora (ou de inexistência de mora) do arrendatário no pagamento da renda

§ 1. Considerações gerais.
§ 2. Mora e lugar do pagamento.
§ 3. Mora e modo de pagamento.
§ 4. Mora e recibo de renda.
§ 5. Pagamento de valor inferior ao da renda e recusa da recepção da renda pelo senhorio.
§ 6. Mora e exigência de renda superior à devida.
§ 7. Mora e renúncia ao direito de receber parte da renda.
§ 8. Mora e titularidade da relação locatícia.

TÍTULO III
O direito do senhorio exigir a(s) renda(s) em atraso

CAPÍTULO I
As rendas em atraso

§ 1. Consagração legal.
§ 2. Acção executiva para pagamento das rendas em atraso.
§ 3. Instauração de uma acção declarativa para pagamento da renda.
§ 4. Instauração de uma acção de despejo onde se exige o pagamento da renda.
§ 5. Cumprimento voluntário por parte do arrendatário.

CAPÍTULO II
Os juros de mora relativos às rendas em atraso

§ 1. Os juros de mora legais.
§ 2. Juros de mora convencionais; em especial, a cláusula penal

TÍTULO IV
O direito do senhorio a uma indemnização igual a metade do valor da(s) renda(s) em atraso

CAPÍTULO I
Direito do senhorio a exigir metade do valor das rendas em atraso

§ 1. Consagração legal.
§ 2. Origem e evolução do valor indemnizatório.

§ 3. O critério seguido.
§ 4. Funções e justificação.
§ 5. Imperatividade do valor percentual.
§ 6. Inoponibilidade do arrendatário ao direito do senhorio à indemnização legal.
§ 7. Do possível valor elevado da indemnização e dos meios de reacção do arrendatário.
§ 8. Momento da constituição do direito do senhorio a exigir a indemnização legal.
§ 9. Da não exigibilidade de juros de mora.
§ 10. Modos de o senhorio obter a indemnização legal.
§ 11. Extinção ou manutenção do direito a exigir a indemnização legal: alguns casos.

CAPÍTULO II
Direito do arrendatário a pagar metade do valor da renda em atraso

§ 1. A escolha voluntária pelo arrendatário da via indemnizatória.
§ 2. A escolha do arrendatário da via indemnizatória como forma de oponibilidade ao direito do senhorio.

TÍTULO V
Resolução do contrato de arrendamento por falta de pagamento de renda

CAPÍTULO I
Aspectos gerais

§ 1. Tipologia da falta de pagamento de renda.
§ 2. A falta de pagamento da renda como fundamento resolutivo.
§ 3. A lógica subjacente à resolução arrendatícia em geral.
§ 4. Imputação do cumprimento.

CAPÍTULO II
Resolução por comunicação

§ 1. Considerações gerais.
§ 2. Pressupostos da resolução por comunicação.
§ 3. Exercício do direito de resolução.
§ 4. A faculdade de o arrendatário pôr "fim à mora".

§ 5. O não pagamento da renda e da indemnização devida no prazo de 3 meses: seus efeitos.
§ 6. A desocupação do locado.
§ 7. Natureza jurídica.

CAPÍTULO III
Resolução por comunicação (cont.): meios processuais subsequentes

§ 1. Títulos executivos extrajudiciais para entrega de imóvel arrendado.
§ 2. Constituição de título executivo extrajudicial para entrega de imóvel arrendado com fundamento na falta de pagamento da renda.

CAPÍTULO IV
Resolução judicial

SECÇÃO I
Admissibilidade da acção de despejo

§ 1. Introdução.
§ 2. O debate jurisprudencial e a discussão doutrinária: as posições existentes.

SECÇÃO II
Requisitos da constituição do direito de resolução judicial

§ 1. Mora do arrendatário.
§ 2. Gravidade ou consequências do incumprimento.
§ 3. Inexigibilidade na manutenção do contrato de arrendamento.

SECÇÃO III
A faculdade de o arrendatário fazer "caducar o direito de resolução"

§ 1. A faculdade de o arrendatário fazer "caducar o direito de resolução".
§ 2. O pagamento das rendas em atraso e da indemnização legal.
§ 3. A invocação da caducidade pelo arrendatário do direito de resolução do senhorio: o caso das rendas devidas há mais de um ano.

SECÇÃO IV
A perda da faculdade de o arrendatário fazer caducar o direito de resolução

§ 1. Considerações gerais.
§ 2. Uso limitado da faculdade de fazer caducar o direito de resolução.
§ 3. Alguns casos específicos.

TÍTULO VI
Resolução do contrato de arrendamento por falta de pagamento de renda: outros aspectos de relevo

CAPÍTULO I
A excepção de não cumprimento invocada pelo arrendatário

§ 1. Identificação das prestações.
§ 2. Sinalagmaticidade entre as prestações.
§ 3. Efeitos da correspectividade entre as prestações.

CAPÍTULO II
A escassa importância do incumprimento do arrendatário

§ 1. A escassa importância do incumprimento.
§ 2. Critério a ter em conta e suas concretizações.

TÍTULO VII
Em especial, a falta de pagamento da renda na pendência da acção de despejo

§ 1. Breve notas sobre a evolução legal da falta de pagamento da renda na pendência da acção de despejo.
§ 2. O regime vigente.
§ 3. O regime vigente (cont.): a disciplina especial da falta de pagamento da renda.
§ 4. Oposição do arrendatário.
§ 5. A constituição de título executivo impróprio.

TÍTULO VIII
Algumas hipóteses específicas

CAPÍTULO I
A penhora do estabelecimento comercial e a obrigação de pagamento da renda

§ 1. Penhora do estabelecimento comercial instalado em imóvel arrendado.
§ 2. Notificação da penhora ao senhorio.
§ 3. Efeitos da penhora do estabelecimento na relação arrendatícia.

CAPÍTULO II
A insolvência do arrendatário
e a obrigação de pagamento da renda

§ 1. A insolvência do arrendatário: enquadramento legal.
§ 2. Efeitos da declaração de insolvência no contrato de arrendamento: regime geral.
§ 3. Efeitos da declaração de insolvência no contrato de arrendamento habitacional: desvio à regra.
§ 4. Falta de pagamento da renda e resolução do contrato pelo senhorio.

Bibliografia

Índice geral

TÍTULO I
A obrigação de pagamento da renda

§ 1. Consagração legal da obrigação de pagamento da renda. § 2. A correspectividade entre as obrigações de entrega e de proporcionar o gozo do imóvel e a obrigação de pagamento da renda. § 3. A renda como prestação pecuniária. § 4. A renda como prestação periódica. § 5. A fixação inicial da renda. 1. Fixação por acordo e sem restrições. 2. Casos especiais. § 6. Determinabilidade da renda. § 7. Actualização da renda: breves notas. 1. Actualização legal anual. 2. Actualização convencional. 3. Actualização extraordinária da renda quanto a alguns contratos vinculísticos (antigos). § 8. Vencimento da renda. 1. Regime específico do arrendamento urbano: vencimento antecipado da renda. 2. Regime locatício: vencimento postecipado da renda. 3. Regime convencional. § 9. Legitimidade para receber e para pagar a renda. 1. Legitimidade para receber a renda. 1.1. O senhorio. 1.2. O representante do senhorio. 1.3. Outros legitimados. 1.4. O caso da transmissão da posição de senhorio. 2. Legitimidade para pagar a renda. 2.1. O arrendatário. 2.2. O representante do arrendatário. 2.3. Outros legitimados. 2.4. O caso da transmissão da posição de arrendatário. § 10. Lugar do pagamento. 1. Regime supletivo. 1.1. O lugar do domicílio do arrendatário. 1.2. A presunção de mora do senhorio. 2. Regime convencional. 2.1. Cláusula escrita no contrato de arrendamento: sua amplitude. 2.2. Do afastamento da cláusula contratual relativa ao lugar do pagamento da renda por estipulação verbal posterior. 2.3. Da prevalência de cláusula contratual relativa ao lugar do pagamento da renda em relação aos usos posteriores. 2.4. Da estipulação verbal posterior ao contrato de arrendamento omisso quanto ao lugar do pagamento. § 11. Depósito das rendas: seu regime. 1. Hipóteses em que pode ocorrer o depósito das rendas. 1.1. Consignação em depósito. 1.1.1. Alguns casos. 1.1.1.1. O arrendatário, sem culpa sua, não pode efectuar a prestação. 1.1.1.2. O arrendatário, sem culpa sua, não pode efectuar a prestação com segurança, por motivo relativo à pessoa do senhorio.

1.1.1.3. A mora do senhorio. 1.2. Faculdade de *cessação da mora* pelo arrendatário. 1.3. Na pendência de acção de despejo. 2. Tipos de depósito e sua relevância. 3. Depósito da renda e/ou da indemnização. 4. Termos do depósito. 4.1. Legitimidade activa e ordem do depósito. 4.2. Procedimentos. 4.3. Menções a constar do depósito. 5. Notificação do depósito da renda ao senhorio. 6. Depósitos posteriores. 7. Modos de actuação do senhorio depois de efectuado o depósito. 7.1. Impugnação do depósito. 7.1.1. A notificação do senhorio e o prazo geral da impugnação. 7.1.2. As várias hipóteses. 7.1.2.1. Não está pendente qualquer acção de despejo; a) O locador não pretende impugnar o depósito; b) O locador pretende apenas impugnar o depósito; c) O locador pretende resolver judicialmente o contrato por falta de pagamento da renda; d) O locador pretende resolver extrajudicialmente o contrato por falta de pagamento da renda. 7.1.2.2. Pendência de acção de despejo. 7.1.3. Apensação do processo de depósito ao da acção de despejo. 7.2. Levantamento do depósito. 7.2.1. Levantamento mediante declaração do senhorio. 7.2.2. Levantamento após decisão judicial. 8. Efeitos do regular depósito da renda. § 12. Prescrição da obrigação de pagamento da renda. 1. O prazo prescricional. 2. Interrupção da prescrição. 3. Prescrição e transmissão regular da posição de arrendatário. 4. Prescrição da obrigação de indemnização legal. § 13. Autonomia da prestação de renda.

§ 1. Consagração legal da obrigação de pagamento da renda

A principal obrigação do arrendatário urbano é a de pagar ao senhorio a renda relativa ao contrato de arrendamento.

Tal dever, actualmente, resulta apenas de uma regra, contida em sede de locação no quadro das obrigações do locatário – o art. 1038.°, al. a) CC). Aí, de resto, situa-se no topo, representando a primeira e a fundamental obrigação do inquilino.

De todo o modo, por inúmeras vezes, ao longo dos arts. 1022.° a 1113.° CC e na Lei 6/2006 (NRAU), é feita alusão ao "pagamento da renda" (*v.g.*, no art. 1041.° CC, no art. 1042.° CC, no art. 1048.° CC, no art. 1076.°, n.° 1 CC, no art. 1083.°, n.° 3 CC, no art. 1084.°, n.° 3 CC, no art. 15.°, n.° 2 NRAU e no art. 21.°, n.° 2 NRAU).

O Código Civil, em sede de locação e no quadro das obrigações do locatário, mantém a Subsecção II (nos arts. 1039.° a 1042.°) – cujo título é "pagamento da renda ou aluguer" – e as suas quatro normas, ainda que uma delas – o art. 1042.º CC – tenha sido objecto de alteração, por efeito da reforma de 2006.

Especificamente no domínio do arrendamento, por via da Lei 6//2006, de 27 de Fevereiro, o diploma civilista contém ainda uma subsecção – a III (arts. 1075.º a 1078.º), com a epígrafe "dos direitos e das obrigações das partes" –, que integra uma divisão própria (a II), que cura das obrigações pecuniárias, e que trata, em especial, da "renda e [dos] encargos".

§ 2. A correspectividade entre as obrigações de entrega e de proporcionar o gozo do imóvel e a obrigação de pagamento da renda

O contrato de arrendamento, para além de ter carácter duradouro, reveste natureza sinalagmática, o que é pacificamente aceite[1].

Esta correspectividade contende com duas obrigações do senhorio – a de "entregar... a coisa locada" (art. 1031.º, al. a) CC) e a de "assegurar o [seu] gozo para os fins a que se destina" (art. 1031.º, al. b) CC) –, que estão intimamente ligadas ao dever principal do arrendatário: o de pagamento da renda (art. 1038.º, al. a) CC)[2].

Esta específica ligação entre os vínculos mencionados tem reflexo em figuras específicas, designadamente a excepção de não cumprimento e a resolução por incumprimento.

Quanto ao primeiro instituto, tal emerge em especial do art. 1040.º CC, que destaca a possibilidade de redução da renda proporcional ao tempo da privação ou da diminuição do gozo e à sua extensão[3].

---

[1] Cfr., entre outros, MENEZES LEITÃO, Arrendamento Urbano, 3.ª Ed., Coimbra, 2007, p. 19, e ROMANO MARTINEZ, Direito das Obrigações (Parte Especial) – Contratos, 2.ª Ed., Coimbra, 2007 (3.ª reimpressão da edição de 2001), p. 168.

[2] Realça-se no Ac. Rel. Porto, de 15.7.2009 (MARIA GRAÇA MIRA), www.dgsi.pt, que "com obrigação para os arrendatários de pagarem a renda acordada e a correlativa contraprestação do senhorio, consubstanciada na obrigação de entregar o locado e assegurar o gozo do mesmo, aos inquilinos, estas duas obrigações estão, assim, inequivocamente, ligadas entre si por um nexo de causalidade – uma é o motivo determinante da outra – ou de correspectividade".

[3] Ver infra Título VI, Capítulo I.

Em relação à resolução por incumprimento (da obrigação de pagamento da renda), há igualmente regras particulares, com destaque para os arts. 1041.º, 1048.º, 1083.º, n.º 3 e 1084.º, n.º 4, todos do CC[4].

§ 3. A renda como prestação pecuniária

Por força da nova lei, a renda urbana passou a ser expressamente qualificada como mera "prestação pecuniária" (art. 1075.º, n.º 1 CC). Com o NRAU, houve uma mudança de paradigma em relação ao direito anterior.

Com efeito, no revogado RAU – e se recuarmos um pouco mais na versão anterior do CC, conquanto aí com algumas particularidades –, a renda representava sempre uma prestação em dinheiro, sendo obrigatoriamente fixada em escudos (art. 19.º, n.º 1 RAU). De todo o modo, a fixação em moeda específica ou em moeda estrangeira apenas se reflectia na nulidade da estipulação, sem que isso prejudicasse a validade do contrato (art. 19.º, n.º 2 RAU)[5]. Consagrava-se assim o princípio nominalista[6].

Com a reforma de 2006, abandonou-se esta regra, aplicando-se agora integralmente os arts. 550.º a 558.º CC.

Desta sorte, no leque das obrigações pecuniárias, cabe distinguir três situações.

Por um lado, as obrigações de quantidade, em relação às quais vale, em especial, o princípio nominalista (art. 550.º). Ora, o dever de pagar a renda apresenta-se, à partida, como uma obrigação deste tipo, em razão de ser na larga maioria das situações estipulado em euros (moeda com curso legal no país).

Por outro lado, pode ainda haver lugar a obrigações de moeda específica, sendo que o arrendatário se "compromete a pagar em moeda metá-

---

[4] Cfr. infra Título V.

[5] Embora se determinasse, nestes casos, uma conversão da renda fixada em escudos (art. 19.º, n.º 3 RAU).

[6] Ver sobre o tema, JANUÁRIO GOMES, Arrendamentos para habitação, 2.ª Ed., Coimbra, 1996, p. 81 e Arrendamentos comerciais, 2.ª Ed., Remodelada, 1993, pp. 92 e 93, e ANTÓNIO SEQUEIRA RIBEIRO, "Renda e encargos no contrato de arrendamento urbano", Estudos em Homenagem ao Professor Doutor Inocêncio Galvão Telles, Vol. III, Direito do Arrendamento Urbano, Coimbra, 2002, p. 111.

lica ou em valor dessa moeda" (art. 552.° CC). Tal via – a fixação da renda, por hipótese, em dólares de prata ou em libras de ouro – é rara em sede locatícia.

Finalmente, pode ser estipulado o cumprimento da obrigação de pagamento da renda em moeda com curso legal apenas no estrangeiro, sendo que isso "não impede o devedor de pagar em moeda com curso legal no País, segundo o câmbio do dia do cumprimento e do lugar para este estabelecido, salvo se essa faculdade houver sido afastada pelos interessados" (art. 558.° CC)[7].

§ 4. A renda como prestação periódica

A renda é ainda havida como "prestação periódica"[8] (art. 1075.°, n.° 1 CC).

Trata-se de uma prestação que deve ser satisfeita com uma regularidade certa, normalmente mensal.

Esta qualificação tem significado prático relevante a vários níveis:

- não se aplica o art. 781.° CC (relativo à perda do benefício do prazo) em sede arrendatícia, dado que a regra vale tão somente para as prestações fraccionadas;

---

[7] MENEZES LEITÃO observa que "parecendo assim serem hoje de novo admissíveis as cláusulas de pagamento da renda em moeda específica (arts. 552.° ss.) ou em moeda estrangeira (art. 558.°), ao contrário do que dispunha o art. 19.°, n.° 1 do RAU" (Arrendamento Urbano, 3.ª Ed., Coimbra, 2007, pp. 54 e 55).

[8] Entre outros, ver ALMEIDA COSTA, Direito das Obrigações, 10.ª ed., Reelaborada, 2006, p. 700, MENEZES LEITÃO, Arrendamento Urbano, 3.ª Ed., Coimbra, 2007, p. 20, ROMANO MARTINEZ, Direito das Obrigações (Parte Especial) – Contratos, 2.ª Ed., Coimbra, 2007 (3.ª reimpressão da edição de 2001), p. 168.

Diversamente, PINTO FURTADO defendia, no passado, que "a renda tem, com efeito, a natureza jurídica de uma prestação unitária fraccionada"(Manual do Arrendamento Urbano, 3.ª Ed., Revista e Actualizada, Coimbra, 2001, p. 45), sendo que considerava que "o crédito de renda fica perfeito com a conclusão do contrato, como um crédito unitário, logo, não se lhe aplicam as regras postas para as prestações periódicas" (últ. ob. cit., p. 496), e mantém a posição actualmente (Manual do Arrendamento Urbano, Vol. I, 5.ª Ed., Revista e Actualizada, Coimbra, 2009, p. 52).

– a resolução do contrato de arrendamento não tem eficácia "ex tunc", pelo que não há lugar à restituição das rendas pagas (art. 434.º, n.º 2)[9];
– em termos processuais, determina o art. 472.º, n.º 1 CPC que "tratando-se de prestações periódicas, se o devedor deixar de pagar, podem compreender-se no pedido e na condenação tanto as prestações já vencidas como as que se vencerem enquanto subsistir a obrigação"[10].

§ 5. A fixação inicial da renda

1. Fixação por acordo e sem restrições

O quantitativo da renda é, em princípio, fixado – sem limitações de qualquer espécie – por acordo entre o senhorio e o arrendatário.

Sempre que o contrato deva ser celebrado por escrito (art. 2.º, proémio DL 160/2006, de 8 de Agosto) – o que pode ocorrer à luz do art. 1069.º CC – impõe-se que tal resulte de cláusula aposta no contrato. Assim o assinala o art. 2.º, al. e), quando alude ao facto de dever constar do contrato de arrendamento o "quantitativo da renda", que integra, de resto, o "conteúdo necessário" daquele.

A omissão, todavia, não determina, em regra, a invalidade ou a ineficácia do contrato, "quando [estas] possam ser supridas nos termos gerais e desde que os motivos determinantes da forma se mostrem satisfeitos" (art. 4.º DL 160/2006).

Note-se que nos contratos verbais de arrendamento, sempre que admitidos, não há necessidade de redução a escrito do quantitativo da renda.

---

[9] De igual sorte, dado que está em causa um contrato de execução continuada (do lado do senhorio) e periódica (do ponto de vista do locatário), a impossibilidade temporária da prestação do senhorio permite ao inquilino o não pagamento da renda, durante o período de tempo em causa – art. 793.º CC.

[10] O n.º 2 do referido artigo dispõe que "pode ainda pedir-se a condenação em prestações futuras quando se pretenda obter o despejo de um prédio no momento em que findar o arrendamento e nos casos semelhantes em que a falta de título executivo na data do vencimento da prestação possa causar grave prejuízo ao credor".

2. Casos especiais

Na locação habitacional, permanecem (ainda) em vigor os regimes de renda do RAU e, portanto, os arts. 77.º a 82.º *ex vi* art. 61.º NRAU.

Desta forma, excluindo o regime da renda livre, há regras limitativas seja no regime da renda condicionada, seja no regime da renda apoiada, que não podem ser afastadas pelos contraentes[11].

§ 6. Determinabilidade da renda

Tem-se discutido se a renda deve estar determinada na data da conclusão do contrato ou se tem apenas de ser determinável, nos termos naquele definidos.

Alguma doutrina sustenta que basta que a renda seja determinável[12], embora uns assinalem que os critérios de fixação devem resultar do próprio contrato[13], ao passo que outros sustentam a aplicabilidade para tal efeito "[d]os critérios do art. 883.º, por força do art. 939.º"[14].

Outros autores, porém, defendem orientação oposta, exigindo a fixação da renda no exacto momento da celebração do contrato[15].

Em primeiro lugar, cremos que a renda não tem de estar determinada ao tempo da conclusão do negócio. Há outros critérios legais que podem auxiliar nessa fixação, pelo que podem aqui aproveitar-se.

Esta orientação parece ter sido acolhida no Ac. STJ, de 24.1.2002, quando se observa que "para a perfeição do contrato de arrendamento é

---

[11] Ver, sobre o tema, JANUÁRIO GOMES, Arrendamentos para habitação, cit., pp. 80 ss.

[12] PINTO LOUREIRO, Tratado da Locação, I, Coimbra, 1948, pp. 72 e 73.

[13] ANTÓNIO SEQUEIRA RIBEIRO, "Renda e encargos no contrato de arrendamento urbano", Estudos em Homenagem ao Professor Doutor Inocêncio Galvão Telles, Vol. III, Direito do Arrendamento Urbano, Coimbra, 2002, cit., p. 108 (observa o autor que "as condições do contrato de compra e venda são muito diferentes do contrato de locação, pelo que mesmo com grandes adaptações não se mostra viável a aplicação do art. 883.º do CC ao contrato de locação").

[14] MENEZES LEITÃO, Arrendamento Urbano, cit., p. 54, aderindo à construção de PINTO FURTADO, Manual do Arrendamento Urbano, 3.ª Ed., cit., pp. 50 e 51.

[15] GALVÃO TELLES citado por MENEZES LEITÃO, Arrendamento Urbano, cit., p. 54.

fundamental a existência de acordo das partes sobre o quantitativo da renda em dinheiro ou sobre o critério que possibilite a determinação de tal quantitativo, ou, ainda, que exista esse critério fundado em regra legal"[16].

A questão é, pois, a de saber se tal pode ser realizado nos termos gerais ou se do contrato devem já resultar esses critérios.

A adaptação, ao contrato de locação, do art. 883.º CC, que reveste carácter de norma genérica, virtualmente aplicável aos contratos onerosos, parece ser uma boa solução.

Embora nem todos os critérios aí especificados possam servir inteiramente para o caso do arrendamento, podem mostrar-se alguns deles adequados: o valor que o *senhorio* normalmente praticar à data da conclusão do contrato; subsidiariamente, o valor de mercado do imóvel, para efeito de arrendamento; por fim, a determinação pelo tribunal.

De todo o modo, saliente-se que nada impede que do próprio contrato resulte o critério de determinação da renda.

§ 7. Actualização da renda: breves notas

1. Actualização legal anual

Nos tempos mais recentes, por referência à data anterior à entrada em vigor do NRAU, a regra geral, em sede de actualização (ordinária) da renda, determinava uma actualização *ex lege* (em função de um coeficiente legal) e anual.

Este tipo de actualização mantém-se à luz do NRAU, mas agora funciona como regra supletiva, só se aplicando no caso de as partes não afastarem no contrato este regime.

---

[16] Ver Ac. STJ, de 24.1.2002 (JOAQUIM DE MATOS), www.dgsi.pt (afirma-se ainda que "é de arrendamento a alteração ao anterior contrato de arrendamento, segundo a qual as partes acordaram que o inquilino passaria a prestar certos serviços e que essa prestação conhecia valor idêntico à anterior retribuição em dinheiro").

Neste sentido, Ac. Rel. Porto, de 17.5.2001 (ALVES VELHO), www.dgsi.pt, onde se suscita uma questão deste género.

Tem as seguintes características básicas:

- a sua periodicidade é anual;
- resulta de um coeficiente legal, que tem subjacente o critério da variação do índice de preços do consumidor (art. 24.°, n.ᵒˢ 1 e 2 NRAU ex vi art. 1077.°, n.° 2 CC, NRAU);
- decorre de comunicação escrita a remeter ao inquilino, com um prazo mínimo de pré-aviso de 30 dias, que deve conter o novo montante e o coeficiente a aplicar (art. 1077.°, n.° 2 CC);
- a primeira actualização só pode ser exigida depois de decorrido o período de um ano após o início da vigência do contrato, valendo a mesma regra quanto às actualizações subsequentes (art. 1077.°, n.° 2, al. b) CC, NRAU).

2. Actualização convencional

O RAU permitia, a título excepcional e apenas nalguns casos, uma actualização convencional. Tal decorria, por exemplo, do regime do arrendamento comercial sempre que o período inicial de duração do contrato fosse superior a 5 anos (art. 119.°).

Depois da reforma de 2006, modifica-se o paradigma: vale agora o princípio da liberdade contratual quanto à actualização das rendas (art. 1077.°, n.° 1 CC, NRAU).

As exigências do preceito reduzem-se à necessidade de estipulação por escrito da actualização e à circunstância de o respectivo regime dever resultar do contrato ou de um seu aditamento.

Os critérios a aplicar podem ser aqui diversos dos referidos na regra legal supletiva. Assim, pode alterar-se, entre outros,

- a periodicidade da actualização;
- o prazo de pré-aviso;
- o tempo da exigibilidade.

De todo o modo, o emprego da regra da liberdade contratual também significa que há aqui limites da lei a considerar, à luz do art. 405.°, n.° 1, parte inicial CC e de outras regras que sejam havidas como imperativas. Assim, por exemplo, a actualização da renda não é convencionalmente admissível no caso da transmissão da posição de arrendatário por efeito de trespasse, já que configura uma limitação ao art. 1112.º, n.º 1, al. a) CC, que é uma norma injuntiva[17].

3. Actualização extraordinária da renda quanto a alguns contratos vinculísticos (antigos)

O NRAU prevê, pormenorizadamente, um modo de actualização de renda apenas aplicável a alguns contratos de arrendamento: os vinculísticos, mas apenas os habitacionais anteriores à entrada em vigor do RAU, e os não habitacionais anteriores anteriores à entrada em vigor do DL 257/95.

Esta actualização tem cariz extraordinário, decorre da lei e está sujeita a requisitos de vária ordem, a saber:

– substanciais;
– procedimentais; e
– formais[18].

---

[17] À luz do regime anterior (RAU), discutiu-se, no Ac. STJ, de 16.5.2002 (QUIRINO SOARES), www.dgsi.pt, o valor de uma cláusula que determinava "ao lado da actualização anual de acordo com os índices legais... [que] a renda seria aumentada de 20% em caso de cessão de quotas da arrendatária (excepto à própria sociedade ou aos sócios existentes à data do contrato) ou de trespasse"; ora, "tendo havido cessão de quotas a estranhos, realizada em 21.6.99, o senhorio fez acrescer à renda o acréscimo de 20% e exigiu o respectivo pagamento a partir do mês seguinte", sendo que o arrendatário recusou o pagamento.

Concluiu-se no aresto que, "não obstante, nenhuma razão decisiva existe para se concluir que as duas cláusulas, a 4.ª (que prevê, aliás sem necessidade, a actualização anual de acordo com os coeficientes) e a 5.ª (que regula a actualização em resultado de cessão de quotas a estranhos ou de trespasse) não podem subsistir ex aequo (e ser, por isso, nula uma delas), tratando-se, como se trata, de cláusulas com vocação temporal distinta, uma, a 4.ª, destinada a funcionar regular e periodicamente, a outra, a 5.ª, apenas na eventualidade de uma cessão de quota ou de um trespasse, isto é, eventual e esporadicamente, e, além disso, não automaticamente, mas mediante iniciativa do senhorio". Especificou o tribunal que "o problema das referidas cláusulas deverá ser, pois, não de validade, mas de aplicabilidade cumulativa. Serão ambas válidas, mas não poderão ser aplicadas ao mesmo tempo, isto é, na mesma anualidade".

[18] Ver GRAVATO MORAIS, Arrendamento para habitação. Regime transitório, Coimbra, 2007, pp. 82 ss., e Novo Regime do Arrendamento Comercial, 2.ª Ed., Coimbra, 2007, pp. 103 ss.

§ 8. Vencimento da renda

1. Regime específico do arrendamento urbano: vencimento antecipado da renda

A regra geral estabelecida no art. 1075.°, n.° 2, 2.ª parte CC, NRAU – que reflecte o anterior art. 20.° RAU – estabelece o seguinte:

– "se as rendas estiverem em correspondência com os meses do calendário gregoriano, a primeira vencer-se-á no momento da celebração do contrato e cada uma das restantes no 1.° dia útil do mês imediatamente anterior àquele a que diga respeito".

Note-se que a primeira renda não obedece ao regime das restantes, já que se vence imediatamente, ao tempo da conclusão do contrato de arrendamento.

O momento do vencimento das restantes (e subsequentes) rendas (mensais) é antecipado em relação ao gozo da coisa.

A aplicação deste regime, que é supletivo – mas que se emprega na larga maioria dos contratos de arrendamento –, pressupõe a correspondência das rendas com os meses do calendário gregoriano[19-20].

2. Regime locatício: vencimento postecipado da renda

A falta de correspondência das rendas com os meses do calendário gregoriano – e caso nada se estipule em sentido contrário – importa o

---

[19] Ver Ac. Rel. Porto, de 10.11.2009 (HENRIQUE ANTUNES), www.dgsi.pt ("esta regra – que é nitidamente excepcional – só se aplica se as rendas estiverem em correspondência certa com o calendário organizado segundo as instruções do Papa Gregório XIII").

[20] Cfr. o Ac. Rel. Lisboa, de 16.4.1991 (DINIZ NUNES), www.dgsi.pt ("constando no contrato reduzido a escrito que a renda seria paga ao senhorio no primeiro dia útil do mês imediatamente anterior àquele a que dissesse respeito, não pode o réu inquilino recorrer à prova testemunhal para demonstrar que, por acordo verbal, foi alterado o prazo para pagamento da renda").

emprego do disposto no art. 1039.º, n.º 1, 1.ª parte CC, referente à locação, que especifica:

– "o pagamento da renda... deve ser efectuado no último dia de vigência do contrato ou do período a que respeita".

Assim, em tais hipóteses, o vencimento da renda é, ao contrário da regra específica mencionada, posterior ao gozo da coisa[21].

3. Regime convencional

É possível – conquanto não usual – que se altere a regra arrendatícia de cariz excepcional ou a disciplina da locação, já que os arts. 1075.º, n.º 2 e 1039.º, n.º 1 CC têm natureza supletiva.

Desta sorte, as partes podem prever regras próprias em sentido diverso das atinentes aos regimes descritos.

§ 9. Legitimidade para receber e para pagar a renda

1. Legitimidade para receber a renda

1.1. *O senhorio*

É o senhorio que tem, na qualidade de contratante, legitimidade para receber a renda.

1.2. *O representante do senhorio*

Por vezes, o senhorio nomeia um representante voluntário, com poderes bastantes para receber a renda. O pagamento da renda ao procurador

---

[21] Cfr. Ac. Rel. Porto, de 10.11.2009 (HENRIQUE ANTUNES), www.dgsi.pt ("não se verificando essa correspondência, como, no caso de se convencionar, por exemplo, que o arrendamento se inicia no dia 14 de Junho, rege a regra geral, por força da qual, não havendo convenção ou uso contrário, o pagamento da renda deve ser efectuado no último dia de vigência do contrato ou do período a que a renda diz respeito (art. 1039.º, n.º 1 do Código Civil").

do senhorio produz de imediato efeitos na esfera jurídica deste último (art. 258.° CC)[22]. Esta via tem algum carácter de habitualidade[23].

Releve-se que o senhorio, *v.g.*, porque é menor, pode ter um representante legal Nessas hipóteses, a renda deve ser paga a este.

1.3. *Outros legitimados*

Mas outras pessoas podem ter tal legitimidade.

É o caso do cônjuge do locador, que porventura recebe sistematicamente as rendas do inquilino[24].

1.4. *O caso da transmissão da posição de senhorio*

No caso de transmissão da posição de senhorio (*v.g.*, por efeito da venda do imóvel), tal deve ser comunicado devida e adequadamente (através do envio do próprio contrato de compra e venda, que comprova a alie-

---

[22] Note-se que o arrendatário não tem de pagar necessariamente ao representante do senhorio, salvo se existir estipulação nesse sentido. É o que resulta do art. 771.° CC.

[23] Ver os seguintes arestos:
– o Ac. Rel. Lisboa, de 25.1.2005 (GONÇALVES RODRIGUES), www.dgsi.pt (assinalava-se numa das cláusula do contrato que "a renda mensal acordada é de Esc. 150.000$0... e será paga ao representante do senhorio... na morada indicada, ou por transferência bancária, para a conta..., em nome do senhorio");
– o Ac. Rel. Lisboa, de 22.10.1992 (MARTINS RAMIRES), www.dgsi.pt (destacou-se que "ausentando-se o representante do senhorio da casa onde lhe devia ser paga a renda do locado, aquele não prestou a cooperação necessária ao cumprimento da obrigação do pagamento da renda constituindo-se assim o senhorio em mora").

[24] Cfr. o Ac. Rel. Porto, de 16.9.2002 (MARQUES PEREIRA), www.dgsi.pt ("desde Novembro de 1996, tem sido a mulher do Autor que se tem deslocado ao domicílio dos RR, com a intenção de receber as rendas; sendo que o Réu pagou à mulher do Autor, mensalmente, os montantes de 50.200$00, de Novembro de 1996 a Março de 1997, de 50.838$00 de Abril de 1997 a Março de 1998, de 52.211$00 de Abril de 1998 a Novembro de 1999, continuando a pagar a esta a renda nos meses subsequentes"; ora, "constituindo o recebimento de rendas um acto de administração (ordinária), não se duvida, pois, de que, ao pagar à mulher do Autor as rendas de Novembro de 1996 e seguintes, o Réu fê-lo a quem tinha legitimidade para as receber (e, naturalmente, para as receber no domicílio dos RR, como veio a suceder") e o Ac. Rel. Porto, de 27.9.2001 (TELES DE MENEZES), www.dgsi.pt ("se o marido exige determinado montante a título de renda e a mulher se basta com um montante inferior pelo qual cobra as rendas e emite recibos, não pode imputar-se ao inquilino falta de pagamento das rendas").

nação do prédio) ao arrendatário, sob pena de este poder recusar o pagamento ao novo sujeito, sendo-lhe portanto legítimo o pagamento ao antigo locador, a quem o represente ou eventualmente a efectivação de depósito da renda à ordem do "antigo" senhorio[25].

Só após a comunicação efectuada nos termos próprios, cabe ao arrendatário pagar ao novo locador.

2. Legitimidade para pagar a renda

2.1. *O arrendatário*

Tem legitimidade para pagar a renda o arrendatário, enquanto parte no contrato.

Se forem vários os inquilinos, qualquer deles pode realizar o pagamento, sendo que tal acto a todos libera.

2.2. *O representante do arrendatário*

De igual modo, o representante do arrendatário – sendo que o acto praticado produz imediatamente efeitos na esfera jurídica deste – pode efectuar o pagamento junto do senhorio.

2.3. *Outros legitimados*

Outros sujeitos têm ainda legitimidade para efectuar o pagamento da renda.

---

[25] Ver Ac. Rel. Évora, de 8.3.2007 (SÍLVIO SOUSA), www.dgsi.pt ("em caso de transmissão da posição contratual do senhorio, razões de bom senso e de segurança jurídica, impõem que a comunicação da identidade do novo senhorio, ocorrida em consequência da transmissão do direito com base no qual foi possível celebrar o contrato de arrendamento, se faça através do envio ao arrendatário da pertinente escritura, sob pena deste poder invocar dúvidas legítimas quanto àquela qualidade e por isso recusando o pagamento da renda, ao "novo senhorio". Havendo recusa do senhorio "antigo" de recebimento das rendas, é lícito ao arrendatário efectuar o depósito à ordem daquele, por não poder efectuar, com segurança e sem culpa sua, a prestação de pagamento da renda a que estava vinculado, por motivo relacionado com a incerteza da pessoa do senhorio, ocorrendo, por isso, os pressupostos da consignação em depósito").

O regime é aqui o geral, o qual é bastante amplo, em virtude de inexistirem especificidades consagradas em sede locatícia.

Dispõe o art. 767.°, n.° 1 CC que "a prestação pode ser feita tanto pelo devedor como por terceiro, interessado ou não no cumprimento da obrigação".

O conceito de terceiro é, neste contexto, muito amplo, devendo ser assim considerado todo aquele que ao tempo do cumprimento não seja devedor[26].

Da aplicabilidade desta regra resulta que um qualquer interessado no cumprimento pode efectuar a prestação de renda. É o caso do fiador ou de um garante em geral[27], do cessionário da exploração do estabelecimento mercantil (para assegurar o gozo do imóvel e do estabelecimento), entre vários outros.

Mas admite-se ainda que um sujeito não interessado no cumprimento possa realizar a prestação. É o que sucede, *v.g.*, se alguém actuar como gestor de negócios ou na qualidade de mandatário sem representação.

De todo o modo, em qualquer das hipóteses suscitadas sempre o cumprimento por terceiro deve ocorrer no quadro do específico contrato de arrendamento em causa e dentro do circunstancialismo que aí se prevê[28].

---

[26] ALMEIDA COSTA, Direito das Obrigações, cit., p. 1000 (como destaca o autor "a recusa do credor apenas será lícita quando o devedor [arrendatário] se oponha ao cumprimento e o terceiro não possa ficar sub-rogado nos direitos do credor, de acordo com o art. 592.°; mas a oposição do devedor [o arrendatário] não obsta a que o credor [o senhorio] aceite validamente a prestação").

Naturalmente que o terceiro deve ter consciência que está a pagar uma dívida de renda de outrem.

[27] A partir de então, adquire a qualidade de credor do arrendatário, por efeito de sub-rogação legal, à luz do art. 592.°, n.° 1 CC.

[28] Ver, entre outros,

– o Ac. Rel. Porto, de 10.10.1994 (ALVES CORREIA), www.dgsi.pt ("a obrigação de pagamento da renda incumbe ao arrendatário, mas essa prestação pecuniária pode também ser feita por terceiro, interessado ou não no cumprimento");

– o Ac. Rel. Lisboa, de 31.1.1991 (CRUZ BROCO), www.dgsi.pt ("uma renda pode ser paga por qualquer pessoa e não apenas pelo arrendatário");

– o Ac. Rel. Lisboa, de 18.10.1990 (CARDONA FERREIRA), www.dgsi.pt ("uma renda pode ser paga (ou depositada) por qualquer pessoa, e não apenas pessoalmente pelo arrendatário, desde que tal seja feito no âmbito da respectiva locação, a favor do senhorio, em tempo e lugares próprios");

– o Ac. Rel. Lisboa, de 19.2.1982 (ANTÓNIO POÇAS), www.dgsi.pt ("uma renda pode ser paga por qualquer pessoa e não apenas pelo arrendatário").

2.4. *O caso da transmissão da posição de arrendatário*

Se ocorrer a transmissão regular da posição de arrendatário, *v.g.*, por morte do arrendatário ou por efeito do trespasse do estabelecimento comercial, o novo arrendatário tem agora legitimidade para proceder ao pagamento da renda.

§ 10. Lugar do pagamento

1. Regime supletivo

1.1. *O lugar do domicílio do arrendatário*

Inexiste disciplina particular em sede arrendatícia quanto ao lugar do cumprimento da obrigação de pagar a renda.

Apenas no quadro amplo da locação se trata desta temática, derrogando o regime regra da execução das obrigações pecuniárias (o lugar do domicílio do credor ao tempo do vencimento – art. 774.° CC).

Assim, dispõe o art. 1039.°, n.° 1 CC, aqui empregue, que "o pagamento da renda... deve ser efectuado... no domicílio do locatário à data do vencimento, se as partes ou os usos não fixarem outro regime" (sublinhado nosso).

Se não resultar evidente do contrato de arrendamento ou provado em tribunal qual o lugar do cumprimento, há que aplicar o regime supletivo[29].

1.2. *A presunção de mora do senhorio*

Caso se aplique o disposto no 2.° trecho, 1.ª parte, do art. 1039.° CC, ou seja, que a renda deve ser paga no domicílio (ou na sede) do arrenda-

---

[29] Ac. Rel. Lisboa, de 15.11.2007 (FÁTIMA GALANTE), www.dgsi.pt ("no caso dos autos, não ficou claro qual o lugar do pagamento das rendas, pelo que deve considerar-se que o mesmo deve ser efectuado no domicílio do arrendatário à data do vencimento da renda").

tário – seja por omissão no contrato, seja porque este reflecte o regime supletivo –, o n.º 2 do art. 1039.º CC determina que se

- "o pagamento não tiver sido efectuado, presume-se que o locador não veio nem mandou receber a prestação no dia do vencimento"[30].

Esta presunção legal dispensa o inquilino de provar que o senhorio "não mandou alguém à sede daquela a fim de receber as rendas vencidas (artigo 350.º, n.º 1, do Código Civil)"[31].

Trata-se de uma presunção *juris tantum*, com carácter ilidível, admitindo-se assim que o senhorio demonstre o contrário (art. 350.º, n.º 2 CC)[32].

2. Regime convencional

Como vimos, as partes podem estipular uma regra diversa da constante do art. 1039.º, 2.º trecho CC.

O lugar do pagamento assim determinado resulta de acordo – verbal ou escrito – entre as partes, não sendo uma das menções que devem ser apostas no contrato de arrendamento – ver os arts. 2.º e 3.º DL 160/2006.

---

[30] Cfr. o Ac. Rel. Évora, de 14.2.2008 (JOÃO MARQUES), www.dgsi.pt ("na falta de fixação pelas partes ou pelos usos de outro regime, a renda deve ser paga no domicílio do locatário à data do vencimento. Provado o não pagamento das rendas, se as partes nada alegaram quanto ao lugar do pagamento, tem de presumir-se que ocorre mora do locador. Verificando-se mora do locador, o inquilino não está obrigado ao depósito das rendas, dado o carácter facultativo da consignação em depósito. Na ausência de documento comprovativo do arrendamento, nenhuma das partes se referiu ao lugar estipulado para o pagamento da renda"), o Ac. Rel. Porto, de 12.6.1997 (PIRES CONDESSO), www.dgsi.pt ("ao autor compete a prova do lugar do pagamento, sendo que se as partes ou os usos não fixarem outro regime, a renda será paga no domicílio do locatário. Determinado que a renda é paga no domicílio do locatário e não o tendo sido, presume-se que o locador não veio nem mandou receber a prestação em dívida").

[31] Ac. STJ, de 19.2.2004 (SILVA SALAZAR), www.dgsi.pt ("consta do contrato de arrendamento que o local do pagamento das rendas era na sede social da ré [arrendatária]").

[32] Neste sentido, o Ac. STJ, de 19.2.2004 (SILVA SALAZAR), www.dgsi.pt.

2.1. Cláusula escrita no contrato de arrendamento: sua amplitude

É usual a fixação do lugar do domicílio do senhorio (ou até do seu procurador) como o indicado para a realização do pagamento da renda[33].

Outras vezes, determina-se que é o senhorio quem indica o lugar do pagamento da renda. Nesses casos, parece ser lícito ao senhorio proceder à mudança do lugar do pagamento, sem necessidade de concordância do arrendatário[34].

Mas a estipulação pode ter outras variantes, como por exemplo impor-se o pagamento por depósito na conta bancária do senhorio[35].

2.2. Do afastamento da cláusula contratual relativa ao lugar do pagamento da renda por estipulação verbal posterior

À luz do art. 222.°, n.° 2 CC parece admissível – quando a forma escrita não for exigida por lei (e esta não a exige quanto ao lugar do pagamento) –, o afastamento por estipulação verbal posterior de cláusula escrita no contrato de arrendamento[36].

---

[33] Ver, sobre o tema, os seguintes arestos:
– Ac. Rel Porto, de 11.9.2007 (VIEIRA E CUNHA), www.dgsi.pt ("encontra-se assente que a renda deveria ser paga no domicílio da senhoria");
– Ac. Rel. Lisboa, de 21.10.1997 (PEREIRA DA SILVA), www.dgsi.pt ("o não pagamento da renda em casa do senhorio, onde, nos termos acordados, devia ser paga, constitui o devedor-arrendatário em *mora solvendi*, mora essa que só é excluída se lhe não for imputável esse não pagamento no tempo e lugar próprios. Incumbe ao arrendatário provar a falta de culpa sua no não pagamento da renda, provando a *mora accipiendi*").

[34] Neste sentido, ver o Ac. Rel. Lisboa, de 11.2.1992 (DIOGO FERNANDES), www.dgsi.pt ("constando da escritura de arrendamento que o lugar de pagamento da renda será o indicado pelo senhorio ou no de quem legalmente o representar, é lícito ao senhorio alterar esse local de pagamento").

[35] Ac. STJ, de 20.6.2000 (MARTINS DA COSTA), BMJ, 498, 2000, p. 221 ("o depósito de rendas em conta bancária do senhorio, com o acordo deste, tem o mesmo valor que o pagamento a ele directamente feito, e o documento emitido pelo banco equivale ao respectivo recibo").

[36] Ver Ac. Rel. Lisboa, de 20.5.2008 (RUI MOURA), www.dgsi.pt ("sabemos que é inadmissível prova testemunhal para provar convenção verbal sobre o lugar do pagamento da renda que alterou a anterior cláusula escrita do respectivo contrato"), e Ac. Rel. Porto, 23.1.1992 (CESÁRIO DE MATOS), www.dgsi.pt ("em contrato de arrendamento para comér-

2.3. Da prevalência de cláusula contratual relativa ao lugar do pagamento da renda em relação aos usos posteriores

É frequente a existência de usos posteriores, adoptados tacitamente pelas partes, em sentido diverso ao da cláusula contratual.

O tema tem sido abordado pela jurisprudência, sendo dominante a ideia de que tais usos não afastam a estipulação emergente do contrato. Assim, a convenção prevalece sobre qualquer uso posterior, que não a elimina.

Vejamos dois exemplos sintomáticos:

- no Ac. Rel. Coimbra, de 3.5.2005, observou-se que "a renda devia ser paga na residência do senhorio ou a quem ele indicar", sendo, no entanto, a senhoria e, anteriormente, o seu falecido marido quem se deslocava ao locado, onde recebia as respectivas rendas, até que, em Maio de 2003, quando a autora se dirigiu ao arrendado, para o efeito, o réu pediu-lhe para reparar o telhado, dado chover no seu interior, facto este que a exaltou, a ponto de nem sequer levar consigo a renda que o réu lhe ofereceu em pagamento, e jamais aquela, daí em diante, ter aparecido no locado para receber as rendas do mesmo. Assim sendo, considerando que as partes acordaram, por escrito, que a renda seria paga, na residência do senhorio ou a quem ele indicar, também é um facto incontroverso que, desde sempre, até Maio de 2003, era este quem se deslocava ao locado, onde recebia as respectivas rendas. Contudo, não obstante, não é adequado argumentar que a estipulação contratual cedeu o seu espaço a um regime ditado pelos usos que as próprias partes estabeleceram pela sua prática continuada, considerando letra morta o acordo firmado por escrito"[37];
- a mesma lógica foi seguida no Ac. Rel. Porto, de 23.1.1992, assinalando-se que "a prática, posteriormente seguida, de pagamento da renda em outro lugar, não é suficiente para se ter como alterada aquela cláusula contratual. A falta de pagamento da renda no lugar convencionado faz incorrer o arrendatário em mora"[38].

---

cio ou indústria, celebrado por escritura pública, onde se convencionou o lugar de pagamento da renda, não é admissível prova testemunhal sobre convenção posterior, respeitante à mesma cláusula").

[37] Ac. Rel. Coimbra, de 3.5.2005 (HÉLDER ROQUE), www.dgsi.pt.
[38] Ac. Rel. Porto, 23.1.1992 (CESÁRIO DE MATOS), www.dgsi.pt.

2.4. Da estipulação verbal posterior ao contrato de arrendamento omisso quanto ao lugar do pagamento

Sendo o contrato de arrendamento omisso quanto ao lugar do pagamento – donde se aplica, à partida, o regime supletivo atrás descrito –, mostra-se admissível uma estipulação verbal posterior àquele negócio quanto ao lugar de pagamento da renda (por exemplo, que deve ser efectuada no domicílio do senhorio)[39].

§ 11. Depósito das rendas: seu regime

Os arts. 17.° ss. do NRAU criam um regime próprio para o depósito da renda, na sequência do disposto nos anteriores arts. 22.° ss. RAU.

1. Hipóteses em que pode ocorrer o depósito das rendas

Fixam-se, no art. 17.°, n.° 1 NRAU, três situações em que o arrendatário se pode socorrer do depósito da renda, a saber:

– a verificação dos pressupostos da consignação em depósito;
– quando lhe seja permitido fazer cessar a mora;
– quando esteja pendente acção de despejo[40].

---

[39] Ver o Ac. Rel. Coimbra, 4.5.2004 (FERREIRA LOPES), www.dgsi.pt ("o contrato de arrendamento... [que não regulava o lugar do pagamento] passou a integrar a cláusula de que o local do pagamento da renda seria a conta do senhorio na conta deste...". Ocorrendo, posteriormente, a cessão da posição contratual de locatário, "mantendo-se a mesma a relação contratual, a cessionária assumiu todos os deveres que cabiam ao cedente, designadamente o de pagar a renda no momento e lugar próprios, no caso, naquela conta, conforme acordada pelas primitivas partes..."), e o Ac. da Relação do Porto de 25.02.96, www.dgsi.pt ("a estipulação verbal posterior à celebração do contrato escrito de arrendamento, relativa ao tempo ou local do pagamento das rendas é válida e pode ser tacitamente convencionada").

[40] Corresponde o normativo, com algumas alterações, ao art. 22.°, n.° 1 e n.° 2 do RAU.

1.1. Consignação em depósito

1.1.1. Alguns casos

A consignação em depósito, que encontra regulamentação expressa nos arts. 841.° ss. CC, representa uma das formas de extinção da obrigação[41]

Importa saber em que casos pode aquela ter lugar, o que se encontra, em termos gerais, previsto no art. 841.° CC.

1.1.1.1. O arrendatário, sem culpa sua, não pode efectuar a prestação

A primeira hipótese é aquela em que o inquilino, sem culpa, não pode realizar a prestação.

Tal pode advir de um circunstancialismo variado, salientando-se, a título meramente exemplificativo, algumas situações:

- o senhorio encontra-se ausente, por doença ou por qualquer outro motivo (deslocação ao estrangeiro, férias prolongadas), devendo a prestação ser efectuada no seu domicílio;
- o senhorio cancela a conta bancária onde deve ser efectuado o depósito.

1.1.1.2. O arrendatário, sem culpa sua, não pode efectuar a prestação com segurança, por motivo relativo à pessoa do senhorio

A possibilidade de o arrendatário, sem culpa sua, efectuar a prestação ao senhorio com segurança, desde que isso resulte de motivo inerente ao senhorio, permite igualmente a consignação em depósito.

---

[41] Ac. STJ, de 13.9.2007 (Santos Bernardino), www.dgsi.pt (verificando-se os requisitos da figura em causa, "é seguro que, ao optar pelo depósito – não estando, sequer, obrigada a fazê-lo – [o inquilino] quis exonerar-se da sua responsabilidade, quis livrar-se da sua obrigação, isto é, serviu-se do depósito como forma de extinção de uma obrigação que, como inquilina, reconhecia, não lhe sendo lícito reclamar, agora, que os montantes depositados lhe sejam restituídos. Vale, aliás, recordar que os depósitos foram impugnados pela autora, o que tem como consequência (art. 28.°, n.° 1 do RAU) que o seu levantamento só pode ocorrer após decisão judicial e de acordo com ela. E, dado que a impugnação improcede, face à apurada matéria de facto, a consequência é ser declarada extinta a obrigação com o depósito (art. 1028.°, n.° 3 do CPC), podendo este ser levantado pelo senhorio").

Assim, no circunstancialismo descrito,

– o desconhecimento pelo arrendatário de quem é o senhorio, *v.g.*, em razão do seu falecimento;
– o desconhecimento pelo arrendatário, por efeito da venda do prédio, de quem é o senhorio[42].

1.1.1.3. A mora do senhorio

O credor, senhorio, pode encontrar-se em mora.

Tal pode emergir de situações diversas: a recusa do recebimento da renda; a recusa da emissão de recibo da renda.

1.2. *Faculdade de* cessação da mora *pelo arrendatário*

Substitui o legislador os dois casos previstos no art. 22.°, n.° 1 do RAU – "quando lhe seja permitido fazer cessar a mora ou fazer caducar o direito à resolução do contrato, por falta de pagamento de renda, nos termos respectivamente, dos arts. 1041.°, n.° 2 e 1048.° do Código Civil" – pela locução "quando lhe seja permitido fazer cessar a mora", ou seja, a primeira expressão utilizada no anterior normativo.

É certo que, com a reforma de 2006, se deu nova redacção ao art. 1042.° CC, aludindo-se aí especificamente à cessação da mora, prevendo-se, de resto, no art. 1042.°, n.° 2 que, "perante a recusa do locador em receber as correspondentes importâncias [a renda e a indemnização legal de 50% do valor da renda[43]], pode o locatário recorrer à consignação em depósito". De todo o modo, a consignação em depósito está dependente da oferta ao locador do pagamento daqueles valores (art. 1042.°, n.° 1 CC) e da sua posterior recusa.

Mas este modo de cessação da mora tem contornos diversos da situação prevista no art. 1041.°, n.° 2 CC, pois aí apenas há que pagar a renda em singelo, em virtude de não ter decorrido o prazo de *oito dias* a contar do começo da mora[44].

---

[42] ARAGÃO SEIA, Arrendamento Urbano, 7.ª Ed., Revista e Aumentada, Coimbra, 2003, p. 253.
[43] Ver o art. 1042.°, n.° 1 CC.
[44] Esta era uma hipótese especificamente prevista no art. 22.°, n.° 1 RAU.

No entanto, há que não esquecer – como destacava expressamente o preceito anterior e como realça actualmente o art. 1048.°, n.° 1 CC –, a possibilidade de consignação em depósito das rendas e da indemnização para fazer caducar o direito de resolução do senhorio em sede judicial.

1.3. Na pendência de acção de despejo

Na esteira do art. 22.°, n.° 2 RAU, transpõe-se para o n.° 1 do art. 17.° NRAU, como um dos casos em que é admissível a consignação em depósito: tal pode verificar-se na pendência da acção de despejo.

De alguma forma, tal situação pode encontrar-se já verificada na hipótese anterior.

Mas há outras vias, para além dela, em que tal é possível. Por exemplo, se, na pendência de acção de despejo (com fundamento diverso do pagamento da renda), o arrendatário deixa de pagar a renda, permite-se o seu depósito, acrescido da indemnização legal (art. 14.°, n.ºs 3 a 5 NRAU).

2. Tipos de depósito e sua relevância

Com a reforma de 2006, deixou de se fazer referência expressa ao depósito condicional, ao contrário do que acontecia no RAU (art. 28.°) e igualmente no próprio CC (art. 1042.°).

No entanto, qualquer das modalidades de depósito se mostra admissível à luz da nova lei.

Desta forma, o depósito da renda (e/ou da indemnização legal) é definitivo sempre que o arrendatário o declara ou nada afirma quanto ao seu carácter

O depósito da renda (e/ou da indemnização legal) é, ao invés, condicional se o arrendatário assim o expressa[45].

Esta distinção é da maior relevância prática. Vejamos:

– o depósito havido como definitivo, se englobar a indemnização, significa que o arrendatário reconhece a sua mora[46];

---

[45] ARAGÃO SEIA, Arrendamento Urbano, cit., p. 251.
[46] Ac. Rel. Porto, de 26.1.2006 (DEOLINDA VARÃO), www.dgsi.pt ("o carácter definitivo dos depósitos releva apenas para efeito do reconhecimento da mora. Face a tal reco-

– o depósito condicional, para além de não envolver qualquer reconhecimento da mora, faculta ao arrendatário a possibilidade de levantamento parcial ou total, em razão da prova (ou da falta dela) a efectuar no processo[47].

3. Depósito da renda e/ou da indemnização

A lei sempre se refere ao "depósito da renda", devendo esta expressão ser, no entanto, entendida em termos amplos.

Com efeito, o depósito pode envolver algumas variantes:

– pode consistir apenas no depósito da renda[48];
– pode consistir tão só no depósito da indemnização;
– pode consistir no depósito da renda e da indemnização.

4. Termos do depósito

4.1. *Legitimidade activa e ordem do depósito*

O depósito deve ser assinado pelo arrendatário ou por outrem em seu nome (art. 18.º, n.º 1, parte final NRAU).

Tal depósito fica à ordem do tribunal da situação do prédio ou do tribunal onde corre o processo, quando efectuado na pendência do processo judicial (art. 18.º, n.º 3 NRAU).

---

nhecimento por parte do réu contestante, não havia já que averiguar da existência da mora, pelo que deveria também ter sido decidido no despacho saneador que a autora tem direito às quantias depositadas nos autos").

[47] Ac. Rel. Porto, de 15.4.2004 (FERNANDO BAPTISTA), www.dgsi.pt (observa-se que "havendo divergência quanto ao montante devido… há vantagem para o arrendatário em fazer o depósito condicional exigido pelo senhorio (arts. 1042.º, n.º 2 CC e 28.º, n.º 1 RAU), pois, no caso de o tribunal vir a sancionar o montante exigido pelo senhorio, não pode haver despejo do arrendatário, uma vez que depositou em tempo o montante requerido, sendo certo que no caso de tal sancionamento não ter lugar, sempre poderá o arrendatário proceder ao levantamento do depósito (cit. art. 28.º, *in fine* RAU). Trata-se, porém, sempre de uma mera faculdade do inquilino").

[48] Obviamente que "não equivale a pagamento de renda o depósito de montante inferior ao da renda devida" (Ac. Rel. Lisboa, de 3.7.2008 (MARIA DOS PRAZERES BELEZA), www.dgsi.pt).

4.2. Procedimentos

O depósito da renda obedece, para efeito da sua regularidade, a alguns requisitos procedimentais, a saber:

– tem de ser efectuado numa qualquer "agência de instituição de crédito" (art. 18.°, n.° 1 NRAU), tal como se encontram definidas nos arts. 2.° e 3.° DL 298/92, de 31 de Dezembro;
– o documento que comprova o deposito deve ser emitido em "dois exemplares" (art. 18.°, n.° 1 NRAU), ficando um deles em poder da instituição de crédito e outro em poder do depositante, com a menção do "lançamento de ter sido efectuado o depósito" (art. 18.°, n.° 2 NRAU).

4.3. Menções a constar do depósito

Do depósito deve constar um conjunto de 5 menções: a identidade das partes (senhorio e arrendatário); a identificação do locado; o quantitativo da renda; o período de tempo a que respeita; o motivo por que se pede o depósito (cfr. as als. a) a e) do art. 18.°, n.° 1 NRAU).

5. Notificação do depósito da renda ao senhorio

Efectuado o depósito, nas circunstâncias descritas, impõe-se ao arrendatário a obrigação de comunicação do depósito da renda (art. 19.°, n.° 1 NRAU).

A forma da comunicação não tem de obedecer aos requisitos do art. 9.°, n.os 1 a 6 NRAU, podendo realizar-se nos termos gerais.

Nada se diz quanto ao prazo dessa comunicação – ao contrário do que sucedia antes da reforma de 2006, onde se impunha um prazo de 5 dias (art. 1042.° CC) –, pelo que parece poder efectuar-se a todo o tempo, com a limitação constante do n.° 2 do mesmo preceito, que actua no caso de ter sido instaurada acção baseada na falta de pagamento da renda.

Prevê-se, todavia, um meio equivalente ao da comunicação ao senhorio. A ela se equipara "a junção do duplicado ou dos duplicados das guias de depósito à contestação ou figura processual a ela equivalente[49], de acção baseada na falta de pagamento" (art. 19.°, n.° 2 NRAU), que "produz os efeitos d[ess]a comunicação".

6. Depósitos posteriores

Em relação aos depósitos posteriores, mantendo-se a causa que os originou, permite-se ao arrendatário (ou a outrem em seu nome) o depósito, não havendo sequer necessidade de "nova oferta de pagamento" (art. 20.°, n.° 1, 1.ª parte NRAU).

No entanto, o depósito das rendas subsequentes não tem de ser comunicado ao senhorio (art. 20.°, n.° 1, *in fine* NRAU).

7. Modos de actuação do senhorio depois de efectuado o depósito

7.1. Impugnação do depósito

A temática da impugnação do depósito está disciplinada (parcialmente) no art. 21.° NRAU, que remete, no seu n.° 1, para as regras processuais correspondentes.

O preceito mencionado tem muita proximidade com o art. 26.° RAU (de resto, a alteração dos prazos é apenas formal, pois tal resultava já da adaptação constante do CPC[50]), que encontrava, por sua vez, correspondência no actual art. 994.° CPC.

7.1.1. *A notificação do senhorio e o prazo geral da impugnação*

A impugnação do depósito, pelo senhorio, pressupõe a sua notificação.

Estabelece-se um prazo geral de 20 dias, a contar da comunicação, para que o senhorio proceda à mencionada impugnação (art. 21.°, n.° 1 NRAU).

Mas há aqui que considerar outras possibilidades.

---

[49] Cremos que o legislador se refere, em especial, à oposição à execução.
[50] Ver ARAGÃO SEIA, *Arrendamento Urbano*, cit., p. 262.

7.1.2. As várias hipóteses

7.1.2.1. Não está pendente qualquer acção de despejo

a) *O locador não pretende impugnar o depósito*

No caso de o locador não pretender impugnar o depósito, o decurso do prazo de 20 dias posteriores à comunicação importa a caducidade do direito de impugnar.

O efeito mediato da extinção do direito de impugnação é o de se considerar cumprida a obrigação de pagamento da renda, independentemente de decisão judicial a declará-lo.

b) *O locador pretende apenas impugnar o depósito*

Dentro do mesmo prazo, o senhorio deve proceder à impugnação do depósito, à luz dos arts. 1024.º ss. CPC.

c) *O locador pretende resolver judicialmente o contrato por falta de pagamento da renda*

Na hipótese de o senhorio pretender resolver judicialmente o contrato de arrendamento com base na falta de pagamento da renda, estabelece-se um regime diverso quanto ao modo de proceder à impugnação, embora se mantenha o prazo geral de 20 dias para impugnar (art. 21.º, n.º 2, 1.ª parte NRAU).

Com efeito, impõe-se que dentro do prazo geral se instaure uma acção de despejo (por falta de pagamento da renda) e aí se impugne o depósito efectuado[51]. Não se aplica aqui o regime adjectivo da impugnação no âmbito do processo de consignação em depósito.

De todo o modo, não se descure a possibilidade de o senhorio não poder instaurar (ou não ter a certeza de que pode propor com sucesso) – embora o pretenda fazer – uma acção de despejo por falta de pagamento da renda no prazo de 20 dias. Com efeito, dado que a inexigibilidade na manutenção do arrendamento ocorre sempre volvidos 3 meses após a mora, sendo incerto do ponto de vista do senhorio a verificação da inexi-

---

[51] Especifica o número em análise que "a impugnação deve ser efectuada em acção de despejo [por não pagamento da renda]".

gibilidade em momento prévio, é legítimo concluir-se que, nesta hipótese, o locador pode impugnar o depósito nos termos do art. 21.º, n.º 1 NRAU, seguindo as regras do CPC.

d) *O locador pretende resolver extrajudicialmente o contrato por falta de pagamento da renda*

A disposição não trata especificamente da resolução extrajudicial do contrato de arrendamento, que, como se sabe, é admissível à luz do art. 1083.º, n.º 3 e do art. 1084.º, n.º 1 NRAU.

No entanto, a solução é aqui a geral, podendo o senhorio impugnar o depósito de acordo com o art. 21.º, n.º 1 NRAU e das correspondentes regras adjectivas.

7.1.2.2. Pendência de acção de despejo

Estando pendente a acção de despejo por falta de pagamento da renda, a impugnação do depósito segue regras próprias.

Caso a comunicação do depósito da renda ao senhorio ocorra antes do fim do prazo da sua resposta à contestação, a impugnação do depósito deve verificar-se nessa resposta (art. 21.º, n.º 2 NRAU).

Se o locador foi notificado em momento posterior à resposta à contestação, pode impugnar o depósito em articulado específico, apresentado no prazo de 10 dias contados da comunicação em causa (art. 21.º, n.º 2, parte final NRAU)[52].

7.1.3. *Apensação do processo de depósito ao da acção de despejo*

Sempre que esteja a correr uma acção de despejo por falta de pagamento da renda, e haja a impugnação do depósito nesse domínio, o processo de depósito é apensado àquela acção (art. 21.º, n.º 3 NRAU).

Nessa acção de despejo, deve conhecer-se "da subsistência do depósito e dos seus efeitos", a não ser que "a decisão depend[a] da prova ainda não produzida" (art. 21.º, n.º 3, *in fine* NRAU).

---

[52] ARAGÃO SEIA, Arrendamento Urbano, cit., p. 263.

7.2. Levantamento do depósito

7.2.1. Levantamento mediante declaração do senhorio

Uma das hipóteses previstas em que se permite o levantamento do depósito de renda é a de declaração unilateral do senhorio[53-54].

Tal declaração obedece a determinados requisitos:

– formais (redução a escrito, com a correspondente assinatura do senhorio ou do seu representante, reconhecida por notário – ou entidade com legitimidade para o efeito – quando não se apresente o bilhete de identidade) – art. 22.º, n.os 1 e 2 NRAU;
– substanciais (declaração do senhorio de que não impugnou o depósito, nem o pretende impugnar) – art. 22.º, n.º 2 NRAU.

Por outro lado, deve salientar-se que o depósito que foi impugnado não pode ser levantado por esta via, o que resulta a *contrario sensu* do art. 22.º, n.º 1, mas também do art. 22.º, n.º 3 NRAU.

De igual sorte, o depósito condicional da renda efectuado pelo arrendatário não pode ser levantado[55].

7.2.2. Levantamento após decisão judicial

Tendo sido o depósito impugnado pelo senhorio, o seu levantamento está dependente da decisão judicial e em função do que aí se afirma (art. 22.º, n.º 3 NRAU).

8. Efeitos do regular depósito da renda

O regular depósito da renda, nos termos mencionados, é havido como liberatório.

---

[53] Esta regra – o art. 22.º – está em consonância com o antigo art. 27.º RAU.

[54] Se a declaração do senhorio for falsa, "a impugnação fica sem efeito e o declarante incorre em multa equivalente ao dobro da quantia depositada, sem prejuízo da responsabilidade penal correspondente ao crime de falsas declarações" – art. 23.º NRAU, com conteúdo idêntico ao art. 29.º RAU.

[55] Neste sentido, ARAGÃO SEIA, Arrendamento Urbano, cit., p. 263.

Se faltar algum dos requisitos que enumerámos (formais, procedimentais ou de conteúdo), o depósito da renda não é considerado liberatório[56]. Identifiquemos alguns destes casos, decididos pelos nossos tribunais, neste domínio:

– "é irrelevante o depósito da renda se o seu alegado fundamento não for exacto ou o arrendatário já estiver em mora quanto a renda anteriormente vencida. Só fazendo um depósito correcto o arrendatário fará cessar a mora", pelo que "estando em mora a renda que se venceu no dia 1 de Janeiro de 2007, todos os subsequentes depósitos não tinham "justificação", sendo de todo inúteis e inoperantes sob o aspecto do pagamento da renda mensal devida, a qual (na sua totalidade, portanto) subsistia enquanto não cessasse a mora (com a liquidação da totalidade da dívida de rendas — todas aquelas em relação às quais a mora persistia – acrescida dos 50% sobre elas)" – Ac. Rel. Porto, 17.4.2008[57];

– "não obedecendo o depósito em causa aos requisitos de forma previstos no art. 23.º do RAU [agora art. 18.º NRAU], pois não identifica o senhorio, não identifica nem localiza o prédio arrendado, não refere o quantitativo da renda (apenas se refere uma quantia global sem qualquer discriminação ou explicação), não alude ao período de tempo nem ao motivo porque se solicita o depósito, não pode valer como depósito liberatório, independentemente de ser ou não impugnado, por falta de requisitos legais" – Ac. Rel. Lisboa, de 3.7.2008[58];

– o depósito, para ser liberatório tem de ser efectuado, no caso de acção de despejo por falta de pagamento da renda, "até à contesta-

---

[56] "Saber se o depósito é ou não liberatório é questão de direito e, consequentemente, em relação a essa qualificação jurídica não pode falar-se de confissão" (Ac. Rel. Lisboa, de 3.7.2008 (MARIA DOS PRAZERES BELEZA), www.dgsi.pt).

[57] "Ora, relativamente à renda que se venceu em Janeiro de 2007, a ré incorreu em mora, pois o depósito que da mesma fez... era incorrecto. O que significa que todos os posteriores depósitos de renda continuaram a ser incorrectos, na medida em que a ré não cessou a mora iniciada em Janeiro de 2007. E a cessação da mora apenas ocorria com o pagamento das rendas em mora acrescidas da indemnização e 50% sobre elas, sendo de todo irrelevante qualquer depósito parcial de renda, que vale tanto como... se nada fosse depositado" – Ac. Rel. Porto, 17.4.2008 (FERNANDO BAPTISTA), www.dgsi.pt.

[58] Ac. Rel. Lisboa, de 3.7.2008 (MARIA DOS PRAZERES BELEZA), www.dgsi.pt.

ção da acção destinada a fazer valer esse direito", sendo que, no caso concreto e desde logo, o depósito que se pretende liberatório, foi efectuado à ordem de outro processo anterior, que nada tem a ver com os presentes autos, neste processo o R. não efectuou qualquer depósito, limitando-se a documentar o depósito que efectuou no outro processo alegando que "é eficaz e liberatório" – Ac. STJ, de 21.11.2006[59];

– "o depósito feito sem que o seja à ordem do tribunal da situação do prédio ou do tribunal onde corre a acção de despejo ou feito em dependência da CGD [actualmente de uma qualquer instituição de crédito] que não seja a do lugar onde as rendas deveriam ser pagas é insubsistente ou irrelevante, tudo se passando como se não tivessem sido feitos os depósitos das rendas ou o depósito das rendas e da indemnização prevista no artigo 1048° do CC" – Ac. Rel. Lisboa, 1.10.1998[60].

§ 12. Prescrição da obrigação de pagamento da renda

1. O prazo prescricional

A obrigação de pagamento da renda está sujeita a prescrição, o que decorre do art. 310.° CC.

Afasta-se o regime ordinário, consagrando-se um prazo prescricional curto de 5 anos. Assim o dispõe o art. 310.°, al. b) CC, referindo-se às "rendas devid[a]s pelo locatário, ainda que pag[a]s por uma só vez"[61].

Cumpre referir que o prazo em causa é contado isoladamente em relação a cada uma das prestações de renda.

Tal prazo "começa a correr quando o direito puder ser exercido" (art. 306.°, n.° 1, primeira frase CC)", pelo que assim sucederá "a partir do

---

[59] Ac. STJ, de 21.11.2006 (MOREIRA ALVES), www.dgsi.pt.
[60] Ac. Rel. Lisboa, 1.10.1998 (SILVA PEREIRA), www.dgsi.pt.
[61] Ac. Rel. Porto, de 3.3.2009 (CARLOS MOREIRA), www.dgsi.pt ("já quanto às rendas vencidas posteriormente a Dezembro de 2002 e considerando a data da propositura da acção – Novembro de 2006 – é também evidente que, face à mencionada norma, as mesmas não estão prescritas, podendo, assim, ser ainda exigidas").

momento em que o arrendatário deixar de cumprir a respectiva obrigação de pagamento"[62-63].

Note-se que o simples decurso do prazo prescricional não faz operar, de modo automático, a extinção do direito do senhorio. A prescrição necessita, "para ser eficaz, de ser invocada, judicial ou extrajudicialmente, por aquele a quem aproveita, pelo seu representante ou, tratando-se de incapaz, pelo Ministério Público", não podendo o tribunal conhecê-la oficiosamente (art. 303.° CC). Saliente-se que é igualmente "invocável pelos credores e por *terceiros com legítimo interesse na sua declaração,* ainda que o devedor a ela tenha renunciado" (art. 305.°, n.° 1 CC).

2. Interrupção da prescrição

À luz do art. 323.°, n.° 1 CC, "a prescrição interrompe-se com a citação ou notificação judicial de qualquer acto que exprima, directa ou indirectamente, a intenção de exercer o direito, seja qual for o processo a que o acto pertence e ainda que o tribunal seja incompetente"[64].

O art. 325.° CC prevê ainda casos de interrupção da prescrição pelo reconhecimento do direito, num caso, "efectuado perante o respectivo titular por aquele contra quem o direito pode ser exercido" (n.° 1), relevando igualmente o reconhecimento tácito "quando resulte de factos que inequivocamente o exprimam".

Ora, o depósito condicional de renda "só ganha eficácia se vier a verificar-se a condição a que foi submetido, isto é, a situação de mora impu-

---

[62] Ac. STJ, de 13.9.2007 (SANTOS BERNARDINO), www.dgsi.pt.

[63] Ac. Rel. Lisboa, de 21.4.2005 (ANTÓNIO VALENTE), www.dgsi.pt (observa-se, com rigor, que a "caducidade do direito a pedir a resolução do arrendamento com base em falta de pagamento de rendas, não impede que seja devido o montante de tais rendas, já que o respectivo prazo de prescrição é o previsto no art. 310.°, al. b) do Código Civil").

[64] Ac. Rel. Lisboa, de 12.6.2008 (MANUELA GOMES), www.dgsi.pt ("ao ser notificado do despacho que ordenara a penhora de bens para pagamento das rendas em causa, teve conhecimento, directo, de que os senhorios/apelados estavam a exigir, mesmo já por via judicial o pagamento das rendas vencidas desde Maio de 1996 até Maio de 1998, claro fica que o que releva para a interrupção do prazo prescricional especialmente estatuído para as rendas no art. 310.°, al. b) do C. Civil, foi aquela notificação e não a citação operada na acção declarativa, em 2006, após ter sido judicialmente declarada a falta de oportuna citação do mesmo para os termos da acção propriamente dita").

tável à arrendatária. Esta, ao realizar tal depósito, não está a reconhecer o direito de crédito da senhoria, mas apenas a acautelar a sua posição jurídica de arrendatária, para a eventualidade do reconhecimento judicial do direito de crédito da senhoria. A intenção do depósito condicional é de prevenir a eventual existência do direito de crédito, mas não de o reconhecer. Por isso, o depósito condicional das rendas, não correspondendo ao reconhecimento do direito de crédito do respectivo titular, previsto no art. 325.º do CC, não interrompe o prazo da prescrição"[65-66].

3. Prescrição e transmissão regular da posição de arrendatário

Em relação às rendas devidas e não pagas pelo anterior arrendatário – pressupondo a transmissão regular da posição locatícia – e tendo já decorrido em relação a algumas delas o prazo prescricional, a não invocação da prescrição por aquele não aproveita ao novo inquilino, já que este nada devia, nem estava "por isso, vinculado ao seu pagamento". Acresce que "não tem um interesse legítimo na declaração de prescrição, relativamente a essas mesmas rendas, como seria se, *v.g.*, tivesse prestado garantia ao cumprimento, pelos seus antecessores, da obrigação de pagamento das ditas rendas, ou se tivesse assumido a dívida destes (art. 308.º/2)"[67].

4. Prescrição da obrigação de indemnização legal

Deve questionar-se qual o destino "prescricional" da obrigação de indemnizar o senhorio no valor de metade da renda, por cada renda em atraso.

---

[65] Ac. Rel. Lisboa, de 8.2.2007 (OLINDO GERALDES), www.dgsi.pt (no caso concreto, foi entendido que havia mora do credor, senhorio, porque não tinha razão para não reconhecer o novo arrendatário, que assim se tornou por efeito do trespasse do estabelecimento).

[66] Ac. STJ, de 13.9.2007 (SANTOS BERNARDINO), www.dgsi.pt ("a prescrição das rendas só poderia ser declarada se não tivesse sido efectuado qualquer depósito ou se apenas tivesse sido efectuado, com a contestação, um depósito condicional para obviar, em absoluto, à procedência do pedido de despejo, e na mesma peça processual se invocasse a prescrição do direito (de crédito) ao percebimento das rendas. O efeito da prescrição – extinção do direito pelo simples decurso do prazo – pressupõe, naturalmente, que a correspectiva obrigação não tenha ainda sido satisfeita por alguma das formas legalmente admissíveis").

[67] Ac. STJ, de 13.9.2007 (SANTOS BERNARDINO), www.dgsi.pt.

A especial ligação da indemnização legal à renda e ao seu valor, levam-nos a concluir que esta obrigação ressarcitória deve seguir o mesmo regime, prescrevendo no mesmo período quinquenal.

§ 13. Autonomia da prestação de renda

A prestação de renda tem como característica fundamental a autonomia[68].

Essa autonomia releva a vários níveis, a saber:

– para efeito do exercício do direito de resolução do contrato de arrendamento por falta de pagamento da renda (art. 1083.°, n.° 3 CC);
– para efeito de caducidade do direito de resolução (art. 1085.° CC)[69];
– para efeito de contagem do prazo de prescrição (art. 310.°, al. b) CC);
– para efeito da imputabilidade das rendas em atraso.

---

[68] Ac. STJ, de 12.5.1998 (RIBEIRO COELHO), www.dgsi.pt ("cada renda é uma prestação independente das restantes, anteriores ou posteriores; e em relação a cada uma delas deverá o devedor, nos termos contratuais, aprestar-se a cumpri-la. Não o dispensa de tal a circunstância de, eventualmente, o senhorio se ter constituído em mora quanto a renda anteriores").

[69] Ver o Ac. STJ, de 21.11.2006 (MOREIRA ALVES), www.dgsi.pt ("a acção de resolução do contrato deve ser proposta dentro do prazo de um ano a contar do conhecimento do facto que lhe serve de fundamento. No caso de falta de pagamento de rendas ou de falta de pagamento de rendas ou de falta de pagamento parcial, cada uma das prestações vencidas constitui um facto com autonomia para o efeito de contagem do prazo de caducidade"), o Ac. Rel. Porto, de 6.12.1994 (OLIVEIRA BARROS), www.dgsi.pt ("a falta de pagamento da renda constitui um facto simples e qualquer delas, portanto integra, como qualquer outro facto da mesma natureza, um fundamento autónomo de resolução"), o Ac. Uniformizador de Jurisprudência, de 3.5.1984 (AMARAL AGUIAR), www.dgsi.pt ("não é exacto dizer-se que a solução proposta conduza, no caso de falta reiterada do pagamento de rendas, a impossibilidade de o senhorio resolver o contrato se deixar passar mais de 1 ano sobre a primeira falta. Esse entendimento está posto de lado. A falta de pagamento da renda constitui um facto simples e qualquer delas, portanto, integra, como qualquer outro facto da mesma natureza, um fundamento autónomo de resolução, e o Ac. STJ, de 25.3.1981 (SÁ GOMES), www.dgsi.pt ("a falta de pagamento de renda, independentemente do número de faltas desse tipo e do período de tempo em que tenham ocorrido, é sempre a omissão da prática de uma acção momentânea, pelo que a acção de resolução do arrendamento deve ser proposta dentro de um ano a contar do conhecimento de qualquer uma dessas faltas de pagamento").

TÍTULO II
Mora do arrendatário no pagamento da renda

CAPÍTULO I
Regime geral e regime especial

§ 1. Mora nas obrigações pecuniárias. § 2. Mora do arrendatário na obrigação de pagamento da renda: regime geral. § 3. A mora do arrendatário na obrigação de pagamento da renda: regime especial. 1. Generalidades. 2. Modalidades da mora. 2.1. Mora juridicamente não relevante. 2.1.1. Considerações gerais. 2.1.2. O prazo de *oito dias* a contar do começo da mora. 2.1.3. Consequências da mora juridicamente não relevante. 2.2. Mora juridicamente relevante. § 4. Meios de reacção do senhorio perante a mora do arrendatário: as vias alternativas ao seu dispor. § 5. Situação das partes perante a mora juridicamente relevante. 1. Direito do senhorio à recusa das rendas vincendas até à cessação da mora. 2. Manutenção, na pendência da mora, de todos os direitos do senhorio. 3. A recepção das novas rendas.

§ 1. Mora nas obrigações pecuniárias

A temática da mora do devedor nas obrigações pecuniárias suscita um sem número de questões de relevo. Cabe dar sucintamente nota das mais significativas.

Importa referir, desde já, que nos situamos no domínio do incumprimento temporário das obrigações. Assim, a mora do devedor tem na sua base um retardamento culposo no cumprimento da prestação, conquanto esta se mostre ainda possível.

Como entende generalizadamente a doutrina, a *mora debitoris* pressupõe não só a culpa (e a ilicitude do atraso) do devedor, mas também que a prestação seja certa, exigível e líquida[70].

A matéria em causa vem regulada nos arts. 804.° ss. Código Civil.

O devedor, por via de regra, fica constituído em mora após interpelação (judicial ou extrajudicial) para cumprir (art. 805.°, n.° 1 CC) – mora *ex persona*. Estamos aqui perante as comummente designadas obrigações puras, ou seja, aquelas que não têm prazo certo estipulado para o seu adimplemento.

O contrato (ou até a lei) pode(m), no entanto, determinar a data ou o tempo do pagamento da obrigação (que se designa com prazo certo). O decurso deste período sem que ocorra a realização da prestação gera a constituição do devedor em mora (art. 805.°, n.° 2, al. a) CC) – mora *ex re*.

As obrigações pecuniárias são tendencialmente deste último tipo, pelo que se o devedor não cumprir a prestação na data estipulada pelas partes ou prevista na lei constitui-se automaticamente em mora. Prescinde-se, pois, da sua interpelação.

Cumpre salientar que o atraso no cumprimento de obrigações pecuniárias não gera, em princípio, a perda do interesse do credor. Este permanece interessado no adimplemento, conquanto a prestação não seja executada na data prevista.

Em termos gerais, as consequências da mora são, por um lado, a obrigação de indemnizar os danos causados pelo atraso (art. 804.°, n.° 1 CC) e, por outro, a inversão do risco – *perpetuatio obligationis* (art. 807.° CC). Mas nas obrigações pecuniárias emergentes de contratos (em particular os bilaterais), a *mora solvendi* apenas gera, em princípio, um dever de indemnizar o credor. O problema da inversão do risco não tem qualquer significado.

Uma última nota para referir que o mero atraso não faculta, em regra, ao credor o recurso ao mecanismo resolutivo.

---

[70] Quanto a estas questões, cfr. ANTUNES VARELA, Das Obrigações em Geral, Vol. II, 7.ª Ed., Revista e Actualizada, Coimbra, 2007, p. 115.
Ver ainda GRAVATO MORAIS, A mora do devedor nas obrigações pecuniárias, SI, 2008, pp. 483 ss.

§ 2. Mora do arrendatário na obrigação de pagamento da renda: regime geral

A lei, supletivamente, ou o contrato, derrogando a regra geral, determinam a data do vencimento da obrigação do arrendatário. Esta tem, portanto, prazo certo. A não realização da prestação na data fixada gera a constituição do devedor em mora (art. 805.º, n.º 2, al. a) CC) – mora *ex re*.

Acresce que a *mora debitoris* do inquilino pressupõe igualmente a culpa (e a ilicitude do atraso) deste. Daí que a constituição em mora do arrendatário quanto à obrigação de pagamento da renda ocorre sempre que, por motivo que lhe seja imputável, não realize esse pagamento (art. 804.º, n.º 2 CC).

§ 3. Mora do arrendatário na obrigação de pagamento da renda: regime especial

1. Generalidades

O regime da mora no pagamento da renda reveste, pode bem dizer-se, características muito próprias, que o diferenciam largamente do comum atraso em muitos aspectos.

Tais especialidades prendem-se com o intuito de protecção do inquilino em geral, que continuam bem presentes na nova lei.

Realçando esta mesma ideia, o Ac. Rel. Porto, de 10.11.2009, observa que "a mora do arrendatário no tocante à realização daquela prestação pecuniária está, porém, sujeita a um regime marcadamente especial, que se explica pela importância jurídica e social do contrato de arrendamento"[71].

Quer desde o início do atraso, com um primeiro período de favor, quer posteriormente, com a tentativa de manutenção, a todo o custo nalguns casos, do arrendamento, ainda que com a correspondente penalização do inquilino, o regime vai-se afastando das típicas regras referentes ao atraso nas obrigações pecuniárias.

---

[71] Ac. Rel. Porto, de 10.11.2009 (HENRIQUE ANTUNES), www.dgsi.pt.

2. Modalidades da mora

2.1. *Mora juridicamente não relevante*

2.1.1. Considerações gerais

Especifica o n.º 2 do art. 1041.º CC que as consequências previstas no n.º 1 para a mora – a indemnização igual a 50% [do valor das rendas em atraso] ou a resolução – "cessam... se o locatário fizer cessar a mora no prazo de oito dias a contar do seu começo".

As locuções usadas não são as mais adequadas, sendo que se inverte a lógica que deveria estar subjacente à melhor redacção. Isto porque, analisada literalmente a norma, teríamos a seguinte consequência: os direitos (de indemnização ou de resolução) que existiram desde o início do atraso extinguem-se se até ao *oitavo dia* ocorrer o pagamento em singelo das rendas. Ora, o mesmo equivale por dizer que não havia tais direitos (não cumuláveis) durante o período em causa.

2.1.2. *O prazo de* oito dias *a contar do começo da mora*

O prazo de *oito dias* para fazer cessar a mora "a contar do seu começo" significa que, em princípio, se inicia aquele "a partir do 1.º dia útil do mês imediatamente anterior àquele a que diga respeito" (art. 1075.º, n.º 2 CC, NRAU).

O assinalado prazo de oito dias deve ler-se em conformidade com o art. 279.º, al. e) *ex vi* art. 296.º CC, ou seja, equivale a sete dias.

Vejamos como se contabiliza numa situação típica:

– sendo útil o primeiro dia do mês, começa a contar o prazo efectivo de 7 dias, no 2.º dia, prolongando-se até ao oitavo dia;
– o inquilino pode efectuar o pagamento da renda até ao dia 8, caso este seja igualmente dia útil;
– se este dia (8) não for útil, o prazo estende-se até ao primeiro dia útil subsequente.
– só há mora relevante a partir do dia 9, se o dia 8 for útil[72].

---

[72] Ac. Rel. Lisboa, de 19.2.1982 (ANTÓNIO POÇAS), www.dgsi.pt ("se a renda deve ser paga por depósito em conta bancária do senhorio, o arrendatário deve providenciar, eficaz e oportunamente, no sentido de ser creditada até ao dia 8 do mês em que se vencer").

Perdeu-se, com a reforma em causa, uma boa oportunidade para afastar esta solução pouco feliz e muito pouco perceptível.

2.1.3. Consequências da mora juridicamente não relevante

É pacífico que o atraso – por *oito dias* – no pagamento da renda não acarreta aquelas consequências indemnizatórias (50% do valor das rendas em atraso), nem quaisquer consequências resolutivas (art. 1041.º, n.º 2 CC)[73].

Confere-se ao inquilino um curto benefício temporal, cremos que por mera tradição, de pagar para além do tempo do vencimento da renda sem que ocorram aqueles efeitos gravosos.

Pode discutir-se se a mora por curto período gera, porém, a consequência comum das obrigações pecuniárias: o pagamento de juros.

As orientações não são unânimes.

Aragão Seia considera não haver "quaisquer consequências" para o arrendatário, embora haja mora, caso pague a renda no prazo de *oito dias*[74].

Menezes Leitão afirma, no mesmo sentido, que "se a renda vier a ser paga nesse prazo suplementar a mora do arrendatário não terá quaisquer consequências"[75].

Posição oposta é sustentada por Romano Martinez, que entende, em termos gerais, que o locatário está obrigado ao pagamento de juros de mora, durante o respectivo período (art. 806.º CC), referindo que "não pareceria aceitável que o legislador no n.º 2 do art. 1041.º CC estivesse a facultar ao locatário um atraso no cumprimento da renda ou aluguer durante oito dias, sem qualquer consequência"[76].

---

[73] Ver, por todos, Pereira Coelho, Arrendamento, Coimbra, 1988, p. 181.
Cfr. o Ac. Rel. Porto, 1.6.2000 (Pires Condesso), www.dgsi.pt ("as *somas devidas* a que se refere o art. 1048.º do Código Civil referem-se tão só às rendas cuja falta de pagamento possam fundamentar a resolução do contrato e não também àquelas cujo pagamento atempado o não pode fundamentar. Assim, é atempado e basta o seu depósito em singelo se a renda se venceu em 1 de Novembro de 1997 e o Réu-arrendatário a deposita em 8 do mesmo mês").

[74] Aragão Seia, Arrendamento Urbano, cit., p. 244.

[75] Menezes Leitão, Arrendamento Urbano, cit., p. 57.

[76] Direito das Obrigações, cit., p. 179.

Consideramos que o prazo de *oito dias* configura um mero favor concedido ao locatário – que se percebe mal –, que não faz operar as consequências comuns, previstas no art. 806.º CC.

Parece fazer pouco sentido uma lógica de "pagamento de juros durante os primeiros *oito dias*", seguida – esgotado, portanto, tal prazo curto – do posterior "pagamento de uma indemnização de 50% do valor das rendas", caso o senhorio escolha este caminho (ou melhor se não optar pela via da resolução do contrato). A discrepância acentuada das penalizações é muito acentuada e não se consegue justificar.

2.2. Mora juridicamente relevante

O decurso do prazo de *oito dias* marca o momento a partir do qual a mora pode ter consequências gravosas para o arrendatário.

Assim, há que contabilizar esse período em concreto à luz das regras citadas[77].

§ 4. Meios de reacção do senhorio perante a mora do arrendatário: as vias alternativas ao seu dispor

Em termos gerais, perante a mora juridicamente relevante do arrendatário (art. 1041.º, n.º 2 CC, *a contrario sensu*[78]), o senhorio dispõe de dois caminhos que pode exercer alternativamente, sem limitações de qualquer ordem (ressalvadas as relativas ao exercício do direito de resolução). Cabe identificá-los:

1.ª hipótese

– pode exigir "as rendas… em atraso"; cumulativamente,

---

[77] Cfr. Ac. Rel. Porto, de 10.11.2009 (HENRIQUE ANTUNES), www.dgsi.pt ("de um aspecto, a mora, apesar da existência de um prazo certo para o cumprimento, só se verifica, tanto para o efeito da indemnização como para o efeito da resolução do contrato de arrendamento, se o arrendatário não cumprir a obrigação de pagamento da renda no prazo de oito dias a contar do seu começo – *purgatio morae* (art. 1041.º, n.º 1 do Código Civil)").

[78] Nos termos da lei, parecem repristinar-se direitos que cessaram.

– pode exigir "uma indemnização igual a 50% do que for devido" (art. 1041.º, n.º 1, 1.ª parte CC).

2.ª hipótese

– pode exigir "as rendas... em atraso"; cumulativamente,
– pode resolver o contrato de arrendamento "com base na falta de pagamento [da(s) renda(s)]" – (art. 1041.º, n.º 1, parte final CC).

As duas possibilidades ao alcance do senhorio têm um denominador comum: o direito de exigir as rendas em atraso.

Estas rendas correspondem ao gozo da coisa que o senhorio se obrigou a proporcionar e que o arrendatário usufruiu, pelo que são sempre devidas.

As outras duas vias são alternativas. O senhorio só pode fazer actuar um dos mecanismos previstos: ou exige a indemnização legal, mantendo o contrato de arrendamento, ou resolve o contrato de arrendamento[79].

---

[79] O Novo Regime do Arrendamento Rural, instituído pelo DL 294/1009, de 13 de Outubro, estabelece um regime próximo do mencionado no art. 13.º, intitulado "mora do arrendatário", a saber: "constituindo-se o arrendatário em mora, o senhorio tem o direito de exigir, além das rendas em atraso, uma indemnização igual a 50 % do que seja devido, salvo se o contrato for resolvido com base na falta de pagamento" (n.º 1); "cessa o direito à indemnização, ou à resolução do contrato, se o arrendatário fizer cessar a mora no prazo de 60 dias a contar do seu início" (n.º 2); é inexigível ao senhorio a manutenção do arrendamento em caso de mora superior a seis meses no pagamento da renda (n.º 3); "enquanto não sejam cumpridas as obrigações a que se refere o n.º 1, o senhorio tem o direito de recusar o recebimento das rendas seguintes, as quais são consideradas em dívida para todos os efeitos" (n.º 4); "a recepção de novas rendas não priva o senhorio do direito à resolução do contrato ou à indemnização referida, com base nas prestações em mora" (n.º 5); "o arrendatário pode pôr fim à mora oferecendo ao senhorio o pagamento das rendas em atraso, bem como a indemnização fixada no n.º 1" (n.º 6); "perante a recusa do senhorio em receber as correspondentes importâncias, pode o arrendatário recorrer à consignação em depósito" (n.º 6).

Em sede de locação financeira, determinava-se no (revogado) art. 16.º da versão inicial do DL 149/95, um regime com especificidades, mas igualmente com características semelhantes: assim, "a mora no pagamento de uma prestação de renda por um prazo superior a 60 dias permite ao locador resolver o contrato, salvo convenção em contrário a favor do locatário" (n.º 1), sendo que se permite ao locatário "precludir o direito à resolução por parte do locador, procedendo ao pagamento do montante em dívida, acrescido de 50%, no prazo de oito dias contados da data em que for notificado pelo locador da resolução do contrato" (n.º 2).

§ 5. Situação das partes perante a mora juridicamente relevante

1. Direito do senhorio à recusa das rendas vincendas até à cessação da mora

Em face da mora relevante – ou, dito de outro modo, até que o arrendatário pague as rendas e a correspondente indemnização fixada por lei *a forfait* – o senhorio tem o direito de recusar o recebimento das rendas subsequentes (art. 1041.°, n.° 3 CC, NRAU).

Esse direito de recusa de recebimento das rendas posteriores subsiste enquanto não forem cumpridas integralmente as duas obrigações assinaladas: a de pagar a renda e a de pagar a indemnização legal.

Se, por exemplo, o arrendatário, no dia 15 de Junho (por hipótese em atraso desde o dia 9 do mês anterior), apenas pretender pagar as duas rendas em demora, mas não a indemnização devida, a recusa do senhorio quanto ao recebimento das rendas vincendas é plena[80].

2. Manutenção, na pendência da mora, de todos os direitos do senhorio

O não cumprimento de todas as obrigações decorrentes da mora, que se encontram previstas no art. 1041.°, n.° 1 CC – ou seja, a de pagamento da(s) renda(s) (em atraso) e a indemnização correspondente –, importa ainda uma outra consequência significativa: as rendas em atraso (acrescidas da indemnização legal) e as rendas que se entretanto se vençam (e que não sejam entretanto pagas) "são considerad[a]s em dívida para todos os efeitos" – sublinhado nosso (art. 1041.°, n.° 3, parte final CC, NRAU).

Desta sorte, em relação a todos estes valores – rendas/indemnização – permanecem intocados os direitos do locador (à resolução ou à indemnização).

---

[80] Ac. Rel. Coimbra, de 29.1.2008 (HÉLDER ROQUE), www.dgsi.pt ("efectivamente, enquanto houver uma renda, indevidamente, por pagar, e a respectiva falta não estiver sanada, quer pelo pagamento, quer pelo depósito, não é de impor-se ao senhorio o dever de receber as rendas simples ulteriores, porquanto a situação de falta está em aberto, afectando os meses seguintes e a própria relação de arrendamento no seu todo, enquanto o remédio do pagamento ou do depósito não for utilizado").

Desta sorte, mesmo que o arrendatário pague (em singelo) as rendas em atraso, o senhorio mantém o direito a receber a indemnização de 50% ou a resolver o contrato. As sanções estabelecidas subsistem até que sejam pagos integralmente os valores assinalados[81].

3. A recepção das novas rendas

Não se alterando a situação de mora do locatário, perguntar-se-á qual a consequência decorrente da recepção, pelo senhorio, das novas rendas que entretanto se vençam.

O direito à sua recepção pelo locador não importa a perda de qualquer das pretensões que lhe assistem no tocante às quantias ainda em atraso, ou seja, a resolução ou a indemnização (art. 1041.°, n.° 4 CC, NRAU).

---

[81] Cfr. Ac. Rel. Lisboa, de 3.10.1996 (SALVADOR DA COSTA), CJ, 1996, IV, p. 114 ("porém, o facto de o senhorio ter conhecimento do cumprimento parcial da prestação debitória, a cargo do locatário, e não se opor ao seu recebimento, não significa que haja renunciado ao direito de exigir, além das rendas em atraso, uma indemnização igual a 50% do que for devido, que lhe advém da situação de mora do locatário, atento o disposto pelo artigo 1041.°, n.ᵒˢ 1, 3 e 4, do CC").

CAPÍTULO II
Casos de mora (ou de inexistência de mora) do arrendatário no pagamento da renda

§ 1. Considerações gerais. § 2. Mora e lugar do pagamento. § 3. Mora e modo de pagamento. 1. Pagamento por cheque. 2. Pagamento por transferência bancária. § 4. Mora e recibo de renda. 1. Regras gerais da emissão de recibo da renda. 2. Alguns casos. 2.1. Emissão de recibo pelo valor da renda em singelo quando está também em falta a indemnização legal. 2.2. Recibo desconforme. § 5. Pagamento de valor inferior ao da renda e recusa da recepção da renda pelo senhorio. § 6. Mora e exigência de renda superior à devida. § 7. Mora e renúncia ao direito de receber parte da renda. § 8. Mora e titularidade da relação locatícia.

§ 1. Considerações gerais

Nem sempre é fácil, atenta a variedade de situações da vida prática, saber se estamos (ou não) perante um caso de mora do arrendatário no pagamento da renda.

Optámos, por isso, por apreciar algumas hipóteses específicas, dominantemente as decididas pelos nossos tribunais, no sentido de colher as opiniões mais seguidas e enquadrá-las.

§ 2. Mora e lugar do pagamento

Sendo o lugar do pagamento da renda o do domicílio do locatário – seja por omissão do contrato (e não havendo usos), seja porque tal dele resulta –, a não realização do respectivo pagamento pelo arrendatário presume-se imputável ao senhorio, por efeito do art. 1039.º, n.º 2 CC, que assim se constitui em mora (do credor)[82].

Verificando-se tal situação – a mora do senhorio (credor) em razão de se não ter deslocado ao domicílio do arrendatário como lhe competia –, "caberia ao senhorio pôr fim a tal situação, não tendo o arrendatário que voltar a oferecer o pagamento da renda nem que praticar quaisquer actos necessários ao cumprimento da obrigação"[83].

Sendo outro o local do pagamento – por exemplo, a residência do senhorio ou a do seu procurador –, a ausência do "representante do senhorio da casa onde lhe devia ser paga a renda do locado, [significa que] aquele não prestou a cooperação necessária ao cumprimento da obrigação do pagamento da renda constituindo-se assim o senhorio em mora"[84].

---

[82] Ver, sobre o tema,
– o Ac. Rel. Coimbra, de 11.1.2000 (COELHO DE MATOS), www.dgsi.pt ("não se provando que foi estipulado um lugar de pagamento da renda, e não havendo costume sobre a matéria, deve aquela ser paga no domicílio do locatário, presumindo-se, na falta de pagamento, que o locador não veio nem mandou recebê-la no dia do vencimento. Em tal hipótese, embora se prove que há rendas em dívida, não existe mora do locatário e, consequentemente, não ocorre a causa de resolução prevista naquele normativo");
– o Ac. Rel. Coimbra, de 15.7.2009 (GONÇALVES FERREIRA), www.dgsi.pt ("não tendo sido feito o pagamento, presume-se (presunção não ilidida) que o locador não veio nem mandou receber..., o que se reconduz, afinal, à mora do credor (art. 813.º CC), com a consequente impossibilidade de este resolver o contrato com base na falta de pagamento").
[83] Ac. Rel. Lisboa, de 15.11.2007 (FÁTIMA GALANTE), www.dgsi.pt.
[84] Ac. Rel. Lisboa, de 22.10.1992 (MARTINS RAMIRES), www.dgsi.pt (concluiu-se assim pela mora do credor, dado que este, "sem motivo justificado, não aceit[ou] a prestação que lhe [foi] oferecida nos termos legais ou quando não prest[ou] a cooperação necessária ao cumprimento, mantendo atitude de abstenção ou, actuando, cri[ou] obstáculo").
Ver ainda o Ac. Rel. Lisboa, de 21.9.1993 (GUILHERME IGREJA), www.dgsi.pt ("assente que a renda seria paga em casa do senhorio... era indispensável ao cumprimento da obrigação de pagamento da renda pelo réu que a mesma, enquanto locadora, ali estivesse, através do seu representante legal, aquando desse cumprimento, e que, mudando de sede, informasse aquele da nova sede. Perante a mora da senhoria daí decorrente, o réu, que continuava adstrito à obrigação (art. 814.º, n.º 1, Código Civil), dela podia liberar-se mediante depósito da renda, mas a isso não estava obrigado, dado, então, ser facultativo o depósito (art. 841.º, n.º 1, al. b) e n.º 2, CC e art. 991.º CPC), e não obrigatório, pressupondo este, em princípio, a mora do arrendatário (artigos 1042.º e 1048.º, CC) que inexistirá em relação àquele réu, face à sua posição factual sobre o constatado não pagamento das rendas").

§ 3. Mora e modo de pagamento

1. Pagamento por cheque

É habitual a realização do pagamento da renda por cheque. Mas, nesta sede há questões várias que se suscitam, atento o modo específico de pagamento utilizado.

Assim, se o cheque emitido não tiver provisão, não se pode considerar extinta a obrigação de pagamento da renda, pelo que o arrendatário se considera constituído em mora[85].

Caso o inquilino tenha remetido o cheque atempadamente e mantido a conta com provisão, não há qualquer atraso no pagamento, ainda que o senhorio intencionalmente não tenha recebido o valor durante o período de oito dias.

De todo o modo, parece não haver mora do arrendatário "quando este pagou a renda tempestivamente, por cheque que manteve provisão durante o prazo estabelecido para o pagamento e que só não foi recebido por inércia do senhorio, que depois se recusou a receber a renda em mão quando, 15 ou 16 dias depois, apresentou o cheque a pagamento e este não tinha, então, provisão"[86].

---

[85] Cfr., sobre o assunto, os seguintes arestos:
– Ac. Rel. Porto, de 8.2.2000 (ARMINDO COSTA), www.dgsi.pt ("a entrega, para pagamento da renda em dívida, de um cheque que veio a ser devolvido por falta de provisão não extingue a obrigação");
– Ac. Rel. Lisboa, de 16.5.1991 (ABRANCHES MARTINS), www.dgsi.pt ("se o cheque tiver sido devolvido por falta de provisão, não há pagamento da renda, incorrendo o inquilino em mora");
– Ac. Rel. Lisboa, de 21.2.1991 (SILVA PAIXÃO), www.dgsi.pt ("se, em acção de despejo com fundamento na falta de pagamento de rendas, apenas resultar provado estarem rendas em dívida, sem que se hajam alegado e provado factos integradores da mora do arrendatário, não poderá decretar-se a resolução do arrendamento. E isto porque compete ao senhorio alegar e provar ter ido ou mandado receber as rendas ao domicílio do inquilino, para afastar a presunção de que este beneficia nos termos do disposto no art. 1039.º, n.º 2, parte final, do CC. Esta presunção conduz à situação de mora do locador, obstando a que este possa resolver o contrato com fundamento em falta de pagamento de rendas").

[86] Ac. Rel. Porto, de 4.10.1993 (ANTERO RIBEIRO), www.dgsi.pt.

Já no caso de lapso do banco no pagamento do cheque, tal não parece poder imputar-se ao arrendatário de modo a considerá-lo em mora. Assim, "se o emitente de um cheque sabe que tem provisão na conta a que o cheque se pode referir, não lhe é exigível que, antes de emitir o cheque ou depois de o emitir, acompanhe a par e passo o tratamento bancário desse cheque para obstar a que no Banco se cometa lapso ou erro. Daí que a conduta do demandado arrendatário, após a entrega do cheque ao senhorio, não seja censurável a qualquer título. Seja como for, o demandado, quando se deu conta do engano bancário, de imediato praticou que em tanto estava estaria em falta e ofertou ao senhorio o pagamento global a que tinha por lei direito"[87].

2. Pagamento por transferência bancária

Actualmente, é bastante frequente o pagamento da renda por transferência bancária para a conta do senhorio, sendo que o documento comprovativo da transferência pode ser utilizado para fins probatórios[88].

Ora, o arrendatário deve realizar a ordem de transferência, para efeito do cumprimento atempado da sua obrigação, atendendo ao do período temporal regular para a sua execução e, portanto, para que a conta do senhorio seja creditada pelo valor em causa dentro desse período. Se, porventura, há lugar ao crédito tardio na conta do senhorio, há, em princípio, mora do devedor (inquilino).

Como se salientou no Ac. Rel. Lisboa, de 13.12.2007, "ao dar uma ordem de transferência bancária no caixa automático – e não um depósito directo na conta do credor – no último dia do prazo, ao fim da tarde, qualquer pessoa medianamente diligente sabe que o respectivo valor já não chega à conta destinatária nesse mesmo dia. O facto de o locador ter acordado no pagamento da renda por transferência não pode, só por si, significar que aceitava como bom o pagamento efectuado com a chegada tardia do respectivo valor à sua conta bancária e que renunciava ao direito de pedir a resolução do contrato"[89].

---

[87] Ac. Rel. Lisboa, de 12.11.1991 (AMARAL BARATA), www.dgsi.pt.

[88] O mesmo vale quando a renda é realizada por depósito bancário na conta do senhorio, pois "o talão de depósito substitui o mencionado recibo" – Ac. Rel. Porto, de 20.5.2008 (CRISTINA COELHO), www.dgsi.pt.

[89] Ac. Rel. Lisboa, de 13.12.2007 (JOÃO AVEIRO PEREIRA), www.dgsi.pt.

§ 4. Mora e recibo de renda

1. Regras gerais da emissão de recibo da renda

Determina o art. 787.°, n.° 1, 1.ª parte CC o seguinte:

– "quem cumpre a obrigação tem o <u>direito de exigir</u> quitação daquele a quem a prestação é feita..." (sublinhado nosso).

Desta forma, o arrendatário (o seu procurador ou o fiador que cumpra, se for o caso) tem direito a exigir a entrega do recibo de renda[90] ao senhorio (ou do seu procurador[91]), à luz do citado preceito.

Acresce que o n.° 2 do mesmo normativo consagra que

– "o autor do cumprimento pode <u>recusar a prestação</u> enquanto a quitação não for dada..." (sublinhado nosso).

Ora, o recibo da renda é o meio mais comum de prova do cumprimento da obrigação de pagamento da renda[92], daí que o inquilino possa legitimamente recusar a sua prestação locatícia enquanto não lhe for entregue o recibo – desde que o exija do senhorio –, não se constituindo em mora se não cumprir com a obrigação de pagamento da renda por esse facto.

Aliás, a recusa pelo senhorio da entrega do recibo – quando o inquilino pretende fazer o pagamento – gera, em regra, a sua mora (do credor)[93].

---

[90] No caso de transferência bancária ou de depósito em conta bancária do senhorio, os documentos bancários relativos a esses actos servem de quitação e, portanto, de prova do cumprimento da obrigação de pagamento da renda.

[91] Ac. Rel. Porto, de 17.1.2001 (CONCEIÇÃO GOMES), www.dgsi.pt ("tem de considerar-se ter havido recusa de recibo de renda, para o efeito do crime de especulação previsto no art. 14.° do Decreto-Lei n.21-B/90, de 15 de Outubro, o facto de o arguido (como procurador do senhorio) não ter emitido nem entregue ao arrendatário os recibos relativos às rendas pagas por este, não obstante solicitado várias vezes para o efeito, sabendo o arguido que era obrigado a proceder a essa entrega").

[92] Há outros meios de prova do cumprimento: a confissão do senhorio (art. 352.° CC) ou a prova por testemunhas (art. 395.° CC) representam alguns deles.

[93] Cfr. o Ac. Rel. Lisboa, de 8.2.2007 (OLINDO GERALDES), www.dgsi.pt ("tendo o arrendatário direito à quitação da renda oferecida, nos termos do art. 787.° do CC, não podia a senhoria recusar-se a emitir o recibo de quitação em nome do arrendatário, circunstância que legitimava este último a poder recusar a respectiva prestação (art. 787.°, n.° 2, do CC). A recusa da emissão do recibo de quitação constituiu a omissão de um acto

Assinale-se que a emissão do recibo de renda não tem de ser sempre imediata, como determina o art. 787.º, n.º 2, 2.ª parte CC: "... assim como [o devedor] pode exigir a quitação depois do cumprimento".

Nestes termos o observou o Ac. Rel. Porto, de 19.12.2006, ao afirmar que "não é imperativo que o credor emita imediatamente recibo a quem cumpre uma obrigação. Pode esse facto acontecer mais tarde e [mediante] a exigência do devedor. Ora, no caso concreto em apreço, não está demonstrado que a ré tenha exigido ao autor os recibos das rendas na altura em que estas foram pagas". Por isso, "não se pode considerar que o autor senhorio, por este motivo, não tenha praticado *os actos necessários ao cumprimento da obrigação* – cfr. artigo 813.º do Código Civil – e, portanto, incorrido em mora"[94].

Note-se que perante o pagamento parcial da renda, o senhorio deve emitir quitação nessa exacta medida, no pressuposto de que recebe aquela.

2. Alguns casos

2.1. *Emissão de recibo pelo valor da renda em singelo quando está também em falta a indemnização legal*

Na hipótese de haver mora (juridicamente relevante) do arrendatário e este pretenda pagar a renda em singelo (sem a correspondente indemnização legal), pode questionar-se se a emissão do recibo de renda pelo valor da mesma, sem qualquer ressalva quanto ao facto de faltar o pagamento da indemnização devida, exime o arrendatário desse pagamento ou impede a resolução do contrato pelo senhorio com fundamento no valor da indemnização legal.

Entendeu o Ac. Rel. Coimbra, de 29.1.2008, que "não é, assim, defensável... que se imponha ao senhorio fazer consignar nos documentos de quitação, por este emitidos, a ressalva de que o pagamento das rendas

---

necessário ao cumprimento da obrigação do arrendatário") e o Ac. Rel. Porto, de 23.1.2003 (SOUSA LEITE), www.dgsi.pt ("a mora é atribuível ao credor (senhorio), se este, injustificadamente, omite a cooperação necessária para que o devedor (inquilino) cumpra a prestação de sua responsabilidade, cooperação essa que, entre outras formas, pode revestir a de passar quitação (recibo de renda)").

[94] Ac. Rel. Porto, de 19.12.2006 (Marques DE CASTILHO), www.dgsi.pt.

não implicava o pagamento das indemnizações devidas, sob pena de se precludir o direito de resolução do contrato de arrendamento"[95].

A nosso ver, a emissão do recibo de renda (em singelo), sem qualquer alusão no próprio recibo à falta de pagamento da indemnização, indicia um comportamento tolerante do senhorio, no sentido de não pretender receber esse valor ou não pretender resolver o contrato de arrendamento. Claro que há outros factores que aqui podem ser relevantes, como, *v.g.*, as conversas havidas entre os contraentes, sendo que aqui a prova testemunhal pode relevar. Mas cremos que o risco de não aposição dessa ressalva deve correr por conta do senhorio.

Assim se entendeu no Ac. Rel. Porto, de 17.10.1995, quando se destacou que "não pode pedir-se a resolução por falta de pagamento da indemnização por mora da renda se, já em mora, o senhorio emitiu recibo e entregou-o ao arrendatário com a renda real declarada e paga. O sentido da declaração, traduzida pelo envio do recibo (com a renda actualizada) interpretada por um declaratário normal não podia ser outro senão o da aceitação por parte do senhorio do cumprimento de uma parcela da obrigação para além do prazo, sem outras consequências"[96].

2.2. *Recibo desconforme*

Pode ainda dar-se o caso de o senhorio pretender entregar um recibo desconforme.

Se tal ocorrer, isso "equivale à sua não entrega, não sendo o devedor obrigado a aceitá-la quando o seu conteúdo não está em conformidade com o contrato de onde emana a obrigação"[97].

Daí que seja lícita a recusa do arrendatário em aceitar um recibo de renda passado incorrectamente com a inerente constituição em mora do senhorio.

---

[95] Ac. Rel. Coimbra, de 29.1.2008 (HÉLDER ROQUE), www.dgsi.pt. Neste sentido, o Ac. Rel. Évora, de 22.9.1988 (CARDONA FERREIRA), BMJ, n.º 379, 1988, p. 662.

[96] Ac. Rel. Porto, de 17.10.1995 (MATOS FERNANDES), www.dgsi.pt.

[97] Ac. Rel. Lisboa, de 9.5.1995 (PAIS DO AMARAL), www.dgsi.pt ("recusando-se o senhorio a corrigir o recibo, passa a haver mora do credor, podendo o inquilino libertar-se da obrigação através da consignação em depósito. Tendo-se verificado a *mora accipiendi*, a iniciativa do novo cumprimento cabe ao credor, ainda que originariamente pertencesse ao devedor").

§ 5. Pagamento de valor inferior ao da renda e recusa da recepção da renda pelo senhorio

Pode, por sua vez, o arrendatário pretender pagar apenas parte do valor da renda. O senhorio tem direito a recusar o recebimento da renda por força do princípio da integralidade do cumprimento, resultante do art. 763.°, n.° 1 CC. Só assim não será se "outro for o regime convencionando ou imposto por lei ou pelos usos", como ressalta da parte final do preceito assinalado.

No Ac. Rel. Porto, de 19.12.2006, observou-se isso mesmo, ao referir-se que "está demonstrado que o [senhorio] recusou o recebimento da renda de Fevereiro de 2002, que [o inquilino] lhe ofereceu a pagamento no montante de € 176,16, apenas dizendo que não correspondia ao valor da renda, sem, no entanto indicar o valor correcto. E que este valor era de € 181,98 – portanto, mais € 5,81. E que tal facto se deveu a erro da ré, ao converter o valor em escudos da renda para euros. Ora, face a este factos, entendemos que o autor tinha motivo justificado para proceder da forma como procedeu e não receber a prestação parcelar"[98].

§ 6. Mora e exigência de renda superior à devida

A exigência, pelo senhorio, de renda superior à devida – *v.g.*, por efeito do aproveitamento por aquele da actualização legal para proceder a um aumento indevido –, à qual corresponda o não pagamento do novo valor da renda pelo arrendatário, não gera a constituição deste em mora, sendo legítima a recusa do pagamento.

O erro na determinação do (novo) valor da renda é imputável ao senhorio, devendo ele suportar o risco de um cálculo erróneo.

No entanto, tal recusa do inquilino só pode existir quanto ao valor ilegal exigido, devendo, portanto, o inquilino continuar a pagar a importância devida, sendo a recusa do senhorio quanto ao recebimento deste montante ilegítima, dando lugar a uma situação de mora (do credor).

---

[98] Ac. Rel. Porto, de 19.12.2006 (MARQUES DE CASTILHO), www.dgsi.pt.

Nestes termos, o senhorio não tem direito a exigir, por um lado, o valor (ilegalmente) actualizado, nem a indemnização legal de 50%, nem a resolução do contrato de arrendamento[99].

§ 7. Mora e renúncia ao direito de receber parte da renda

Pode dar-se o caso de o locador (ou eventualmente o seu cônjuge) aceitar de forma reiterada e sistemática uma soma inferior à renda devida (que, por hipótese, resulta da actualização anual comunicada regularmente).

Nesse enquadramento, pode verificar-se uma renúncia tácita ao direito de receber o valor actualizado da renda, desde que o comportamento do senhorio (ou de quem o represente) seja continuado e no pressuposto

---

[99] Ac. Rel. Lisboa, de 17.5.2007 (JORGE LEAL), www.dgsi.pt ("o factualismo dado como assente basta para imputar aos AA. a responsabilidade pelo não pagamento da renda. Com efeito, estes exigiram do R. o pagamento de uma renda de valor superior ao legal. O Réu declarou que não aceitava a actualização reclamada, e ofereceu aos autores a renda anteriormente fixada, a qual aqueles recusaram receber. Não há notícias nos autos de que alguma vez, no decurso daquela relação locatícia, que durava havia quatro anos e meio, alguma vez o inquilino havia incumprido a obrigação de pagamento pontual da renda. Ou seja, entre as partes nunca se suscitaram dúvidas ou questões de incumprimento quanto ao local e ao tempo de prestação da renda. A novidade, o problema que surgiu foi o da alteração do montante da renda. Alteração essa reclamada pelos senhorios e que era ilegal. O inquilino manifestou a sua oposição ao referido aumento e ofereceu o pagamento do valor anteriormente fixado, a qual aqueles recusaram receber". Ora, "o obstáculo ao pagamento da renda de 15 000$00 não foi o atraso do Réu em proceder a esse pagamento ou a sua não comparência no domicílio do credor para efectuar a prestação; esta não se realizou por os credores a recusarem, recusa essa que assentou na não aceitação do montante oferecido, que foi de Esc. 15 000$00, e que os credores pretendiam que fosse de Esc. 18.274$00);

– Ac. Rel. Porto, de 12.5.1997 (RIBEIRO DE ALMEIDA), www.dgsi.pt ("inexiste mora do arrendatário, impeditiva do despejo com base na falta de pagamento de rendas, quando ele recusa pagar um aumento ilegal");

– Ac. Rel. Coimbra, de 10.7.2001 (NUNO CAMEIRA), www.dgsi.pt ("o direito do senhorio à renda está confinado à que for devida por imposição do coeficiente relativo ao ano civil que estiver em causa. Por isso, o senhorio não pode obter o despejo com fundamento no art. 64.º, n.º 1, a) do RAU, se tiver havido erro na determinação do valor da renda por causa da aplicação de um coeficiente de actualização superior ao legal").

de que ocorra uma actuação passiva, no sentido de não haver reclamação quanto ao novo valor[100].

§ 8. Mora e titularidade da relação locatícia

Havendo alteração da posição de locador – *v.g.*, na sequência da venda do prédio ou da sucessão por morte –, há que comunicar regularmente ao inquilino essa mudança[101].

O arrendatário a partir da comunicação regular do novo locador deve pagar-lhe a renda. Até lá, a renda deve ser paga ao sujeito a quem usualmente paga a renda e que é para si o senhorio.

Assim, o pagamento a pessoa diversa do senhorio constitui o locatário em mora no pagamento da renda[102].

---

[100] Ver o Ac. Rel. Porto, de 16.9.2002 (MARQUES PEREIRA), www.dgsi.pt ("é o que indicia o comportamento da mulher do Autor, que, apesar da comunicação da nova renda por parte do marido... aceitou, continuando a fazê-lo, mensalmente, desde então, o pagamento de uma renda de montante inferior à resultante da dita actualização (embora, com vários aumentos). Ora, a aceitação sistemática, por parte da mulher do Autor, de um montante de renda inferior ao constante da comunicação acima referida, bem pode entender-se (e assim ter sido entendida pelos RR) como uma renúncia ao direito de receber o valor resultante daquela actualização (embora desta o Réu não tivesse discordado)").

[101] Ac. Rel. Lisboa, de 21.9.1993 (GUILHERME IGREJA), www.dgsi.pt ("sendo evidente que o arrendatário, para o exercício de certos direitos e cumprimento de determinadas obrigações, entre as quais a do pagamento da renda, tem de saber quem é o respectivo senhorio, incumbia ao autor comunicar-lhe essa sua qualidade").

[102] Cfr., quanto a este assunto, o Ac. Rel. Lisboa, de 18.6.2009 (ANA LUÍSA GERALDES), www.dgsi.pt ("para justificar a falta de pagamento dessas rendas, a [arrendatária] argumenta que deixou de a pagar porque desconhecia qual era a sua actual senhoria", mas "em 8 de Fevereiro, 8 de Abril e 8 de Maio de 2000, respectivamente, a Ré [arrendatária] preencheu e o seu gerente apôs a sua assinatura nos documentos..., para efeitos de retenção na fonte do IRS relativo às rendas do locado"; aí "têm inseridos os carimbos da Ré... [sendo que] a Autora [senhoria] é identificada pela própria Ré como tendo a denominação de "S, S.A."."), e o Ac. Rel. Lisboa, de 27.6.1991 (MARTINS RAMIRES), www.dgsi.pt ("constitui-se em mora o arrendatário que paga a renda em local e a pessoa diversa dos clausulados no contrato de arrendamento; os efeitos da mora subsistem em relação às rendas vencidas posteriormente").

No caso de modificação (legítima e regular) da situação de locatário, o senhorio deve receber as rendas do novo inquilino.

A recusa do recebimento gera a mora do credor (o locador) em relação não só à renda em causa, como ainda às rendas vincendas.

Verificada tal situação, cabe o senhorio manifestar ao inquilino, através de acto específico, a intenção de "voltar" a receber as rendas.

O arrendatário pode, nesse caso, realizar o depósito das rendas (naturalmente em singelo), sendo, todavia, tal depósito meramente facultativo[103-104].

---

[103] Ver, sobre este tema, os seguintes arestos:
– Ac. STJ, de 13.9.2007 (SANTOS BERNARDINO), www.dgsi.pt ("a transmissão da posição de arrendatário, em caso de trespasse de estabelecimento comercial, não depende – como não dependia à data dos trespasses verificados, face ao então vigente art. 1118.º, n.º 1 do CC – de autorização do senhorio. E esta era, como o n.º 1 do art. 115.º do RAU, que a substituiu, uma disposição imperativa, sendo nulas as cláusulas que fizessem depender a efectivação do trespasse de prévia autorização do locador, e bem assim aquelas em que o locatário assumia, perante o senhorio, a obrigação de não incluir o direito ao arrendamento no trespasse. Exigível era apenas a comunicação, ao locador, da realização do trespasse – o que aqui sempre foi cumprido. Perde, pois, sentido e justificação a posição assumida pela autora perante os sucessivos trespassários, e a sua recusa em receber deles as rendas e passar os respectivos recibos. Tanto basta para se concluir que foi a autora quem, ao assim agir, se constituiu em mora, tornando dispensáveis os depósitos por parte dos arrendatários e, consequentemente, qualquer notificação, judicial ou extrajudicial");
– o Ac. Rel. Lisboa, 17.5.2007 (JORGE LEAL), www.dgsi.pt ("verificada em relação a determinado mês, a mora subsiste em relação às rendas dos meses subsequentes, transmitindo-se a estes até que o credor manifeste ao devedor, por um acto concreto, o seu desejo de as receber, alterando o seu comportamento e tornando possível o seu cumprimento. É esta a doutrina que já decorria do regime do art. 996.º do Código de Processo Civil e que foi reproduzida no art. 25.º do RAU");
– o Ac. Rel. Lisboa, de 8.2.2007 (OLINDO GERALDES), www.dgsi.pt ("a falta de pagamento da renda deveu-se à circunstância da senhoria não reconhecer o respectivo arrendatário e se recusar a emitir o recibo da renda em seu nome. A sentença recorrida considerou, nesse contexto, ter havido mora do credor. A formulação desse juízo revela-se inteiramente correcta porque, não tendo existido uma impugnação válida da qualidade do arrendatário, adquirida por efeito de trespasse, não tinha a senhoria justificação para recusar o pagamento da renda oferecida por aquele. Estando legitimada a transmissão do contrato de arrendamento, decorrente do trespasse, é irrelevante que a senhoria só posteriormente a tenha aceite. Assim, a senhoria enquanto credora, não tendo motivo válido para recusar o pagamento da renda oferecida pelo arrendatário nos termos legais e não tendo praticado um acto necessário ao cumprimento da obrigação, incorreu em mora, nos

termos delimitados no art. 813.º do CC. Sendo a mora imputável à senhoria e extensível a todas as rendas não pagas, não tinha o arrendatário necessidade de proceder ao depósito das rendas").

– o Ac. Rel. Lisboa, de 8.2.2007 (ANA LUÍSA GERALDES), www.dgsi.pt ("ora, conforme se diz na sentença recorrida e bem, a Autora ao recusar-se a receber a renda da Ré arrendatária (sendo esta legítima arrendatária, por transmissão do contrato de arrendamento, conforme se disse nos pontos anteriores) é que se colocou em situação de *"mora accipiendi"* pois não recebeu as rendas, nem as mandou receber – cf. arts. 813.º e 1039.º, n.º 2, ambos do CC. Pelo que, verificada a mora em relação às rendas de determinado mês, a mesma subsiste em relação às rendas dos meses subsequentes, transmitindo-se a estas até que o credor manifeste ao devedor, por um acto concreto, o seu desejo de as receber, alterando o seu anterior comportamento e tornando possível o cumprimento. E a existência dessa mora permite ao arrendatário que proceda à consignação em depósito das rendas. Com efeito, recusando a renda que lhe era paga pela arrendatária, a consignação em depósito torna-se legalmente admissível por força do preceituado nos arts. 22.º, n.º 1, do RAU e 841.º, als. a) e b) do CC, podendo dela fazer uso a respectiva arrendatária, uma vez que a Recorrente, através da referida recusa, colocou-se em situação de *"mora accipiendi"*. Trata-se, porém, de um depósito que, nesta circunstância, em que a mora é do senhorio, a lei considera de carácter facultativo por parte do arrendatário, não o impondo – cf. art. 841.º, n.º 2, do CC").

– o Ac. Rel. Porto, de 15.4.2004 (FERNANDO BAPTISTA), www.dgsi.pt ("havendo mora do senhorio por se recusar a receber a renda preexistente (validamente) oferecida pelo inquilino (*mora creditoris* ou *mora accipiendi*, ut art. 823.º CC), os depósitos de rendas, designadamente por via da consignação em depósito, são facultativos. Como tal, a falta de depósito, o depósito parcial, a sua extemporaneidade ou a sua eventual irregularidade nunca poderão constituir causa de resolução do contrato. E tal mora creditoris mantém-se em relação às rendas subsequentes, face a motivo (infundado) da recusa – até ao momento em que o senhorio manifeste a intenção de receber a renda no montante validamente oferecido pelo inquilino. Assim, tendo sido depositadas, condicionalmente, as rendas acrescidas de indemnização, ao senhorio apenas assiste o direito ao levantamento das rendas singelas depositadas e já não ao levantamento de tais montantes indemnizatórios, assistindo, por sua vez, ao arrendatário o direito a fazer seus os montantes que depositou em excesso").

[104] Ac. Rel. Porto, de 17.4.2008 (FERNANDO BAPTISTA OLIVEIRA), www.dgsi.pt ("recusando-se o senhorio a aceitar a renda, sem motivo justificado, incorre em mora, não sendo, então, o arrendatário obrigado a depositá-la nem a voltar oferecê-la..., nem tão--pouco as posteriores, enquanto o senhorio não puser termo à *mora accipiendi*").

TÍTULO III
O direito do senhorio exigir a(s) renda(s) em atraso

CAPÍTULO I
As rendas em atraso

§ 1. Consagração legal. § 2. Acção executiva para pagamento das rendas em atraso. 1. Instauração de acção executiva para pagamento da renda. 1.1. Enquadramento legal. 1.2. Constituição de título executivo. 1.2.1. O contrato de arrendamento. 1.2.2. A comunicação do montante em dívida ao arrendatário. 1.2.2.1. Legitimidade. 1.2.2.2. Forma. 1.2.2.3. Conteúdo. 1.2.2.4. Tempo. 1.2.2.5. Finalidade. 1.2.3. Outros documentos. 1.3. Da constituição de título executivo contra o fiador do arrendatário. 1.3.1. O problema. 1.3.2. Admissibilidade de constituição de título executivo sem notificação do fiador. 1.3.3. Admissibilidade de constituição de título executivo com notificação do fiador. 1.3.4. Inadmissibilidade de constituição de título executivo contra o fiador. 1.3.5. Posição adoptada. 1.4. Oposição à execução. § 3. Instauração de uma acção declarativa para pagamento da renda. § 4. Instauração de uma acção de despejo onde se exige o pagamento da renda. § 5. Cumprimento voluntário por parte do arrendatário.

§ 1. Consagração legal

Como determina o art. 1041.º, n.º 1 CC (que permaneceu inalterado com a reforma de 2006), em caso de mora do arrendatário juridicamente relevante,

– "o locador tem o <u>direito de exigir</u>… [as] rendas… em atraso…".

Esta mesma ideia resulta do novo art. 1042.º, n.º 1 CC, embora aí se disponha que

– o locatário pode pôr fim à mora <u>oferecendo</u> ao locador o pagamento das rendas... em atraso".

Trata-se de um direito subjectivo propriamente dito de que é titular o senhorio, e que este pode sempre exercer, no quadro do direito de escolha que a lei lhe confere, mas que o arrendatário, por sua vez, pode sempre fazer actuar cumprindo voluntariamente o contrato.

Importa seguidamente dar nota das várias formas ao alcance do senhorio para exercer este direito.

Na actualidade, o legislador parece ter dado preferência ao recurso à acção executiva para pagamento da renda (art. 15.º, n.º 2 NRAU).

De todo o modo, na impossibilidade de constituição de título executivo, sempre dispõe da mera acção declarativa para pagamento da renda ou da acção de despejo onde pode exigir igualmente esse pagamento.

Não se descure, porém, a possibilidade de o arrendatário pagar voluntariamente as rendas em atraso.

Analisemos, com detalhe, estas distintas possibilidades, relevando ainda a possibilidade de o senhorio exigir o valor em dívida do fiador.

§ 2. Acção executiva para pagamento das rendas em atraso

1. Instauração de acção executiva para pagamento da renda

1.1. *Enquadramento legal*

O art. 15.º, n.º 2 NRAU, determina que

– "o contrato de arrendamento é <u>título executivo</u> para a <u>acção de pagamento de renda</u> quando acompanhado do comprovativo de comunicação ao arrendatário do montante em dívida" (sublinhados nossos).

1.2. *Constituição de título executivo*

A constituição de títulos executivos extrajudiciais é admissível à luz do art. 46.º, n.º 1, al. d) CPC.

Ora, é com base nessa norma que se permite a formação deste específico título em sede arrendatícia para entrega de quantia certa.

No caso, são dois os documentos enumerados no citado normativo para efeito da constituição de título executivo extrajudicial.

Assim, e ao contrário do que sucede no quadro da acção executiva para entrega de coisa certa, não há que esperar qualquer período temporal, a não ser o relativo à comunicação ao arrendatário e à sua eficácia.

1.2.1. *O contrato de arrendamento*

O que está aqui em causa é, em primeira linha, o contrato de arrendamento sujeito a escrito particular ou a escritura pública.

Um contrato verbal, ainda quando admitido à luz da nova disciplina (art. 1069.º CC, NRAU), não pode, naturalmente, utilizar-se para este efeito.

Também não parece poder suprir tal falta o mero recibo de renda.

Já o contrato de arrendamento qualificado por decisão transitada em julgado integra-se no âmbito do normativo[105].

1.2.2. *A comunicação do montante em dívida ao arrendatário*

O art. 15.º, n.º 2 NRAU especifica ainda que "o comprovativo da comunicação ao arrendatário do montante em dívida" é um dos documentos que serve de base à formação do título executivo extrajudicial.

Há que apreciar os contornos dessa comunicação.

1.2.2.1. Legitimidade

Relativamente à legitimidade activa, compete ao senhorio a realização da comunicação. Se forem vários os locadores, esta deve ser "subscrita por todos eles ou por quem a todos represente" (art. 11.º, n.º 1 NRAU).

---

[105] Sobre esta temática, ver infra Tit. V, Cap. III, § 2, 2.2.

No tocante à legitimidade passiva, a notificação deve ser dirigida ao arrendatário. Havendo pluralidade de arrendatários, em princípio, "a comunicação... é dirigida ao que figurar em primeiro lugar no contrato" (art. 11.º, n.º 3, 1.ª parte NRAU). De todo o modo, admite-se "indicação daqueles [dos arrendatários] em [sentido] contrário" (art. 11.º, n.º 3, parte final NRAU). Assim, pode exigir-se a comunicação a todos ou, eventualmente, a quem os represente.

1.2.2.2. Forma

Note-se que o que está em causa não é uma comunicação relativa à "cessação do contrato, à "actualização da renda" ou a "obras" a efectuar, pelo que não é exigível que se cumpram os requisitos mais solenes do art. 9.º, n.ºs 1 a 6 NRAU (ou seja, a carta registada com aviso de recepção ou a entrega do escrito assinado pelo declarante em mão), nem, por maioria de razão, do n.º 7 (a notificação judicial avulsa ou o contacto pessoal de advogado, solicitador ou solicitador [agente] de execução).

De todo o modo, para que se possa constituir este título executivo extrajudicial, cremos que a forma a utilizar deve ser sempre a escrita.

Assim o expressou adequadamente o Ac. Rel. Lisboa, de 12.12.2008, ao afirmar que "a comunicação em causa traduz-se numa declaração de ciência receptícia que terá de constar, pelo menos de suporte escrito, como, por exemplo, o envio de carta registada ao arrendatário. Nestas circunstâncias, nos termos do artigo 224.º, n.ºs 1 e 2, do CC, a declaração torna-se eficaz não só quando chegue ao poder do destinatário, mas também nos casos em que só por culpa do destinatário não foi por ele oportunamente recebida"[106].

Refira-se que nada impede a utilização de forma superior à exigida, pelo que qualquer das vias consagradas no art. 9.º, n.ºs 1 a 6 NRAU, pode servir para tal efeito[107], ou outras possibilidades, desde que se observe a mencionada forma escrita.

---

[106] Ac. Rel. Lisboa, de 12.12.2008 (TOMÉ GOMES), www.dgsi.pt.

[107] Ac. Rel. Lisboa, de 21.4.2009 (ARNALDO SILVA), www.dgsi.pt ("nada obsta que a comunicação prevista no art. 15.º, n.º 2 do NRAU seja feita através de uma formalidade mais exigente do que a exigível. O que a lei não permite é que se utilize um formalismo menos solene do que o previsto para cada uma das comunicações nele previstas").

Note-se, contudo, que o problema se tem posto sobretudo quando o senhorio pretende resolver (extrajudicialmente) o contrato, exigindo as rendas em atraso (em singelo). E, para este efeito, é necessário, como se sabe, um dos procedimentos previstos no art. 9.º, n.º 7 NRAU e acima identificados.

No entanto, não se exclua que o senhorio possa utilizar outras vias tendo em vista a resolução do contrato – que para tal consequência não servem –, mas que possam permitir, pelo menos, a constituição do título executivo em causa.

Em iguais circunstâncias, afigura-se que "uma notificação mediante solicitador de execução com hora certa, ainda que não valendo como notificação avulsa, oferecerá as mesmas garantias de segurança que a expedição de uma carta registada"[108].

1.2.2.3. Conteúdo

Relativamente ao conteúdo, especifica-se que deve ser comunicado ao arrendatário o "montante [da(s) renda(s)] em dívida".

Mas deve ainda constar, para o efeito, o contrato de arrendamento incumprido, as partes contratantes, a data em que ocorreu a mora no pagamento da renda e o número de rendas em falta.

1.2.2.4. Tempo

Quanto ao tempo da comunicação, deve dizer-se que pode imediatamente ocorrer após a mora juridicamente não relevante. Isto porque a renda em singelo é sempre devida, desde a data do seu vencimento.

Essa não é, porém, a regra, pois o senhorio utiliza a comunicação para fazer valer algo mais para além disso, isto é, a indemnização igual a 50% ou a resolução.

Daí que a comunicação seja feita com outros propósitos para além de exigir a renda em singelo, sendo por isso (quase sempre ou até sempre) posterior aos primeiros *oito dias* após o vencimento da renda.

1.2.2.5. Finalidade

No que respeita à finalidade da comunicação, tem sido entendido que "é a de obrigar o exequente a proceder a uma espécie de liquidação arit-

---

[108] Ac. Rel. Lisboa, de 12.12.2008 (TOMÉ GOMES), www.dgsi.pt.

mética extrajudicial prévia dos montantes em dívida, de forma a conferir maior grau de certeza quanto ao montante peticionado, tendo em conta a tendencial vocação duradoura do contrato"[109].

Ora, como bem se descreve no aresto em comentário, "será, pois, no confronto do conteúdo dos dois referidos documentos que se há-de alcançar a resposta sobre o que pode ser exigido (objecto da execução ou quantia exequenda) e de quem pode ser exigido (sujeitos do lado passivo da execução ou executados). Sendo importante realçar que o fundamento substantivo da acção executiva é a obrigação exequenda, a qual tem de constar do título executivo, e que é este que delimita objectiva e subjectivamente o âmbito da execução (arts. 45.°, n.° 1, e 55.°, n.° 1, do CPC)".

1.2.3. Outros documentos

Não se descure que, por vezes, se mostra necessário juntar outros documentos adicionais:
- se ocorreu a transmissão da posição de arrendatário, *v.g.*, por efeito do trespasse de estabelecimento comercial ou da fusão de sociedades, o contrato que o/a titula;
- se se procedeu ao aumento de renda, o(s) comprovativo(s) da(s) comunicação(ões) da respectiva actualização[110] (ou o comprovativo da transferência bancária da nova renda, do cheque remetido no valor da nova renda...).

1.3. Da constituição de título executivo contra o fiador do arrendatário

1.3.1. O problema

Temos aludido à acção executiva para pagamento da renda instaurada contra o arrendatário.

---

[109] Cfr. Ac. Rel. Lisboa, de 12.12.2008 (TOMÉ GOMES), www.dgsi.pt.

[110] O Ac. Rel. Porto, de 12.5.2009 (GUERRA BANHA) – assim o realça: "o contrato de arrendamento não suscita dúvidas de interpretação quanto aos elementos da obrigação de pagar a renda: nem quanto ao seu montante (a quantia mensal de € 350,00 acrescida da actualização posterior, devidamente documentada, que a fixou em € 358,75) e prazo de vencimento (no primeiro dia útil do mês anterior àquele a que disser respeito)...".

Todavia, nos contratos de arrendamento é muito frequente a existência de garantes, especialmente de um fiador.

Ora, põe-se a questão de saber se o título executivo formado à luz do art. 15.°, n.° 2 NRAU pode servir de base igualmente à propositura da acção executiva contra o fiador.

A temática tem sido discutida, havendo três posições a destacar.

1.3.2. Admissibilidade de constituição de título executivo sem notificação do fiador

Uns consideram que é possível a constituição de título executivo contra o fiador do arrendatário, não necessitando o garante sequer de ser notificado da dívida de renda (em mora), mas tão só o locatário, pois o art. 15.°, n.° 2 assim tão só o exige.

Usam-se, no essencial, os seguintes argumentos:

– a regra não limita textualmente à pessoa do arrendatário "o carácter executivo do contrato de arrendamento", já que aí não se "diz que é título executivo apenas em relação ao arrendatário";
– a única justificação para a exigência da prévia comunicação ao arrendatário é a de obrigar o exequente a proceder a liquidação prévia das rendas em dívida, de forma a conferir maior grau de certeza quanto ao montante da dívida exequenda; conclui-se que "a mesma exigência já não se justifica em relação ao fiador em virtude de este poder existir ou não e de, caso exista, garantir a satisfação da obrigação principal, independentemente de interpelação, como decorre dos arts. 627.° e 634.° do Código Civil, bastando que esta (a interpelação) seja efectuada na pessoa do devedor, salvo se se tiver estipulado diversamente"[111].

Esta mesma orientação é defendida noutras decisões, que acrescentam outros argumentos, a saber: a desnecessidade de multiplicação das acções judiciais, a conformidade com o sistema de agilização visado pela reforma

---

[111] No mesmo sentido, ver o Ac. Rel. Lisboa, de 12.12.2008 (TOMÉ GOMES), www.dgsi.pt (não obriga à comunicação ao fiador do "montante em dívida, nem se torna necessário que seja interpelada para o seu pagamento, porquanto, como fiadora que é, responde pelas rendas vencidas do afiançado, independentemente de interpelação, como decorre do preceituado no artigo 634.° do CC").

do arrendamento e o facto de "não fazer sentido que... [se] deixasse de fora [do campo do normativo] exactamente a parte mais importante, aquela que maior património terá, sendo a razão principal do contrato"[112].

1.3.3. Admissibilidade de constituição de título executivo com notificação do fiador

Assinale-se ainda uma posição intermédia: a que defende a necessidade de notificação do fiador para efeito de constituição de título executivo extrajudicial também contra este.

À luz do regime geral, como sabemos, o fiador de obrigações pecuniárias (art. 634.º CC) responde pelo atraso do devedor principal, assim como pelos danos moratórios devidos, sem necessidade de interpelação. Em razão da característica da acessoriedade da fiança, mostra-se suficiente que o devedor principal se tenha constituído em mora[113].

Esta lógica cede agora perante esta possibilidade de constituição de título executivo extrajudicial, para assegurar um grau de protecção adequado ao garante.

1.3.4. Inadmissibilidade de constituição de título executivo contra o fiador

Para outros, ao invés, a posição é diametralmente oposta, impedindo-se, portanto, que o art. 15.º, n.º 2 do NRAU seja aplicável ao fiador do arrendatário.

Afirma-se que "tal disposição se refere expressa e unicamente ao arrendatário" e que "não faz qualquer sentido, pela posição de garantes dos fiadores relativamente ao inquilino devedor (ainda que solidariamente responsáveis com ele), como pela natureza, características e regime jurídico da fiança, permitir a criação, por mera notificação extra-judicial dos mencionados garantes, de título executivo contra os mesmos (cf., nomeadamente, os artigos 627.º, número 2, 631.º, 632.º e 637.º do Código Civil)"[114].

---

[112] Ac. Rel. Porto, de 23.6.2009 (CÂNDIDO LEMOS), www.dgsi.pt.
[113] ANTUNES VARELA, Das Obrigações em Geral, II, cit., p. 488.
[114] Ac. Rel. Lisboa, de 8.11.2007 (JOSÉ EDUARDO SAPATEIRO), www.dgsi.pt.

Observa-se, por outro lado, que a extensão do regime ao fiador "não se compagina com a sua função de garante, e assim com o regime próprio da fiança constituída", sendo que "o contrato de arrendamento, embora assinado pelo fiador, não se configura, quanto a ele, como título bastante, nos termos e para os efeitos [do art. 15.º, n.º 2]"[115].

Realçam outros o seguinte: "no que respeita ao fiador, a notificação extrajudicial, efectuada nos termos do n.º 1 do artigo 1084.º, não produz quaisquer efeitos"[116].

1.3.5. *Posição adoptada*

Literalmente, cremos que a norma não revela uma orientação clara em nenhum dos sentidos.

Qualquer das vias opostas assinaladas é sustentável, dada a indefinição dos termos usados no preceito: "contrato de arrendamento", "acção de pagamento de renda", "comunicação ao arrendatário do montante em dívida".

Todavia, pode afirmar-se – textualmente – uma tendência ténue no sentido da não aplicabilidade ao garante, dada a ausência de qualquer menção (ainda que indirecta) ao fiador. O legislador só terá pensado na pessoa do arrendatário.

Deve dizer-se, aliás, que o n.º 2 do art. 15.º do NRAU se insere numa norma destinada, essencialmente, a proteger os interesses do senhorio perante o arrendatário. O amplo leque de casos do n.º 1 assim o determina e o releva. É esse o contexto da lei.

Por outro lado, entendemos que a não multiplicação de acções judiciais não pode ser feita à custa (apenas) do fiador[117].

Também o sistema de agilização inerente à reforma, onde se enquadraria a extensão do regime ao garante, parece um argumento pouco convincente, dado que o objectivo não foi claramente conseguido a vários

---

[115] Ac. Rel. Lisboa, de 31.3.2009 (ANA RESENDE), www.dgsi.pt.
[116] Ac. Rel. Guimarães, de 29.11.2007 (CONCEIÇÃO BUCHO), www.dgsi.pt.
[117] O problema da execução de título extrajudicial, assinado por um só dos cônjuges, sendo a dívida comunicável, suscita, ainda hoje, problemas relevantes. Ver, por exemplo, sobre os contornos da questão, MARIA JOSÉ CAPELO, "Pressupostos processuais gerais na acção executiva – a legitimidade e as regras da penhorabilidade", Themis, 2003, n.º 7, pp. 79 ss.

níveis, *maxime* no que respeita à protecção do senhorio em face do incumprimento da obrigação de pagamento da renda.

Note-se que a fiança é um negócio que envolve um risco assaz elevado para o garante, muito maior até do que o contrato de arrendamento para o próprio inquilino, que, *v.g.*, pode pôr termo ao contrato a todo o tempo, ao contrário daquele que não pode extinguir a fiança, nas mesmas circunstâncias. A sua vinculação fica inteiramente dependente da vontade (e do cumprimento) do inquilino. A esta especial debilidade do garante não deve corresponder um regime ainda mais agravado do ponto de vista processual.

No quadro mais frequente – onde se resolve o contrato e se exigem as rendas em singelo – a lógica do art. 15.º do NRAU diz-nos que a acção executiva para entrega do imóvel locado (e, lateralmente, a acção executiva para entrega de quantia certa) só é instaurada, com larga probabilidade, 12 meses após o não cumprimento, se o senhorio for diligente. Senão vejamos: devem ter decorrido 3 meses após o não pagamento da renda; após isso, é necessária a notificação do arrendatário; caso esta ocorra sem problemas, começa a correr o prazo de 3 meses para o inquilino fazer caducar o direito de resolução, caso possa; só depois se que contabilizar o prazo de 3 meses após a resolução para efeito de exigibilidade de desocupação (art. 1087.º CC, NRAU)[118]; é preciso ainda exigir a desocupação do locado e que ela não ocorra dentro do prazo; só findo este périplo é que se mostra viável a instauração de acção executiva.

Portanto, o fiador – se o senhorio actuar logo e observados todos os prazos – pode ser confrontado com a acção executiva, na melhor das hipóteses, 13 a 14 meses após o incumprimento.

Para além disso, importa referir que o garante pode até ter desconhecimento da situação, porque se tem defendido que não é exigível qualquer comunicação ou interpelação ao fiador.

Estes são argumentos determinantes e de maior peso no sentido de impedir o emprego da norma ao fiador ou, no limite, exigir, pelo menos, a sua interpelação, atenta a protecção mínima que se lhe deve atribuir.

Acresce que, caso se admita o recurso à acção executiva no caso de o senhorio exigir a renda, acrescida da indemnização de 50%, a situação

---

[118] GRAVATO MORAIS, Novo regime do arrendamento comercial, 2.ª Ed., Coimbra, 2007, pp. 214 ss.

é deveras injusta para o garante, pois o decurso de um largo período de tempo após a mora do arrendatário (que muitas vezes não tem dinheiro, nem bens) oneraria aquele de um modo despropositado e iníquo.

E note-se que optando o senhorio pela equação "resolução + rendas", tendo o inquilino pago apenas as rendas sem a devida indemnização, a acção executiva, à luz do art. 15.º, n.º 2 NRAU, parece – para quem assim o sustenta, o que não acolhemos – não ser possível para exigir este valor (seja do arrendatário, seja do fiador).

Claro que se pode afirmar que este caminho – a não aplicabilidade da regra ao garante – transforma, processualmente, a fiança solidária, se for o caso, numa fiança "subsidiária". Mas também não é menos verdade que o fiador fica numa posição mais fragilizada, atentas as circunstâncias actuais do processo executivo, do que estaria perante uma acção declarativa. E o senhorio sempre pode socorrer-se desta via.

É certo que se duplicam as acções, mas o regime do NRAU consagra muitos casos da sua multiplicidade. Basta ver que, na hipótese que mais se suscita ("resolução + rendas"), o senhorio tem de instaurar 2 acções executivas contra o inquilino (e já não contabilizamos aqui os problemas relativos ao seu cônjuge, não subscritor do contrato) e querendo obter uma indemnização à luz do art. 1045.º, n.º 2 CC – o que é a regra –, uma outra acção, esta declarativa, sem prejuízo de caso aqui existir fiador que garanta convencionalmente tal incumprimento não poder socorrer-se da via executiva.

Este conjunto de circunstâncias levam-nos a não empregar o art. 15.º, n.º 2 do NRAU ao fiador (ou, em última via, o utilizar só com a respectiva notificação a este).

1.4. *Oposição à execução*

Em sede de oposição à execução, cabe aplicar o art. 816.º CPC.
Dispõe o preceito que

– "não se baseando a execução em sentença ou em requerimento de injunção ao qual tenha sido aposta fórmula executória, além dos fundamentos de oposição especificados no n.º 1 do art. 814.º, na parte em que sejam aplicáveis, podem ser alegados quaisquer outros que possam ser invocados no processo de declaração".

Há, à partida, alguma latitude no tocante ao tipo de argumentos a invocar pelo arrendatário.

Todavia, em concreto, tal amplitude não se verifica. Com efeito, dado que está em causa o atraso no pagamento da renda, os fundamentos a alegar pelo arrendatário devem limitar-se a tudo o que àquele atraso diz respeito.

Assim, as questões referentes à renda, ao lugar, ao tempo, ao modo do pagamento, à actualização, ao lado de outras, como, *v.g.*, a excepção de não cumprimento do contrato, podem ser suscitadas.

Nesta hipótese, a oposição à execução segue o regime geral, não determinando a sua recepção a suspensão da execução.

§ 3. Instauração de uma acção declarativa para pagamento da renda

Caso inexista qualquer dos documentos referidos no art. 15.°, n.° 2 NRAU – e aqui pensamos especialmente na falta do contrato escrito de arrendamento –, ao senhorio não resta outra alternativa que o recurso ao mecanismo tradicional para obter o pagamento de obrigações pecuniárias: a acção declarativa de condenação.

Seria impensável que tal via – a da mera acção declarativa para pagamento da renda – não pudesse ser utilizada.

Naturalmente que esta acção pode agora ser proposta contra o fiador do arrendatário, nos termos gerais.

§ 4. Instauração de uma acção de despejo onde se exige o pagamento da renda

É ainda pensável uma outra hipótese: a instauração de uma acção declarativa de despejo, onde, para além da resolução do contrato, se exigem as rendas em atraso.

Neste caso, a acção pode ser igualmente proposta contra o arrendatário e contra o fiador.

§ 5. Cumprimento voluntário por parte do arrendatário

A lógica subjacente ao regime é a de que o senhorio exige as rendas ao arrendatário, em face do regime em apreço.

Mas pode o arrendatário pagar, voluntariamente (tenha sido ou não interpelado), a(s) renda(s) em atraso.

Aliás, muitas vezes, este pagamento é feito pelo arrendatário tardiamente, no próprio mês em que a renda é devida, e, nalguns casos, até reiteradamente.

Pode ainda o próprio fiador oferecer o pagamento, tendo em conta que garante pessoalmente a dívida de rendas.

Não se descure mesmo a possibilidade de um terceiro pagar, à luz das regras gerais de direito.

Claro que, nestes casos, o senhorio tem direito a uma indemnização que corresponde a metade do valor das rendas em mora, pelo que o arrendatário (ou quem paga a renda em seu nome) deve proceder ao pagamento em causa.

CAPÍTULO II
Os juros de mora relativos às rendas em atraso

§ 1. Os juros de mora legais. 1. Tipos de juros. 2. Exigibilidade dos juros relativos às rendas vencidas. § 2. Juros de mora convencionais; em especial, a cláusula penal.

§ 1. Os juros de mora legais

1. Tipos de juros

Atento o princípio geral consagrado de que a mora do devedor de obrigações pecuniárias gera um dever de indemnizar, é, no caso, fixado de antemão (*a forfait*) o ressarcimento dos danos recorrendo a um critério percentual (o dos juros legais).

Daí que generalizadamente os autores se refiram a uma avaliação abstracta do dano[119].

Esta solução traz benefícios específicos para o credor. Desde logo, porque lhe assegura uma efectiva indemnização. Acresce que o credor tem igualmente particulares vantagens em sede probatória, o que torna mais simples e agiliza o recurso aos tribunais. Por um lado, fica exonerado da demonstração dos danos sofridos, pois estão pré-determinados. Por outro lado, não necessita de provar o nexo de causalidade entre o facto ilícito (a mora) e os prejuízos.

---

[119] ANTUNES VARELA, Das Obrigações em Geral, II, cit., p. 121, nota 3; RIBEIRO DE FARIA, Direito das Obrigações, Vol. II, Coimbra, 1990, p. 452.

Dado que se trata de uma quantia pecuniária, optou-se por recorrer à prestação de juros. Geralmente, tais juros são, como preceitua o art. 806.º, n.º 2, 1.ª parte CC, os fixados por lei[120]. À partida, a taxa dos juros legais é mais elevada do que a inflação, naquela se integrando assim um valor compensatório.

Actualmente, a taxa (legal e supletiva) de juros (moratórios) civis é de 4%, na sequência da Portaria 291/2003, de 8 de Abril (para a qual remete o art. 559.º, n.º 1 CC).

Por sua vez, a taxa (legal e supletiva) de juros (moratórios) comerciais relativos aos créditos de que sejam titulares empresas comerciais, singulares ou colectivas, encontram-se fixadas em portaria conjunta dos Ministros das Finanças e da Justiça (art. 102.º, § 3 CCom.). Esta corresponde à "aplicada pelo Banco Central Europeu à sua mais recente operação de refinanciamento efectuada antes do 1.º dia de Janeiro ou de Julho, consoante se esteja, respectivamente, no 1.º ou no 2.º semestre do ano civil, acrescida de 7 pontos percentuais". Tal taxa tem duas componentes, uma variável e outra fixa. A primeira está dependente da taxa de juros definida pelo BCE. Por efeito do regime decorrente do Despacho n.º 597/ /2010, da Direcção Geral do Tesouro, de 4 de Janeiro de 2010 (DR II Série), a taxa de juro em causa corresponde actualmente a 8,00%, a qual vale para o 1.º semestre de 2010[121].

---

[120] Note-se que a obrigação de juros pressupõe uma dívida de capital, sendo nessa medida uma sua obrigação acessória. De relevar ainda que o crédito de juros tem uma existência autónoma. Ver, sobre o assunto, ALMEIDA COSTA, ob. cit., p. 687.

[121] O valor percentual modifica-se assim de 6 em 6 meses. Ver, quanto à taxa de juro legal supletiva, nos períodos anteriores:
– de 1/7/2009 a 31/12/2009 – 8,0% (Aviso DGT n.º 12.184/2009, 1/7, DR II Série);
– de 1/1/2009 a 30/6/2009 – 9,5% (Aviso DGT n.º 1.261/2009, 14/1, DR II Série);
– de 1/7/2008 a 31/12/2008 – 11,07% (Aviso DGT n.º 19.995/2008, de 14/7, DR II Série);
– de 1/1/2008 a 30/6/2008 – 11,20% (Aviso DGT n.º 2.152/2008, de 29/1, DR II Série);
– de 1/7/2007 a 31/12/2007 – 11,07% (Aviso DGT n.º 13.665/2007, de 30/6, DR II Série);
– de 1/1/2007 a 30/6/2007 – 10,58% (Aviso DGT n.º 191/2007, de 5/1, DR II Série);
– de 1/7/2006 a 31/12/2006 – 9,83% (Aviso DGT n.º 7.705/2006, de 10/7, DR II Série);
– de 1/1/2006 a 30/6/2006 – 9,25% (Aviso DGT n.º 240/2006, de 11/1, DR II Série);

2. Exigibilidade dos juros relativos às rendas vencidas

Tem-se discutido a partir de quando são exigíveis os juros de mora pelo atraso no pagamento das rendas vencidas.
São duas as construções sustentadas:
- uns entendem que tais juros são devidos a partir da citação[122];
- outros consideram que os juros se contam desde a data da mora de cada uma das rendas em atraso[123].

A nosso ver, a mora na falta de pagamento da renda deve ser aplicado o regime geral em conjugação com as especialidades decorrentes da disciplina arrendatícia.

Não parece, pois, que se tenha querido, em momento algum, destacar a data da citação judicial em relação àquela em que efectivamente a mora tem consequências. Seria estender excessivamente o benefício do inquilino. Apesar de a sua posição ser débil, não se justifica uma tal extensão.

– de 1/7/2005 a 31/12/2005 – 9,05% (Aviso n.º 6.923/2005, de 25/7, DR II Série);
– de 1/1/2005 a 30/6/2005 – 9,09% (Aviso n.º 310/2005, de 14/1, DR II Série);
– de 1/10/2004 a 31/12/2004 – 9,01% (Portaria 597/2005, de 19/7 e Aviso n.º 10 097/2004 (DR II Série), de 30/10);

Anteriormente, a taxa estava fixada em 12%, através da Portaria 262/99, de 12/4 1.ª Série-B (de 17/4/1999 a 30/9/2004) e em 15%, mediante a Portaria 1167/95, de 23/9 (de 28.9.1995 a 16.4.1999).

[122] ARAGÃO SEIA afirma que "em acção de despejo, o senhorio pode cumular o pedido de despejo com o pedido acessório de juros moratórios – art. 804.º e 806.º do CC – sobre as rendas vencidas, desde a data da citação, e sobre as rendas vincendas, desde o respectivo vencimento, em ambos os casos até efectiva desocupação do arrendado" (Arrendamento Urbano, cit., p. 235).

[123] Ver, entre outros, o Ac. Rel. Lisboa, de 17.5.2007 (SOUSA PINTO), www.dgsi.pt ("o cômputo dos juros de mora, referente a dívida de rendas, faz-se a partir da data em que o arrendatário fica constituído em mora face a cada uma das rendas devidas e não a partir da citação"), o Ac. Rel. Lisboa, de 15.2.2007 (VAZ GOMES), www.dgsi.pt ("intentada acção de despejo com fundamento na falta de pagamento de rendas, provando-se o mesmo, procedendo a acção, deve a sentença condenar o arrendatário no pagamento de juros de mora sobre cada uma das rendas em atraso e desde o tempo em que em relação a cada uma delas se verifica a mora… e não apenas desde a citação") e o Ac. Rel. Lisboa, de 16.3.2006 (ARLINDO ROCHA), www.dgsi.pt ("têm também direito ao valor das rendas não pagas até à resolução do contrato, acrescido de juros de mora, à taxa legal, contados desde a data dos respectivos vencimentos até integral e efectivo pagamento (arts. 804.º a 806.º do CC)").

Por outro lado, o art. 1041.º, n.º 2 CC só dá relevo à mora a partir de certa altura. O que parece querer significar que, para efeitos indemnizatórios (sejam os 50% ou outro valor ressarcitório, no caso inferior), o atraso apenas se conta desde essa data.

Cremos pois que não se deve considerar, para o efeito em causa, o período de *oito dias* após a mora. Foi o legislador que assim o pretendeu, embora não se perceba a lógica e o sentido da medida[124]. Deu a possibilidade de pagamento da renda em momento posterior ao do vencimento sem consequências, pelo que não cabe penalizar o arrendatário durante esse curto período.

Assim, os juros de mora referentes a cada uma das rendas não pagas, vencer-se-ão depois de decorrido aquele prazo de *oito dias*.

§ 2. Juros de mora convencionais; em especial, a cláusula penal

Tem sido debatida a admissibilidade da convenção, aposta no contrato de arrendamento, nos termos da qual se prevê – sempre que ao senhorio não seja possível exigir a título indemnizatório o valor correspondente a metade das rendas em atraso (o que vale por dizer que tal estipulação está em causa apenas no caso do exercício do direito de resolução do contrato pelo senhorio) – um valor percentual superior ao legalmente estabelecido.

Cite-se, a título exemplificativo, a estipulação aposta num contrato de arrendamento e discutida no Ac. STJ, de 27.11.1008, a saber:

– *"sempre que o inquilino se constitua em mora quanto ao pagamento de rendas e o senhorio não possa exigir uma indemnização igual a cinquenta por cento do que for devido, assiste ao senhorio*

---

[124] GRAVATO MORAIS, "Mora do devedor nas obrigações pecuniárias", SI, 2008, pp. 243 ss. (como afirmámos, "trata-se aqui de uma tutela específica do locatário, decorrente de uma tradição que se fundamenta em razões de protecção da parte mais necessitada. Todavia, não é inteiramente compreensível o alcance da medida. Tal solução terá sido pensada dominantemente para o arrendamento – cuja filosofia actual (constante da Lei 6/2006, de 27 de Fevereiro) é bem diversa, já que se procura o reequilíbrio das posições das partes –, devendo mesmo aí discutir-se o seu sentido útil").

o direito de cobrar, além das rendas em atraso, juros de mora calculados por aplicação da taxa supletiva legal, majorada em nove pontos percentuais".

Foi entendido que a convenção não pode ser havida como usurária, em razão de não estarem preenchidos os pressupostos do art. 282.º CC.

Acresce que a valor percentual em causa é coincidente com o limite máximo estabelecido no art. 1146.º, n.º 2 CC, que permite, no caso de não existir garantia real, que a cláusula penal possa exceder em nove pontos percentuais a taxa legal, que como sabemos, é supletiva[125].

Esta temática, de resto, tinha sido já suscitada no Ac. Rel. Lisboa, de 27.6.2002, exactamente nos mesmos termos, sendo que aí também foi idêntica a decisão. Aí se assinalou que "a taxa estipulada não é usurária na justa medida em que não excede as previsões do n.º 2 do art. 1146.º do CC"[126].

A mora no pagamento da renda configura, a nosso ver, uma situação subsumível ao regime geral do incumprimento das obrigações pecuniárias, ressalvadas as especificidades que a lei lhe entendeu conferir[127].

Deste modo, o art. 1146.º CC é aqui aplicável por efeito do art. 559.º-A CC.

---

[125] Ac. STJ, de 27.11.2008 (PIZARRO BELEZA), www.dgsi.pt.
[126] Ac. Rel. Lisboa, de 27.6.2002 (URBANO DIAS), CJ, 2002, III, p. 118.
[127] Assim será quanto ao período de graça e quanto à inaplicabilidade da regra, no caso de serem exigidas as rendas em atraso e a indemnização correspondente a metade do seu valor.

TÍTULO IV

O direito do senhorio a uma indemnização igual a metade do valor da(s) renda(s) em atraso

CAPÍTULO I
Direito do senhorio a exigir metade do valor das rendas em atraso

§ 1. Consagração legal. § 2. Origem e evolução do valor indemnizatório. § 3. O critério seguido. § 4. Funções e justificação. § 5. Imperatividade do valor percentual. § 6. Inoponibilidade do arrendatário ao direito do senhorio à indemnização legal. § 7. Do possível valor elevado da indemnização e dos meios de reacção do arrendatário. § 8. Momento da constituição do direito do senhorio a exigir a indemnização legal. § 9. Da não exigibilidade de juros de mora. § 10. Modos de o senhorio obter a indemnização legal. 1. Da instauração de uma acção executiva para pagamento da indemnização igual a metade do valor da renda. 1.1. Admissibilidade. 1.2. Constituição de título executivo. 2. Da admissibilidade de instauração de uma acção declarativa para pagamento da indemnização legal. § 11. Extinção ou manutenção do direito a exigir a indemnização legal: alguns casos. 1. Não admissibilidade de cumulação da resolução com a indemnização legal. 2. Admissibilidade da indemnização legal quando o contrato não cessa por resolução.

§ 1. Consagração legal

Como determina o art. 1041.º, n.º 1 CC, em caso de mora do arrendatário juridicamente relevante,

– "o locador tem o <u>direito de exigir</u>... uma indemnização igual a 50% do que for devido" ...".

Trata-se de um direito subjectivo propriamente dito de que é titular o senhorio, e que este pode exercer no quadro do direito de escolha que a lei lhe confere.

§ 2. Origem e evolução do valor indemnizatório

Esta soma, que actualmente se cifra em metade do valor da renda em atraso, foi no pretérito já bastante mais gravosa para o inquilino, tendo vindo a diminuir ao longo do tempo o peso da indemnização.
Vejamos a sua origem e a sua evolução:

– o art. 5.°, § 1, al. a) da Lei n.° 1.662, de 4.9.1924 fixou tal indemnização no quintúplo das rendas devidas;
– o art. 2.°, § único do Decreto-Lei 22.661 de 13.6.1933 reduziu tal soma para o triplo;
– o art. 1041.°, n.° 1 CC, na sua versão originária, refere-se à "indemnização igual ao dobro do que for devido", não sendo todavia diverso da lei que o antecede, pois distingue a renda do dobro do seu valor, tendo o mesmo significado que o mencionado triplo do valor[128];
– actualmente, desde a entrada em vigor do DL 293/77, de 20 de Julho, corresponde a metade do valor das rendas em atraso.

Em todos os casos, a penalização representa um estímulo ao cumprimento pontual da obrigação de pagamento da renda.

---

[128] Note-se que, por via do DL 366/76, de 15 de Maio, e atendendo – como se salientava no preâmbulo à falta de pagamento da renda pelos arrendatário por razões conjunturais, eventualmente com a complacência das entidades responsáveis, veio afastar-se a indemnização legal moratória prevista no art. 1041.°, n.° 1 CC, nas acções pendentes. Assim, o arrendatário "poderá sobrestar ao despejo se, no prazo de oito dias a contar da entrada em vigor [do diploma] demonstrar documentalmente que pagou ao [senhorio] ou depositou... o montante das rendas em dívida, em conformidade com o contrato escrito de arrendamento, acrescido do juro de 10% pela mora".

§ 3. O critério seguido

O critério seguido pelo legislador tem duas componentes.

Em primeiro lugar, atende ao valor da renda (em regra, mensal) – ao tempo da mora – a pagar pelo arrendatário ao senhorio, qualquer que ele seja. Assim, a renda pode corresponder a € 10, € 1.000 ou a € 10.000, que, esses valores, representam a base da equação a considerar para o efeito.

Por outro lado, por referência à renda mensal paga, apenas se considera 50% do seu montante. É esse o valor da indemnização. Actualmente, foi atenuado, como vimos, o valor percentual, que corresponde (apenas) a metade do valor da renda.

O resultado prático pode não ser, em termos absolutos, muito favorável ao senhorio. Não o é quando a renda é pouco elevada. Neste caso, o incumprimento temporário pode "compensar".

Todavia, nos contratos de arrendamento que se celebrem, à luz da nova lei, tudo indicia que a sanção representa uma verdadeira e gravosa penalização.

§ 4. Funções e justificação

A indemnização legal moratória tem duas funções, que representam a dupla face de uma mesma moeda, a saber:
– uma preventiva, que procura combater um eventual incumprimento do arrendatário em razão do valor percentual elevado a pagar;
– outra repressivo-sancionatória, que penaliza fortemente (no pressuposto de que a renda mensal é relativamente alta) o arrendatário pela inexecução temporária.

Quanto à sua justificação, assinalam Pires de Lima e Antunes Varela que esta indemnização, "correspondente à falta de cumprimento pontual da principal obrigação contraída pelo locatário, representa uma forma criteriosa de conciliação entre o interesse do locador ao rendimento periódico do prédio e o interesse, individual e colectivo, da estabilidade da habitação"[129].

---

[129] Código Civil anotado, Vol. II, cit., p. 399.

§ 5. Imperatividade do valor percentual

O valor percentual encontrado (de 50%) é imperativo[130], o que significa que não pode ser modificado pelas partes (em detrimento do arrendatário[131]).

Assim, não tem a eficácia pretendida pelo senhorio a aposição no contrato que disponham diversamente, seja relevando uma percentagem superior (*v.g.*, 60%), seja utilizando outros critérios de cálculo (*v.g.*, um valor percentual, ainda que inferior, mas que se calcule por referência às rendas vencidas).

Nem, por outro lado, podem ser utilizados – cumulativamente com esta indemnização moratória – outros mecanismos de pressão ou de coerção do arrendatário. Assim, não são admissíveis cláusulas penais (de nenhum tipo) que penalizem o atraso para além dos 50%.

Qualquer das situações descritas, importa a nulidade da respectiva convenção.

§ 6. Inoponibilidade do arrendatário ao direito do senhorio à indemnização legal

Como sabemos, o senhorio dispõe de um direito de escolha, sendo que optando por uma dessas vias (*renda + resolução*), o arrendatário pode, por sua vez, paralisar este direito (de resolução) do senhorio, em dadas circunstâncias.

Mas em face da pretensão do locador em exigir, à luz do direito de escolha atribuído, as rendas em atraso e a indemnização correspondente a metade do seu valor, o arrendatário não pode obstar, por uma qualquer

---

[130] Ac. STJ, de 3.7.1997 (MÁRIO CANCELA), www.dgsi.pt ("a afixação legal da indemnização impede que o locador exija uma indemnização superior").

[131] Pode questionar-se se tal valor percentual pode, por convenção, ser inferior ao legal. Apesar de se reconhecer que tal estipulação não é habitual – muito pelo contrário –, cremos que, quando exista, deve admitir-se em razão dos interesses protegidos pela norma: essencialmente os do senhorio. Se este contraente legitimamente prescinde da tutela que a lei lhe confere e atendendo a que o arrendatário continua a ser visto como a parte mais débil da relação jurídica, sustentamos a sua admissibilidade.

outra via alternativa, o exercício de tal direito. O legislador não lhe confere outra possibilidade que não seja a de proceder ao pagamento do valor em causa, caso o senhorio assim o exija.

§ 7. Do possível valor elevado da indemnização e dos meios de reacção do arrendatário

Cabe realçar que se for porventura elevada a soma a pagar (seja porque o valor da renda é muito elevado, donde a indemnização também o será, seja porque estão em atraso várias rendas), o arrendatário, de igual sorte, nada pode fazer, à partida, para evitar o respectivo pagamento. Não pode, em princípio, invocar o carácter excessivo da indemnização.

Pode suscitar-se, todavia, a questão de saber se cabe aplicar a lógica do art. 812.º CC, relativa à redução equitativa da cláusula penal.

A questão, por exemplo, é discutida no quadro do sinal (manifestamente excessivo), especialmente no tocante à sua *restituição em dobro*, em sede de contrato-promessa, havendo aí forte discussão sobre o problema e divergência de posições[132].

Cremos que o facto de o valor indemnizatório poder representar um enriquecimento iníquo para uma das partes, assim como a circunstância de a lei ser – também aqui – "cega", estabelecendo um critério indemnizatório que pode ser mais ou menos adequado (50% do valor da renda), são argumentos reais e fortes no sentido da aplicação analógica do art. 812.º CC.

§ 8. Momento da constituição do direito do senhorio a exigir a indemnização legal

O direito do senhorio à indemnização legal, em razão da primeira renda em atraso, constitui-se no exacto momento em que é ultrapassado o período de *oito dias* após o vencimento da renda.

---

[132] Ver, acerca da discussão, GRAVATO MORAIS, Contrato-promessa em geral. Contratos-promessa em especial, Coimbra, 2009, pp. 221 ss.

Assim, se a renda se vence no dia 1 de um dado mês (sendo este útil), e tendo decorrido os sete dias seguintes sem que ocorra o respectivo o pagamento, no dia 9 desse mês, o arrendatário fica, desde logo, obrigado ao pagamento da indemnização legal moratória[133].

Claro que o senhorio – que tem, desde essa altura, o direito a exigir tal indemnização – ainda dispõe da possibilidade de, prescindindo desse caminho – mas só verificados os respectivos pressupostos[134] –, seguir a via resolutiva. Mas o arrendatário pode, posteriormente, constituir-se no direito (caso não tenha caducado, nos termos do art. 1048.°, n.° 2 CC) a proceder ao pagamento da indemnização.

Quanto às rendas subsequentes (havendo mora prévia), há que apurar o momento do vencimento da respectiva renda e contabilizar o período de graça. Se até ao último dia desse período (em princípio, o dia 8 de cada mês), não ocorrer o pagamento dessa renda (e naturalmente da renda anterior, acrescida da respectiva indemnização), o arrendatário fica vinculado ao pagamento das (duas) rendas e da indemnização correspondente (no caso equivalente ao valor de uma renda), calculada sobre as duas rendas em mora[135].

---

[133] Veja-se a situação relatada no Ac. Rel. Porto, de 27.11.2008 (JOSÉ FERRAZ), www.dgsi.pt: "a locatária não pagou a renda de Junho/2007, vencida em 1 de Maio anterior, até ao dia 8 desse mês, só o vindo a fazer, em singelo, em 14 desse mesmo mês de Maio. Devia pagar a indemnização correspondente a 50% do valor dessa renda. Não o fez. A prestação deve ser realizada por inteiro e não por partes. O pagamento ou depósito (em singelo) não é liberatório. Vem a senhoria exigir a indemnização e recusa o recebimento das rendas seguintes. Legitimamente o faz. Quem está em mora é a locatária, que, nessa situação continua, pelo menos, até Outubro de 2007, por período superior a três meses. A não existir motivo justificado para o não oferecimento da renda dentro do prazo legal, tinha a senhoria a faculdade de recusar o recebimento da renda em singelo, permanecendo a arrendatária em mora".

[134] Note-se que o direito à resolução pode não se constituir nessa mesma altura (ao invés do que sucedia no passado). Tudo depende do circunstancialismo apurado, mas a regra é a de que a inexigibilidade da manutenção do arrendamento, para efeito de resolução, só se verifica ao fim de três meses de uma renda em mora (art. 1083.°, n.° 3 CC, NRAU).

[135] Caso proceda ao pagamento (da primeira renda em atraso, da indemnização) da renda agora vencida até ao referido dia 8, não fica constituído na obrigação de indemnizar o senhorio em relação a essa renda (pois não havia ainda mora relevante em relação a ela).

Note-se que se porventura existirem várias rendas em mora, permite-se ao senhorio a recusa do pagamento das rendas subsequentes, desde que o arrendatário não pague todas as anteriores e o respectivo montante indemnizatório. Mas também só decorrido o período de favor (em relação à nova renda) se constitui o direito do senhorio a receber o valor da indemnização.

§ 9. Da não exigibilidade de juros de mora

Caso o senhorio exija a indemnização legal, a esta não acrescerão quaisquer juros de mora.

Assim o expressou o Ac. STJ, de 3.7.1997, relevando que "a indemnização fixada no n.º 1 do artigo 1041.º do Código Civil dá total satisfação ao prejuízo sofrido levado em consequência de mora do locatário. Deve, por isso, manter-se igual desde o momento em que nasce até ser satisfeito. Daí que não haja lugar a juros pelo atraso no pagamento da indemnização devida pela mora no pagamento da renda"[136].

§ 10. Modos de o senhorio obter a indemnização legal

Importa seguidamente curar de saber como pode o senhorio actuar no sentido de exigir o montante indemnizatório atribuído no art. 1041.º, n.º 1 CC.

No passado, o senhorio fá-lo-ia necessariamente no quadro de uma acção declarativa de condenação, onde exigia, em simultâneo, as rendas em atraso e a indemnização igual a 50% desse valor. A temática não era regularmente suscitada nos tribunais, dado que o senhorio normalmente pretendia a cessação do contrato, que era, como sabemos, na larga maioria dos casos de tipo vinculista.

---

[136] Ac. STJ, 3.7.1997 (MÁRIO CANCELA), www.dgsi.pt ("a falta de pagamento das rendas, se não servir para resolver o contrato é sancionada com o n.º 1 do artigo 1041.º CC ou seja, com o dever de indemnização de 50%, à qual não acrescerão juros de mora").

Ao longo dos últimos anos, o valor inicial da renda tornou-se mais elevado, o que conjugado com a existência de contratos não vinculistas (de duração limitada, à luz do RAU, com prazo certo ou por tempo indeterminado, no quadro do NRAU) – que podem ser feitos cessar pelo senhorio, com um dado prazo de pré-aviso, para o fim do prazo ou a todo o tempo – pode permitir ao senhorio exercer este direito indemnizatório em vez de optar pela via resolutiva.

1. Da instauração de uma acção executiva para pagamento da indemnização igual a metade do valor da renda

1.1. *Admissibilidade*

Como vimos, o art. 15.º, n.º 2 NRAU, determina que

– "o contrato de arrendamento é título executivo para a acção de pagamento de renda quando acompanhado do comprovativo de comunicação ao arrendatário do montante em dívida".

Se é indubitável que esta regra tem como propósito a exigibilidade, em sede executiva, das rendas em atraso, já se pode discutir se é susceptível de ser empregue pelo senhorio para propor acção executiva com fundamento na falta de pagamento da indemnização devida.

Uns rejeitam esta possibilidade.

O Ac. Rel. Porto, de 12.5.2009, quanto ao problema da integração da indemnização legal (de 50%) na acção executiva para pagamento da renda, aduzem três argumentos para sustentar a sua construção, um de ordem formal, dois de cariz substancial:

– a norma apenas se refere à "acção de pagamento da renda", excluindo[-se] qualquer referência à indemnização pelo atraso no pagamento da renda", considerando-se que não houve aqui um mero lapso;
– a não previsibilidade no contrato de arrendamento da indemnização legal de 50% impede a constituição de título executivo;
– a indemnização, ao representar uma sanção legal pelo atraso no pagamento da renda, para além de não ser automática em relação a todos os casos de mora no pagamento da renda, sempre exi-

giria a confirmação documental de que o senhorio não resolveu o contrato com fundamento na falta de pagamento das mesmas rendas[137].

Outros, porém, parecem defendê-lo.

É este o sentido que extraímos do Ac. Rel. Lisboa, de 21.4.2009, onde se afirma, a certa altura, "que, para o título executivo previsto no art. 15.º, n.º 2 do NRAU, apenas será exigível a comunicação feita por um dos formalismos ínsitos nos n.os 1 a 6 do art. 9.º do NRAU. Também aqui a comunicação tem de ser motivada. Nela o senhorio deve aludir especificamente ao contrato de arrendamento em causa, <u>às rendas em atraso e à indemnização devida</u>"[138] (sublinhado nosso).

Partilhamos esta última posição: a da admissibilidade de instauração de acção executiva também para o caso de se exigir a indemnização igual a 50% do valor das rendas em mora (no pressuposto, claro está que a comunicação ao arrendatário aluda especificamente a este valor).

Justifiquemos.

Se, literalmente, o art. 15.º, n.º 2 NRAU não alude a essa importância, bem pode dizer-se que tal argumento é ultrapassável desde que haja fundadas razões que o justifiquem, embora não estejamos seguros que a expressão utilizada ("pagamento de renda") não possa ter, de *per si*, um sentido lato. Até porque a parte final do preceito se refere ao "montante em dívida", parecendo ampliar o alcance da locução inicial.

Quanto à razão de ser da lei, a indemnização em causa – conquanto não esteja prevista no contrato – está perfeitamente definida na lei (50%), sendo portanto determinável, sabendo-se de antemão qual o seu concreto valor em função do número de meses em falta quanto ao pagamento da renda.

Por outro lado, repare-se que o senhorio tem sempre duas vias alternativas ao seu dispor, em face do art. 1041.º CC: "rendas em atraso + indemnização de 50%"; ou "rendas em atraso + resolução".

Ora, para um mesmo regime substantivo – o do não pagamento da renda – não devem existir soluções adjectivas diversas: para obter o pagamento da renda há que instaurar uma acção executiva; para obter a indemnização impõe-se uma acção declarativa. O que se pretende é que a disci-

---

[137] Ac. Rel. Porto, de 12.5.2009 (GUERRA BANHA), www.dgsi.pt.
[138] Ac. Rel. Lisboa, de 21.4.2009 (ARNALDO SILVA), www.dgsi.pt.

plina da acção relativa ao incumprimento da obrigação de pagamento da renda seja unitária.

Aliás, desde sempre os dois elementos da equação "renda + indemnização (moratória) de 50%" se encontram, do ponto de vista substantivo, intimamente ligados, mas agora dissociar-se-iam na vertente processual.

Acresce que a ideia oposta permitiria concluir que se deu primazia à resolução do contrato em vez do seu cumprimento, pois só no caso de resolução seria possível instaurar uma acção executiva para pagamento da renda.

Aduza-se, por fim, que a comunicação onde se exige o pagamento da renda não precisa de revestir qualquer das formalidades previstas no art. 9.º (n.os 1 a 6 ou n.º 7) do NRAU. O que sugere, indirectamente, que se afasta a questão da resolução extrajudicial (pois, esta depende de solenidade específica: notificação avulsa ou contacto pessoal) da temática das rendas, autonomizando-a. A nosso ver, é um argumento decisivo para permitir o recurso à via executiva no caso de ser exigida a indemnização legal[139].

1.2. *Constituição de título executivo*

De todo o modo, a acção executiva para entrega de quantia certa não prescinde do correspondente título executivo.

Este pressupõe a existência de dois documentos, à luz do art. 15.º, n.º 2 NRAU:

– um contrato de arrendamento (escrito ou assim qualificado por decisão transitada em julgado)[140] – art. 15.º, n.º 2, primeira expressão;

---

[139] Não foi suscitada junto do tribunal – por isso não foi discutida – a questão de saber se a acção executiva pode ser instaurada no caso de não pagamento de encargos ou de despesas.

Apesar de a norma não o prever expressamente, cremos que sim, até porque a disciplina relativa ao não pagamento de "encargos e despesas" segue o regime da falta de pagamento da renda. Vejam-se, entre outros, o art. 1048.º, n.º 3 ("o regime previsto nos números anteriores aplica-se ainda à falta de pagamento de encargos e despesas que corram por conta do locatário"), o art. 1083.º, n.º 3 CC, NRAU ("é inexigível ao senhorio a manutenção do arrendamento em caso de mora superior a três meses no pagamento da renda, encargos ou despesas…") e o art. 14.º, n.º 4 NRAU ("se o arrendatário não pagar ou depositar as rendas, encargos ou despesas…").

[140] Ver infra TIT. V, CAP. III, § 2, 2.2.

– o "comprovativo da comunicação ao arrendatário do montante em dívida" – art. 15.º, n.º 2 parte final.

Em especial, quanto a este comprovativo, é exigível que a comunicação ao arrendatário do montante em dívida se refira não só às rendas em atraso, como também ao valor indemnizatório.

2. Da admissibilidade de instauração de uma acção declarativa para pagamento da indemnização legal

Caso faltem os documentos assinalados, ao senhorio não resta outra alternativa que não seja a propositura de uma acção declarativa de condenação para pagamento igualmente da indemnização em apreço.

§ 11. Extinção ou manutenção do direito a exigir a indemnização legal: alguns casos

1. Não admissibilidade de cumulação da resolução com a indemnização legal

Questiona-se a admissibilidade da cumulação, em acção resolutiva (e para além do pedido das rendas em atraso), da indemnização moratória de 50%, prevista no art. 1041.º, n.º 1 CC.

De facto, por vezes a acção é nestes termos instaurada em tribunal[141].

---

[141] Veja-se, no Ac. Rel. Lisboa, de 26.3.2009 (JOSÉ EDUARDO SAPATEIRO), www.dgsi.pt, o circunstancialismo descrito: "M veio intentar, em 23/11/2006 acção declarativa de condenação sob a forma de processo ordinário contra MARIA e JOSÉ, pedindo a resolução do contrato de arrendamento celebrado entre as partes e que seja declarado o despejo dos Réus do Chão Esquerdo e Direito do prédio urbano identificado nos autos, bem como a condenação dos Réus no pagamento das rendas vencidas e vincendas até entrega do locado e de 50% dessas rendas a título de indemnização prevista no art. 1041.º do Cód. Civil e respectivos juros de mora".

Cfr. ainda o Ac. STJ, de 7.11.1985 (FREDERICO BAPTISTA), www.dgsi.pt ("o pagamento da indemnização, como mera faculdade concedida ao inquilino, só é devida quando este na iminência da resolução do contrato, querendo mantê-lo, se decide pela liquidação

A indemnização legal moratória não se pode exigir se o senhorio escolher a via resolutiva. Tais direitos são incompatíveis.
A letra da lei assim o consagra[142].

2. Admissibilidade da indemnização legal quando o contrato não cessa por resolução

Discute-se, por outro lado, se o senhorio mantém o direito a ser indemnizado, à luz do art. 1041.º, n.º 1 CC, se o arrendatário "voluntariamente, ainda que na pendência da acção de despejo, abandonar ou entregar o locado".

Os tribunais têm considerado que da norma em causa "não deriva que o pagamento da indemnização apenas seja obrigatório quando o locatário mantém ou pretende manter o arrendamento"[143].

Num caso, decidiu-se que o direito à indemnização não se extingue quando, apesar da mora, "a extinção do contrato de arrendamento radica em acto eficaz de revogação unilateral da iniciativa do locatário". Assim, "não tendo o contrato sido resolvido com base na falta de pagamento das rendas (com a referida entrega haviam cessado, a partir daí, os respectivos direitos e obrigações), os [senhorios] têm direito à indemnização legal (igual a 50% do que for devido)"[144].

---

da indemnização – artigo 1041.º, n.º 1 do Código Civil – não sendo pois devida, se houver resolução do contrato por falta de pagamento de rendas").

[142] Ac. Rel. Porto, de 26.6.1997 (PIRES RODRIGUES), www.dgsi.pt ("decretado o despejo por falta de pagamento de rendas, não tem o senhorio direito à indemnização prevista no artigo 1041 n.1 do Código Civil").

[143] Ac. Rel. Lisboa, de 16.9.2008 (ANA GRÁCIO), www.dgsi.pt.

[144] Ac. Rel. Lisboa, de 16.9.2008 (ANA GRÁCIO), www.dgsi.pt.
Ver igualmente os seguintes arestos:
– Ac. STJ, de 11.10.2005 (NEVES RIBEIRO), www.dgsi.pt (aduz-se que "não deriva, de resto, da lei que o pagamento da indemnização apenas seja obrigatório quando o locatário mantém ou pretende manter o arrendamento, pelo que o referido direito do locador se não extingue se o locatário, voluntariamente, ainda que na pendência da acção de despejo, abandonar ou entregar o locado").
– Ac. STJ, de 22.06.1999 (LOPES PINTO), BMJ, n.º 488, 1999, p. 345 (destaca-se que "o direito à indemnização do artigo 1041.º, n.º 1 do Código Civil, existe sempre que haja situação de mora no pagamento de rendas, salvo quando o senhorio opte pela resolução do contrato com base nessa causa e o contrato for resolvido com base em tal fundamento");

Numa outra situação, decidiu-se semelhantemente: "o contrato extinguiu-se por denúncia do arrendatário, sendo que o mesmo se constituiu em mora quanto às rendas devidas até ao fim do período de renovação, por não ter realizado a denúncia com a antecedência legal". Portanto, "não ocorrendo a resolução com esse fundamento, o locatário fica onerado por essa indemnização de 50%, seja para fazer caducar o direito à resolução (com aquele fundamento) – mantendo-se no locado –, seja para ressarcir o senhorio pela sua mora"[145].

A norma assenta em duas premissas base: a existência de mora do arrendatário no pagamento da renda; a não resolução do contrato de arrendamento pelo senhorio com base nesse motivo.

Há, neste contexto, que distinguir – havendo mora – a hipótese em que ocorre a efectiva resolução do contrato pelo senhorio das outras situações em que ela não existe (*v.g.*, a denúncia do arrendatário): ali, não há lugar a qualquer indemnização; aqui, o valor ressarcitório é devido.

Cabe reforçar que a disposição não é exclusivamente empregue aos casos de manutenção do arrendamento.

– Ac. STJ, de 03.07.1997 (MÁRIO CANCELA), www.dgsi.pt (especifica-se que "a falta de pagamento das rendas, se não servir para resolver o contrato é sancionada com o n.º 1 do artigo 1041.º daquele Código, ou seja, com o dever de indemnização de 50%...");
– Ac. STJ, 11.04.1991 (FIGUEIREDO DE SOUSA), BMJ, n.º 406, 1991, p. 601 (releva--se que "o direito a indemnização pela mora, prevista no artigo 1041.º do Código Civil não se extingue e mantém-se enquanto o locador não obtiver a resolução do contrato de arrendamento mediante a acção de despejo");
– Ac. STJ, de 11.10.2005 (NEVES RIBEIRO), www.dgsi.pt (observa-se que "não deriva, de resto, da lei que o pagamento da indemnização apenas seja obrigatório quando o locatário mantém ou pretende manter o arrendamento, pelo que o referido direito do locador se não extingue se o locatário, voluntariamente, ainda que na pendência da acção de despejo, abandonar ou entregar o locado").
[145] Ac. STJ, de 19.9.2006 (SEBASTIÃO PÓVOAS), www.dgsi.pt.

CAPÍTULO II
Direito do arrendatário a pagar metade do valor da renda em atraso

§ 1. A escolha voluntária pelo arrendatário da via indemnizatória. 1. Situação fáctica. 2. Direito do arrendatário ao pagamento da indemnização. § 2. A escolha do arrendatário da via indemnizatória como forma de oponibilidade ao direito do senhorio.

§ 1. A escolha voluntária pelo arrendatário da via indemnizatória

1. Situação fáctica

Como vimos, nas hipóteses de mora juridicamente relevante do arrendatário, o senhorio pode fazer actuar – em sede executiva ou em sede declarativa – o direito à indemnização legal moratória que lhe cabe.

Mas nem sempre é este o circunstancialismo, isto é, o de o locador instaurar uma acção judicial para fazer valer a sua pretensão ressarcitória.

Noutras situações, o senhorio pode ainda não ter exercido tal pretensão, mas o arrendatário tem a faculdade de proceder ao seu pagamento (juntamente com o valor das rendas em atraso) para evitar consequências mais gravosas (seja a acumulação da indemnização – mensal – que acresce às rendas em atraso, seja para evitar o exercício do direito – judicial ou extrajudicial – de resolução).

2. Direito do arrendatário ao pagamento da indemnização

Caso o arrendatário pretenda voluntariamente pagar a soma indemnizatória devida (juntamente com as rendas em atraso), o senhorio não pode obstar a que tal suceda.

Com efeito, o senhorio não pode recusar o cumprimento integral dos valores em dívida. Só o cumprimento parcial lhe confere tal direito.

Trata-se de uma situação em que legitimamente o arrendatário põe fim à mora (art. 1042.º, n.º 1 CC, NRAU), pelo que a recusa do senhorio permite-lhe até o recurso à consignação em depósito (art. 1042.º, n.º 2 CC, NRAU), embora não lhe seja exigível que o faça.

A recusa do senhorio importa a sua constituição em mora (do credor), cessando a obrigação do arrendatário de pagamento de indemnização nos meses subsequentes.

Note-se que o inquilino não está sujeito a qualquer prazo para proceder ao pagamento voluntário da indemnização. Pode fazê-lo a todo o tempo. As consequências nefastas que daí podem advir até que o arrendatário faça cessar a mora correm por sua conta e risco: por um lado, vê aumentar o valor da indemnização por cada mês que decorra; por outro lado, está sujeito a que o senhorio exerça o direito de resolução.

§ 2. A escolha do arrendatário da via indemnizatória como forma de oponibilidade ao direito do senhorio

A escolha do arrendatário da via indemnizatória pode constituir, no entanto, um modo de se opor ao exercício do direito de resolução pelo senhorio, que este exerceu extrajudicial ou judicialmente.

Desta sorte, o senhorio não exigiu do inquilino tal soma, nem este a pagou voluntariamente. Apenas o locador exerceu o direito de resolução do contrato de arrendamento (para além de exigir a(s) renda(s) em atraso), prescindindo, num primeiro momento, da via ressarcitória. O quadro agora muda radicalmente. Cabe relevá-lo.

Ora, o arrendatário, quando tal lhe seja possível[146], pode inverter o rumo da via escolhida pelo senhorio.

---

[146] Note-se que, "em fase judicial, o locatário só pode fazer uso da faculdade referida no número anterior uma única vez, com referência a cada contrato" (art. 1048.º, n.º 2 CC, NRAU).

Permite-se agora que contraponha ao direito de resolução do contrato uma pretensão indemnizatória, fazendo paralisar ou caducar aquele (art. 1048.º, n.º 1 CC).

Ao invés da hipótese anterior, o inquilino deve obedecer a prazos específicos para fazer extinguir tal direito, quando tal lhe seja possível, que são distintos em razão da modalidade de resolução (3 meses ou o prazo da contestação).

Para tal possibilidade, consagra-se um regime próprio que se destaca no título seguinte, quando abordarmos a temática da resolução.

TÍTULO V
Resolução do contrato de arrendamento por falta de pagamento de renda

CAPÍTULO I
Aspectos gerais

§ 1. Tipologia da falta de pagamento de renda. § 2. A falta de pagamento da renda como fundamento resolutivo. § 3. A lógica subjacente à resolução arrendatícia em geral. § 4. Imputação do cumprimento. 1. Regime geral. 2. Imputação de rendas. 3. Imputação de rendas e da indemnização legal. 4. Casos de irrelevância do critério enunciado.

§ 1. Tipologia da falta de pagamento de renda

Em termos globais, pode falar-se de duas situações a que se podem reconduzir todos os casos de falta de pagamento da renda:

– a falta total do pagamento; ou
– a falta parcial do pagamento.

Mas, indo mais além, podem destacar-se hipóteses típicas de falta de pagamento da renda, que se podem integrar em qualquer das hipóteses enunciadas.

Concretizemos:

– a falta de pagamento da renda e a discordância quanto ao valor a pagar[147];

---

[147] Ac. STJ, de 21.11.2006 (MOREIRA ALVES), www.dgsi.pt ("o R. apenas a partir de Agosto de 2003 (inclusive) passou a pagar à A. a renda actualizada em conformidade com

- a falta de pagamento (parcial) da renda por engano do arrendatário;
- a falta de pagamento (total ou parcial) da renda devido à não concessão do gozo (total ou parcial) do imóvel pelo senhorio;
- a falta de pagamento da renda por falta de obras no locado[148];
- a falta de pagamento da renda na sequência da inexistência da licença de utilização do imóvel.

§ 2. A falta de pagamento da renda como fundamento resolutivo

Constituindo o dever de pagamento da renda a obrigação principal do arrendatário, é natural que o seu incumprimento possa gerar a resolução do contrato[149].

Em termos gerais, a resolução de um contrato (por incumprimento de obrigações pecuniárias) obedece aos parâmetros do art. 801.°, n.° 2 CC. Ocorrendo a falta de cumprimento da obrigação pecuniária com prazo certo, o devedor constitui-se em mora. Posteriormente, o credor deve transformar a mora em incumprimento definitivo do contrato, pro-

---

o que ela lhe exigia. E, por outro lado, se é certo que se provou que o R. pagou as rendas que considerava serem as legalmente devidas, a verdade é que, se discordava dos valores das actualizações anuais comunicados pela A., como pelos vistos discordava, devia ter recusado a nova renda, comunicando à senhoria a sua recusa, acompanhada da respectiva fundamentação, no prazo e nas condições estabelecidas no art. 35.° do RAU... Sendo assim, é óbvio que pelo menos desde Agosto de 1998 até Julho de 2003, o R. tem pago rendas inferiores às que efectivamente eram devidas à A., o que quer dizer que violou o contrato, dando motivo a despejo conforme resulta do disposto no art. 64.°, n.° 1, al. a) do RAU").

[148] Ac. STJ, de 15.5.2003 (SALVADOR DA COSTA), www.dgsi.pt, Ac. STJ, de 31.2.2002 (BARATA FIGUEIRA), www.dgsi.pt ("ainda que o senhorio não cumpra a obrigação de realizar obras, e que esse incumprimento torne o arrendado inapto, isso não justifica, por isso, o não pagamento da renda").

[149] Ac. Rel. Porto, de 10.11.2009 (HENRIQUE ANTUNES), www.dgsi.pt ("dada a relevância que a obrigação de pagamento da renda assume na economia do contrato de arrendamento, não surpreende que a falta do seu pagamento constitua, desde sempre, fundamento daquele contrato (arts. 1607.°, n.° 1 do Código Civil de 1867, 21.°, n.° 1 do Decreto n.° 5.411, de 17 de Abril de 1919, art. 5, § 1.° da Lei n.° 1662, 1093.°, n.° 1 do Código Civil de 1966, art. 64.°, n.° 1, a) do RAU e art. 1983.°, n.os 1 e 2, al. a) do Código Civil de 1966, aditado pelo art. 3 da Lei n.° 6/2006)").

vocando a resolução do contrato. Tal efectua-se na sequência de uma interpelação admonitória dirigida ao devedor, nos termos do art. 808.º, n.º 1 CC[150].

Note-se que há casos que se afastam desta regra. Assim, ao nível dos contratos bancários de crédito, é usual a previsão de que o incumprimento de uma única prestação faculta ao credor o exercício do direito de resolução. Tal convenção é, à partida, válida. No entanto, não se prescinde de uma interpelação admonitória para os efeitos devidos.

Ora, o modelo seguido, em sede arrendatícia, para a falta de pagamento da renda afasta-se dos moldes tradicionais.

Nos tempos mais recentes, sempre o legislador se bastou com a falta de pagamento de uma única prestação de renda após a mora relevante (os já citados *oito dias* após o momento do vencimento) para efeito de resolução do contrato de arrendamento.

O regime actual difere, como veremos, em certa medida (e parcialmente) das regras locatícias anteriores, em razão de se permitir a resolução extrajudicial ao senhorio só após o decurso infrutífero de um prazo de 3 meses no pagamento de uma renda.

De todo o modo, assinale-se que também desde sempre se permitiu a extinção do direito de resolução do senhorio por via do pagamento de uma indemnização, o que agora não é excepção, embora também aqui haja notas de destaque.

§ 3. A lógica subjacente à resolução arrendatícia em geral

O incumprimento do contrato de arrendamento é a base em que assenta o direito de resolução (art. 1083.º, n.º 1 CC, NRAU).

---

[150] GRAVATO MORAIS, "A tutela do credor perante o atraso no pagamento de transacções comerciais", Scientia Ivridica, 2005, n.ºs 302, pp. 271 a 295, também em Estudos em Homenagem ao Prof. Doutor Manuel Henrique Mesquita, Vol. II, Stvdia Ivridica, 96, Coimbra, 2010, pp. 263 ss. ("o atraso no pagamento de uma prestação de natureza pecuniária configura, em princípio, uma situação de incumprimento temporário do contrato. Daí decorre que o credor não dispõe da faculdade de resolver o negócio em causa. Mesmo no domínio das obrigações pecuniárias impõe-se ao credor que estabeleça, em princípio, um prazo razoável para o adimplemento do devedor").

No entanto, há que apreciar, atentas as particularidades consagradas, os caracteres dos fundamentos resolutivos (legais) do contrato de arrendamento a invocar pelo senhorio.

Desde já se pode relevar que, nos casos em apreço, não se mostra suficiente o incumprimento de não escassa importância, previsto no art. 801.º CC. Impõe-se algo mais.

Vejamos.

Por um lado, especifica-se que é necessário que o incumprimento seja *de per si* grave ou que se afira pelas consequências que faz operar (art. 1083.º, n.º 2, 1.ª parte CC, NRAU).

Porém, é imprescindível que qualquer dos elementos assinalados seja complementado com o conceito indeterminado de "inexigibilidade" da manutenção do arrendamento (cfr. art. 1083.º, n.º 2, parte final CC, NRAU)[151].

Observe-se que esta norma é muita próxima de duas outras consagradas noutros tantos textos legais. Estamos a fazer referência ao art. 30.º, al. a) DL 178/86, que consagra o regime jurídico do contrato de agência[152], e ao art. 351.º, n.º 1 Código do Trabalho (Lei 99/2009)[153].

---

[151] Sobre a inexigibilidade, ver, na doutrina, FERNANDO BATISTA DE OLIVEIRA, A resolução do contrato no novo Regime do Arrendamento Urbano, cit., pp. 26 ss., DAVID MAGALHÃES, A resolução do contrato de arrendamento urbano, Coimbra, 2009, pp. 139 ss. e LAURINDA GEMAS, ALBERTINA PEDROSO e JOÃO CALDEIRA JORGE, Arrendamento Urbano, cit., pp. 368 ss.

Na jurisprudência, cfr. Ac. Rel. Porto, de 10.11.2009 (HENRIQUE ANTUNES), www.dgsi.pt ("a inexigibilidade da manutenção do contrato representa um controlo suplementar, além do que incide sobre a violação de deveres, contratuais ou legais, que vinculam as partes, relativo à justificação da extinção da relação jurídica que dele emerge e à função dessa violação com causa de resolução no caso concreto. O tribunal realiza esse controlo através do uso de regras de experiência e critérios sociais, dos factos provados sobre a violação daqueles deveres, os condicionalismos em que se verificou essa violação e a sua repercussão na relação jurídica de arrendamento. De modo geral, pode dizer-se que a manutenção do arrendamento é inexigível quando o comportamento de uma das partes se mostre especialmente lesivo da relação jurídica de arrendamento e a permanência desta relação representa para a outra, um sacrifício, desrazoável").

[152] Determina o normativo que "o contrato de agência pode ser resolvido por qualquer das partes se a outra parte faltar ao cumprimento das suas obrigações, quando, pela sua gravidade ou reiteração, <u>não seja exigível a substituição do vínculo contratual</u>" (sublinhado nosso). De notar que a disposição vale para qualquer dos contraentes.

[153] Dispõe o preceito, no âmbito da subsecção I, intitulada "resolução", que "constitui justa causa de despedimento o comportamento culposo do trabalhador que, pela sua

§ 4. Imputação do cumprimento

1. Regime geral

Os arts. 783.º a 785.º CC estabelecem critérios de imputação, aos quais devemos atender nesta matéria.

Há que realçar o regime resultante desses preceitos, a saber:

– em primeiro lugar, prevalece a imputação convencional, dando-se prioridade ao acordo das partes;
– caso não exista esse acordo, releva a imputação pelo devedor, a quem compete designar a dívida a que o cumprimento se reporta (art. 783.º, n.º 1 CC); todavia, a imputação pelo devedor está sujeita a algumas particularidades quanto a certos tipos de dívidas, pois o devedor não tem liberdade de designação, necessitando do consentimento do credor; é o caso, v.g., do art. 785.º CC[154];
– finalmente, vale a imputação supletiva legal, devendo em especial atender-se ao art. 784.º CC[155].

2. Imputação de rendas

Na falta de acordo entre as partes, estando em causa – exclusivamente – uma dívida de rendas (o que acontece quando o senhorio opta pela equação "rendas + *resolução*" e estão em apreciação rendas vencidas em momentos diversos) o devedor (arrendatário) pode especificar qual a dívida a cumprir (o que pode relevar para efeito de saber se o direito de resolução caducou).

---

gravidade e consequências, torne imediata e praticamente impossível a subsistência da relação de trabalho" (sublinhado nosso). Esta regra é tão só aplicável no caso de incumprimento do trabalhador.

[154] MENEZES LEITÃO, Direito das Obrigações, Vol. II, 6.ª Ed., Coimbra, 2008, pp. 170 ss.

[155] Para mais pormenores, ver VAZ SERRA, "Do cumprimento como modo de extinção das obrigações", BMJ, n.º 34, 1953, pp. 99 ss., ALMEIDA COSTA, Direito das Obrigações, cit., pp. 1021 ss., ANTUNES VARELA, Das Obrigações em Geral, Vol. II, cit., pp. 56 ss., e MENEZES LEITÃO, Direito das Obrigações, Vol. II, cit., pp. 170 ss.

Nestes termos o assinalou o Ac. Rel de Lisboa, de 15.12.2009, destacando "que bastava a Ré inquilina ter entregue os montantes mensais com o intuito de satisfazer as rendas referentes àqueles meses [os mais recentes] (e não a quaisquer outros), para a operação jurídica de imputação do cumprimento dever ocorrer de acordo com a sua exclusiva vontade, nos termos do art. 783.°, do Código Civil, independentemente dos interesses ou atitudes do senhorio credor"[156].

3. Imputação de rendas e da indemnização legal

Na hipótese mais comum, quando está em causa a imputação das rendas e da indemnização devida, já não se considera admissível, sem o consentimento do senhorio, a imputação do pagamento às rendas em dívida enquanto houver a correspectiva indemnização por satisfazer[157].

Vejamos.

Estando uma só renda em dívida (*v.g.*, de € 200), a soma entregue pelo arrendatário (*v.g.*, € 150) é imputada, em primeira linha, na indemnização legal (€ 100) e só depois a parte restante (€ 50) serve para pagar a renda em dívida, pelo que ainda fica a dever a importância de € 50.

---

[156] Discutia-se, no Ac. Rel. Lisboa, de 15.12.2009 (LUÍS ESPÍRITO SANTO), www.dgsi.pt, "se determinados pagamentos, efectiva e pacificamente reconhecidos como tendo acontecido, foram feitos pela inquilina com vista a cumprir a sua obrigação de pagamento das rendas respeitante aos meses em que ocorreram ou se, pelo contrário, visavam pagar rendas em dívida, vencidas quatro anos antes". Deste modo, não tendo o senhorio feito a respectiva prova, "cumpre tão somente concluir que não se encontram em dívida as rendas respeitantes aos meses de Julho a Dezembro de 2005, falecendo, inevitavelmente, o fundamento de resolução do contrato…"; mais se disse: "um pagamento de renda feito em Julho de 2005 dirá, naturalmente, respeito à renda vencida nesse mês ou no mês seguinte e não às rendas – que a inquilina sempre negou encontrarem-se em dívida – de três ou quatro anos antes…".

Ver ainda o Ac. Rel. Porto, de 10.11.2009 (HENRIQUE ANTUNES), www.dgsi.pt ("a imputação variará, porém, em função do direito que, em face da mora do inquilino, o senhorio pretender actuar"; assim, "no caso de optar pela resolução o senhorio não pode exigir a indemnização da mora, as importâncias que receba são imputadas nas rendas em dívida…").

[157] Cfr. Pereira Coelho, Arrendamento, cit., p. 182, DAVID MAGALHÃES, A resolução do contrato de arrendamento urbano, cit., pp. 212 e 213.

Caso estejamos perante mais do que uma renda em atraso, a imputação faz-se de acordo com a seguinte graduação: a indemnização legal relativa à renda em atraso mais antiga; a renda em atraso mais antiga; a indemnização legal referente à renda em atraso posterior; a renda em atraso posterior; e assim sucessivamente.

4. Casos de irrelevância do critério enunciado

Os critérios enunciados no último ponto são usados sempre que o senhorio exige o pagamento das rendas e da indemnização ou o arrendatário voluntariamente procede ao pagamento desses valores, não parecendo já relevar quando o arrendatário pretende fazer caducar o direito de resolução (nem se suscitando um caso de caducidade deste).

Vejamos.

Sempre que o senhorio exerce o direito de resolução, perde o direito a exigir a indemnização legal, já que esta é moratória.

Mas, nesta hipótese, o arrendatário pode, quanto tal seja possível, repristinar o contrato, procedendo ao pagamento da renda e da indemnização legal. Só que aqui apenas o pagamento dessas somas na íntegra faz caducar o direito de resolução, pelo que o pagamento de um valor parcial – que seria imputável nos termos acima descritos – não faz precludir o direito do senhorio. Sendo, assim, parecem irrelevantes, para tal efeito, os critérios de imputação enunciados[158].

---

[158] Ac. Rel. Porto, de 10.11.2009 (HENRIQUE ANTUNES), www.dgsi.pt ("optando pela indemnização do retardamento do cumprimento, aquelas quantias serão imputadas, em primeiro lugar, nessa indemnização e só depois nas rendas em dívida...").

CAPÍTULO II
Resolução por comunicação

§ 1. Considerações gerais. § 2. Pressupostos da resolução por comunicação. 1. O novo modelo resolutivo. 2. Identificação dos pressupostos. 3. Em especial, a inexigibilidade *ex lege*. 3.1. Decurso sem sucesso do prazo de três meses completos após o atraso no pagamento de uma renda. 4. (Cont.) A inexigibilidade na manutenção do arrendamento e o período igual ou inferior a 3 meses. § 3. Exercício do direito de resolução. 1. Forma(s) da comunicação. 1.1. Enquadramento legal. 1.2. Notificação avulsa. 1.3. Contacto pessoal de advogado, solicitador ou solicitador [agente] de execução. 1.3.1. Legitimidade. 1.3.1.1. Legitimidade activa. 1.3.1.2. Legitimidade passiva. 1.3.2. Procedimentos. 2. Fundamentação da obrigação incumprida. 3. Tempo do exercício. 4. Casos de ineficácia da comunicação. § 4. A faculdade de o arrendatário pôr "fim à mora". 1. Considerações gerais. 2. Pressupostos. 2.1. Pressuposto material: "pôr fim à mora". 2.2. Pressuposto temporal: fixação de um prazo de três meses completos para "pôr fim à mora". 3. A oferta de pagamento ao senhorio das importâncias devidas. § 5. O não pagamento da renda e da indemnização devida no prazo de 3 meses: seus efeitos. § 6. A desocupação do locado. 1. Exigibilidade da desocupação. 2. Consequências da não desocupação do locado. § 7. Natureza jurídica.

§ 1. Considerações gerais

No passado, recente ou longínquo, não se mostrava possível a resolução do contrato de arrendamento pelo senhorio por comunicação ao arrendatário no caso de falta de pagamento da renda.

A única e exclusiva via a utilizar era a judicial, mediante o recurso à acção declarativa de despejo.

Actualmente, segue-se um outro modelo: o de que a resolução pode ocorrer à margem da tradicional acção declarativa de despejo, embora não se prejudique, quanto a nós, o recurso a essa mesma acção.

Desta sorte, admite-se – cremos, aliás, que é o modo preferencial tido em vista – a possibilidade de resolução extrajudicial por falta de pagamento da renda ou, dito de outro modo, a resolução por comunicação.

§ 2. Pressupostos da resolução por comunicação

1. O novo modelo resolutivo

Como realçámos, em termos globais, o art. 1083.º, n.º 2 CC, NRAU, afastando-se do modelo seguido na lei civil, mas aproximando-se dos pressupostos exigidos noutros normativos, impõe que o incumprimento seja grave ou que as suas consequências (1.º elemento) importem a inexigibilidade na manutenção do arrendamento (2.º elemento).

A lei actual introduz, assim, um novo requisito, para efeito da apreciação da resolução do contrato, justamente o da "inexigibilidade na manutenção do arrendamento".

Deixa, pois, ao julgador, como princípio geral, a liberdade de apreciação do pressuposto.

Todavia, nalguns casos, determina-se o que deve considerar-se inexigível, retirando, portanto, qualquer liberdade de apreciação valorativa ao intérprete.

2. Identificação dos pressupostos

São vários os requisitos de que depende a aplicabilidade do normativo (uns implícitos, outros explícitos), a saber:

– a existência de um contrato de arrendamento válido e em vigor;
– a mora do arrendatário quanto ao pagamento da renda; e
– o decurso infrutífero do prazo de 3 meses após o atraso no pagamento de uma única prestação de renda (ou, eventualmente, de mais do que uma).

Sendo que os outros pressupostos já foram *supra* abordados, cumpre tratar, em particular, do elemento "inexigibilidade".

3. Em especial, a inexigibilidade *ex lege*

Uma das hipóteses de inexigibilidade fixada *ex lege* é justamente a da resolução por falta da renda, que se encontra consagrada no art. 1083.º, n.º 3, 1.ª parte CC, NRAU[159].

---

[159] DAVID MAGALHÃES, A Resolução do contrato de arrendamento urbano, cit., pp. 166 ss., fala em "determinações legais de justa causa", e OLINDA GARCIA, O arrendamento plural, Quadro Normativo e Natureza Jurídica, Coimbra, 2009, pp. 232 a 237, que alude à "inexigibilidade presumida".
Na jurisprudência, ver o Ac. Rel. Porto, de 12.11.2009 (TEIXEIRA RIBEIRO), www.dgsi.pt (refere-se a "situações que o legislador consagrou no n.º 3 do citado art. 1083.º, em que presumiu a inexigibilidade, todos eles referentes a lesões de ordem patrimonial na esfera do senhorio...", o Ac. Rel. Porto, de 10.11.2009 (HENRIQUE ANTUNES), www.dgsi.pt ("o juízo de inexigibilidade é feito pela própria lei, ou dito de outro modo, verifica-se uma situação *ex lege* de inexigibilidade para o senhorio na manutenção do contrato de arrendamento"), o Ac. Rel. Lisboa, de 29.10.2009, de (CARLOS VALVERDE), www.dgsi.pt (observa-se que "não é toda e qualquer situação de incumprimento contratual que tem a virtualidade de fundamentar a resolução do contrato. A lei exige que o incumprimento imputável culposamente ao locatário assuma especial gravidade e consequência, por forma a não ser razoavelmente exigível ao senhorio a manutenção do arrendamento", relevando em seguida que o legislador sentiu [nalguns casos] a necessidade de definir o critério de inexigibilidade para o senhorio da manutenção da relação contratual"), o Ac. Rel. Porto, de 27.11.2008 (JOSÉ FERRAZ), www.dgsi.pt ("o direito de alguma das partes resolver o contrato de arrendamento está (actualmente) dependente de existência de motivo que torne inexigível à outra parte a manutenção da relação contratual..., cabendo ao autor (que pretenda a resolução) a alegação e prova dos factos que permitam concluir, na situação, pela inexigibilidade da manutenção da relação contratual"), o Ac. Rel. Porto, de 17.4.2008 (FERNANDO BAPTISTA), www.dgsi.pt ("as únicas hipóteses em que, por si só, já está concretizada a cláusula geral do n.º 2 são as previstas no n.º 3. Pelo que toda e qualquer situação que extravase deste n.º 3 do art. 1083.º do CC terá de passar pelo "crivo" do n.º 2"), e o Ac. Rel. Lisboa, de 11.3.2008 (JOSÉ GABRIEL SILVA), www.dgsi.pt ("é certo que no n.º 2 se não surpreende a inclusão explícita do não pagamento das rendas, mas dada a conformação do contrato de arrendamento, e a redacção da primeira parte do corpo desse n.º 2, é fácil determinar, que falta de pagamento não pode deixar de se entender como incumprimento suficientemente grave para poder provocar a resolução. A redacção do n.º 3 é sibilina, porque uma coisa é situação causa de resolução, e outra, a figura da inexigibilidade em direito das obrigações, mas na economia do preceito, pode-se interpretar o seu teor, em relação ao n.º 2, como particularização de situações antes enunciadas, exemplificativamente, neste último número").

Dispõe aquela parte do normativo o seguinte:

– "é inexigível ao senhorio a manutenção do arrendamento em caso de <u>mora superior a três meses</u> <u>no pagamento da renda</u>...".

3.1. *Decurso sem sucesso do prazo de três meses completos após o atraso no pagamento de uma renda*

Para além da mora do arrendatário no pagamento da renda (que, em regra, como sabemos, ocorre no 2.º dia útil do mês imediatamente anterior àquele a que disser respeito), a referida inexigibilidade na manutenção do arrendamento depende do esgotamento de um prazo de 3 meses completos sem que haja pagamento da renda, após o vencimento da mesma[160].

Tal prazo começa a correr a partir da mora juridicamente não relevante.

O critério base é, desta sorte, meramente temporal, e conjuga-se com o insucesso quanto ao pagamento da renda em atraso.

Não se exige, literalmente, qualquer requisito adicional quanto ao número de rendas em atraso.

Com efeito, o n.º 3 do art. 1083.º CC, NRAU alude "ao pagamento d[e um]a renda" no singular. É certo que a locução usada não parece ter pesado o aspecto em causa, já que se refere, logo em seguida, aos "encargos ou despesas", e aí no plural. Mas nesta situação não poderia deixar de usar-se a expressão nesse domínio. De todo o modo, pelo menos textualmente a locução "renda" é empregue no singular. Basta, pois, que se verifique uma única renda em atraso, desde que por prazo "superior a três meses"[161].

Do ponto de vista da razão de ser da lei, não seria de esperar outro circunstancialismo. Na verdade, a imaginar-se que o legislador fez menção a 3 rendas em atraso por prazo superior a 3 meses, estaríamos numa situação particularmente gravosa para o senhorio, o que não existiu, em momento algum, no pretérito. Com efeito, ver-se-ia o locador na situação de ter que

---

[160] Ac. Rel. Porto, de 27.11.2008 (José Ferraz), www.dgsi.pt (cabe ao senhorio "a alegação e prova dos factos que permitam concluir, na situação, pela inexigibilidade da manutenção da relação contratual").

[161] Neste sentido, cfr. Ac. Rel. Porto, de 27.11.2008 (José Ferraz), www.dgsi.pt ("o que não significa, necessariamente, que a mora se tenha de referir a rendas de três meses, mas antes que a mora se prolongue por mais de três meses").

esperar 6 meses para poder actuar (os 3 meses relativos às 3 rendas em atraso e o decurso, após a última dessas rendas, do prazo trimestral).

Por outro lado, como cada renda tem autonomia para variadíssimos efeitos (de caducidade do direito de resolução por falta de pagamento da renda, do prazo prescricional), sendo de esperar que naturalmente, também aqui, essa autonomia para efeito de contabilização do período trimestral seja tida em vista[162].

Consagra-se assim uma *presunção* de inexigibilidade na manutenção do arrendamento[163], que tem como consequência a atribuição ao senhorio do direito de resolução do contrato de arrendamento.

O decurso do prazo de 3 meses gera imediata e automaticamente, por via da lei, a faculdade do exercício de tal direito pelo senhorio.

Cremos que o legislador consagra um prazo excessivamente lato para que o senhorio possa exercer o seu direito, pondo-o manifestamente numa posição bem mais difícil em relação ao que sucedia no passado, em que poderia reagir quase imediatamente (a partir da mora relevante).

Esta latitude do prazo de reacção do senhorio não tem explicação nos anteriores textos legais. Nem na doutrina encontrávamos qualquer orientação que assim o defendesse.

A explicação mais plausível é a seguinte: como o processo actual pretende ser mais célere, dar-se-ia agora ao arrendatário uma "almofada temporal" mais ampla para proceder ao pagamento. É pouco justificável esta explicação, atendendo ao sistema vigente.

4. (Cont.) A inexigibilidade na manutenção do arrendamento e o período igual ou inferior a 3 meses

Questionar-se-á agora se é possível ao senhorio servir-se da resolução por comunicação no caso de mora no período inicial de 3 meses após a mesma.

Alguns autores rejeitam tal via.

---

[162] Ac. Rel. Porto, de 27.11.2008 (José Ferraz), www.dgsi.pt (basta "para preencher essa cláusula geral de resolução a mora no pagamento das rendas nesses termos [a ultrapassagem do prazo de 3 meses]").

[163] O Ac. Rel. Lisboa, de 28.5.2009 (Neto Neves), www.dgsi.pt, refere-se a "um caso de presunção *juris et de jure* de incumprimento".

Fernando Baptista Oliveira afirma que na hipótese de "mora no período inferior aos três meses referidos no art. 1083.°, n.° 3", o locador "não pode (já) usar da comunicação resolutiva"[164].

Parece-nos que com razão.

O legislador fixa um caminho – supostamente mais célere e mais eficaz – que atende apenas a um período superior aos referidos três meses. Antes dele, não se pronuncia, donde se pode deduzir que o excluiu nesta hipótese (em que se recorre à via extrajudicial).

Por outro lado, está aqui em causa uma situação de segurança jurídica do próprio direito de resolução: a incerteza que provocaria uma mera comunicação resolutiva extrajudicial sem que a lei fizesse alusão à possibilidade de constituição de tal direito seria muito elevada.

Observe-se que esta nova possibilidade – da comunicação resolutiva –, representa o exercício efectivo, pelo senhorio, do direito de resolução (ao contrário do que sucede com a via judicial).

Deve ainda afirmar-se que depois de um primeiro prazo trimestral completo, com a comunicação começa a contar-se um novo prazo trimestral para efeito de caducidade de tal direito. Ora, isso significaria encurtar o prazo legal (mínimo) de 6 meses e de alguns dias, sem passar pelo crivo do tribunal.

Acresce que, a ser assim, não se mostrariam cumpridos os pressupostos da comunicação resolutiva, para efeito do art. 15.°, n.° 1, al. e) NRAU.

Assinale-se, por fim, que permitir que, num período menor que o indicado, se viesse a instaurar, em momento ulterior, uma acção executiva para entrega de coisa certa, significaria estar a pôr o arrendatário numa situação muito debilitada.

---

[164] A resolução do contrato no Novo Regime do Arrendamento Urbano, cit., p. 131, nota 168.

Neste sentido, LAURINDA GEMAS, a ALBERTINA PEDROSO e a CALDEIRA JORGE. Os autores assinalam "quanto à duração da mora, no caso da resolução extrajudicial é necessário que a mora tenha duração superior a 3 meses, como resulta do art. 1083.°, n.° 3, 1.ª parte, que deve ser conjugado com o art. 1084.°, n.° 1. A falta de pagamento da renda em caso de mora inferior a 3 meses pode fundamentar a resolução do contrato, mas deverá operar por via judicial, tendo de ser decretada em acção de despejo..." – Arrendamento Urbano – Novo Regime Anotado e Legislação Complementar, 3.ª Ed., Lisboa, 2009, p. 376").

§ 3. Exercício do direito de resolução

1. Forma(s) da comunicação

1.1. *Enquadramento legal*

O art. 1084.º, n.º 1 CC, NRAU, especifica que a "resolução pelo senhorio quando fundada em causa prevista no n.º 3 [uma das quais é justamente a falta de pagamento de renda por período superior a 3 meses]" opera "por comunicação à contraparte [ao arrendatário]".

O termo utilizado sugere a aplicação do regime específico das comunicações, previsto no art. 9.º, n.ºs 1 a 6. No entanto, existe agora uma disciplina especialíssima a empregar, atendendo às regras particulares existentes e às consequências peculiares que daí advêm. Há que utilizar, portanto, o art. 9.º, n.º 7 NRAU, que especifica:

– "a comunicação pelo senhorio destinada à <u>cessação do contrato por resolução, nos termos do n.º 1 do artigo 1084.º do Código Civil</u>, é efectuada mediante notificação avulsa, ou mediante contacto pessoal de advogado, solicitador ou solicitador de execução, sendo neste caso feita na pessoa do notificando, com entrega de duplicado da comunicação e cópia dos documentos que a acompanhem, devendo o notificando assinar o original".

Trata-se, com um formalismo ainda mais exigente que o previsto no art. 9.º, n.ºs 1 a 6 NRAU, "de acautelar [devida e especialmente] os interesses das partes envolvidas e de evitar a existência de potenciais conflitos resultantes da forma de comunicação entre os sujeitos contratuais"[165].

1.2. *Notificação avulsa*

Para efeito de segurança jurídica e de protecção das partes envolvidas, o senhorio pode efectuar a comunicação por via de uma notificação avulsa.

---

[165] Ver Ac. Rel. Lisboa, de 15.5.2008 (GRANJA DA FONSECA), www.dgsi.pt.

O regime desta notificação encontra-se prevista nos arts. 261.° ss. CPC.

Vejamos o modo do seu processamento:

- nos termos do n.° 1, do art. 261.° CPC "dependem de despacho prévio que as ordene e são feitas pelo agente de execução, designado para o efeito pelo requerente ou pela secretaria, ou por funcionário de justiça, nos termos do n.° 9 do artigo 239.°, na própria pessoa do notificando, à vista do requerimento, entregando-se ao notificado o duplicado e cópia dos documentos que o acompanhem";
- à luz do n.° 2 do mesmo preceito, "o agente de execução ou funcionário de execução lavra certidão do acto, que é assinada pelo notificado";
- posteriormente, de acordo com o n.° 3, "o requerimento e a certidão são entregues a quem tiver requerido a diligência;
- acresce que, "os requerimentos e documentos para as notificações avulsas são apresentados em duplicado; e, tendo de ser notificada mais de uma pessoa, apresentar-se-ão tantos duplicados quantas forem as que vivam em economia separada".

Destaque-se ainda que

- "as notificações avulsas não admitem oposição, devendo os direitos respectivos ser exercidos nas acções próprias" (cfr. n.° 1 do art. 262.° CPC);
- sendo que "do despacho de indeferimento da notificação cabe recurso até à Relação" (cfr. n.° 2 do art. 262.° CPC).

1.3. *Contacto pessoal de advogado, solicitador ou solicitador [agente] de execução*

1.3.1. *Legitimidade*

1.3.1.1. Legitimidade activa

Alternativamente, o senhorio pode realizar a comunicação resolutiva através de "contacto pessoal", atribuindo-se, no entanto, a sujeitos em especiais condições a legitimidade para a efectivar.

Só dispõem dessa legitimidade três grupos de pessoas:
- os advogados[166];
- os solicitadores[167]; ou
- os agentes de execução[168].

1.3.1.2. Legitimidade passiva

Quanto aos sujeitos que têm legitimidade para receber a comunicação resolutiva, exige-se que esta seja feita na "pessoa do notificando".

1.3.2. *Procedimentos*

O contacto a ser efectuado por qualquer dos sujeitos legitimados deve revestir natureza pessoal.

É, assim, um contacto directo e entre os sujeitos em causa (advogado, solicitador ou agente de execução e o arrendatário).

Nada se diz quanto ao local onde se deve realizar o contacto em apreço. Naturalmente que o imóvel locado é o lugar privilegiado para rea-

---

[166] Ver o art. 61.º, n.º 1, do Estatuto da Ordem dos Advogados (Lei n.º 15/2005 de 26 de Janeiro), que determina o seguinte: "só os licenciados em direito com inscrição em vigor na Ordem dos Advogados podem, em todo o território nacional, praticar actos próprios da advocacia, nos termos definidos na Lei n.º 49/2004, de 24 de Agosto", sendo que o art. 1.º, n.º 1 deste último diploma consagra que "apenas os licenciados em Direito com inscrição em vigor na Ordem dos Advogados... podem praticar os actos próprios dos advogados...".

[167] Cfr. o art. 1.º, n.º 1 da Lei n.º 49/2004, de 24 de Agosto: "apenas os... solicitadores inscritos na Câmara dos Solicitadores podem praticar os actos... dos solicitadores". Ora, à luz do art. 75.º, do DL n.º 88/2003, de 26.04, "é obrigatória a inscrição na Câmara para o exercício da profissão de solicitador" (n.º 1), sendo que "a cada solicitador inscrito é passada a respectiva cédula profissional, que serve de prova da inscrição na Câmara e do direito ao uso do título de solicitador ou de solicitador especializado" (n.º 2).

[168] Quanto aos requisitos de inscrição do agente de execução, destaque-se que "só pode exercer [ess]as funções o solicitador ou o advogado que, [entre outros pressupostos]: *b)* Sendo solicitador, não esteja abrangido por qualquer das restrições previstas no artigo 78.º; *c)* Sendo advogado, não esteja abrangido por qualquer das restrições previstas no artigo 181.º do Estatuto da Ordem dos Advogados; *d)* Não tenha sido condenado em pena disciplinar superior a multa, enquanto solicitador ou enquanto advogado; *e)* Tenha concluído, com aproveitamento, o estágio de agente de execução..." (art. 117.º do Estatuto da Câmara dos Solicitadores).

lizar este objectivo[169], mas não se devem excluir outras possibilidades (*v.g.*, o domicílio profissional do arrendatário).

Nesse acto, deve ser "entregue um duplicado da comunicação e cópia dos documentos que a acompanhem" (art. 9.°, n.° 7 NRAU).

Exige-se, por um lado, a entrega ao arrendatário do duplicado da comunicação resolutiva, e, por outro, a cópia dos documentos que acompanhem a mesma (*v.g.*, se o senhorio é outro, o documento que titule esse facto – o contrato de compra e venda; se o arrendatário é outro, o documento que consubstancie tal circunstância – o contrato de trespasse; se a renda tem um valor diverso, o documento que demonstre a respectiva actualização).

Acresce que o notificando deve assinar o original (art. 9.°, n.° 7, *in fine* NRAU).

No caso de mera recusa do notificando em subscrever o original, deve entender-se que a comunicação foi realizada, seja porque é esse o efeito da aplicação do art. 224.°, n.° 1, 1.ª parte CC, seja porque é o que se deduz, por maioria de razão, do art. 10.°, n.° 1 e do art. 10.°, n.° 2, *in fine* NRAU (cujo regime se aplica no caso de outras comunicações menores).

Tratando-se de pluralidade de senhorios, a comunicação resolutiva deve ser subscrita por todos eles ou por quem a todos represente. A falta de assinatura de algum dos locadores gera a ineficácia da comunicação resolutiva (art. 11.°, n.° 1 NRAU).

Havendo pluralidade de arrendatários, cremos que deve aplicar-se o n.° 3 do art. 11.° NRAU, pelo que "a comunicação [também a resolutiva] do senhorio é dirigida ao que figurar em primeiro lugar no contrato, salvo indicação daqueles em contrário". É este, para o efeito, o "notificando" a que a lei se refere. Trata-se de conferir maior eficácia à notificação, por simplicidade, evitando aqui problemas decorrentes da existência da pluralidade de arrendatários.

2. Fundamentação da obrigação incumprida

Impõe a parte final do n.° 1 do art. 1084.° CC que a comunicação resolutiva deve "fundamentadamente" invocar "a obrigação incumprida",

---

[169] Tal hipótese emerge, para as outras comunicações do art. 9.° (n.ºs 1 a 6) NRAU, quando se assinala no n.° 2 (embora de natureza supletiva) que "as cartas dirigidas ao arrendatário... devem ser remetidas para o local arrendado".

ou seja, o inadimplemento do dever de pagamento de uma ou de mais do que uma renda, que supere o período temporal exigido.

Tal comunicação deve, em concreto, especificar, para além do contrato de arrendamento que está em causa (em especial a sua duração) e a quem se dirige, os factos que consubstanciam a resolução:

- o valor da renda mensal que devia ter sido paga;
- o número de renda(s) (1 ou mais) em atraso;
- a duração da renda ou das rendas em mora há mais de três meses;
- o valor em falta relativo a cada renda (especificando se é total ou se é parcial, especificando, neste caso, a importância devida);
- outras justificações relevantes (*v.g.*, que o arrendatário não se deslocou ao domicílio do senhorio, conforme previsto no contrato);
- que se trata de uma comunicação que tem como finalidade a resolução do contrato[170].

3. Tempo do exercício

O direito de resolução do senhorio, por comunicação extrajudicial, apenas pode ser exercido se esgotado na íntegra o prazo de 3 meses após a mora.

Tal decorre implicitamente dos arts. 1083.°, n.° 3 e 1084.°, n.° 1 CC, NRAU:

- só é inexigível a manutenção do contrato "em caso de mora superior a três meses" (art. 1083.°, n.° 3);
- só se pode fundamentadamente invocar a obrigação incumprida, se tiverem decorrido esses três meses (art. 1084.°, n.° 1).

Só a partir dessa data se constitui tal pretensão resolutiva. Até lá não se encontra constituído o direito, pelo que não se pode exercer antecipadamente ou sob condição do não pagamento das quantias devidas.

---

[170] Aliás, o próprio art. 9.°, n.° 7 NRAU alude, na sua primeira frase, à "comunicação... destinada à cessação do contrato por resolução".
Ver também FERNANDO BAPTISTA OLIVEIRA, A resolução do contrato no Novo Regime do Arrendamento Urbano, cit., p. 153 ("não basta invocar a previsão legal, usando os termos da lei. É preciso invocar factos que a demonstrem").

4. Casos de ineficácia da comunicação

Impõe-se saber quais as consequências da inobservância dos requisitos legais (de forma, procedimentais e de conteúdo).

Por um lado, excluem-se quaisquer outros modos para realizar a comunicação resolutiva: a carta registada (independentemente de ser com aviso de recepção)[171], a notificação com hora certa, entre outras.

Uma comunicação realizada nesses moldes é ineficaz.

A mesma sorte segue a comunicação efectuada por quem não tem legitimidade activa, nem aquela realizada a quem não tem legitimidade para a receber ou por inobservância de outros procedimentos exigidos.

Finalmente, a comunicação efectuada sem preenchimento dos requisitos de conteúdo é igualmente ineficaz.

Em qualquer destes casos, impõe-se uma outra comunicação resolutiva posterior eficaz para que se produzam as consequências pretendidas.

§ 4. A faculdade de o arrendatário pôr "fim à mora"

1. Considerações gerais

Chegados a esta altura, é importante dar nota dos passos até aqui seguidos:

– num primeiro momento, verificou-se o atraso do arrendatário no pagamento da renda, que se prolongou por mais de três meses;

---

[171] Ver o Ac. Rel. Lisboa, de 15.5.2008 (GRANJA DA FONSECA), www.dgsi.pt ("tendo a comunicação sido efectuada através de carta registada com aviso de recepção tal comunicação não goza de eficácia para fazer cessar o contrato por resolução com fundamento na falta de pagamento da renda, não sendo sanável tal falta ainda que o advogado tenha procedido à entrega da cópia da missiva que tinha sido enviada ao arrendatário", pelo que "a senhoria limitou-se a enviar uma carta registada com aviso de recepção e a juntar uma declaração subscrita pelo seu mandatário, referindo, além do mais, que, no dia 23 de Fevereiro de 2007, se havia deslocado à residência da executada, a fim de proceder à entrega à mesma do duplicado de comunicação junta, cópia da missiva que também já, por via epistolar, oportunamente, tinha sido enviada, visando o desiderato de lhe efectuar a comunicação a que se refere o n.º 7 do artigo 9.º do NRAU").

– o senhorio socorreu-se, posteriormente, da via da comunicação resolutiva extrajudicial, com a correspondente notificação do inquilino.

É neste cenário que surge a possibilidade de "a resolução pelo senhorio... fica[r] sem efeito se o arrendatário puser fim à mora no prazo de três meses" (art. 1084.º, n.º 3 CC, NRAU).

De realçar que a redacção deste número parece ser um pouco contraditória, pois se alude à resolução do senhorio ("[direito de] resolução [do senhorio] fica sem efeito") e à faculdade de pôr fim à mora" (se "o arrendatário puser fim à mora").

2. Pressupostos

2.1. *Pressuposto material: "pôr fim à mora"*

Releve-se que o art. 1042.º CC – cuja epígrafe é "cessação da mora" e com uma redacção bem diversa da anterior – determina como pode o locatário "pôr fim à mora", a saber:

– "oferecendo ao locador o pagamento das rendas... em atraso, bem como a indemnização fixada no n.º 1 do artigo anterior" [o n.º 1 do art. 1041.º CC prevê o pagamento de "uma indemnização igual a 50% do que for devido]"[172].

A penalização é exactamente idêntica à anterior, vigente no anterior quadro (exclusivo) da via judicial.

Impõe-se, no entanto, saber se há que proceder ao pagamento de todas rendas em atraso (e da correspondente indemnização) ou se apenas relevam as rendas em atraso até ao momento da comunicação (e a devida indemnização).

---

[172] Ac. Rel. Porto, de 7.5.2009 (CARLOS PORTELA), www.dgsi.pt ("vieram estes [os senhorios] confirmar que em 20.12 haviam recebido um cheque para pagamento das rendas em divida, no montante de € 7.096,24, que devolveu aos executados por o considerar intempestivo e insuficiente para liquidação integral dessas rendas").

2.2. Pressuposto temporal: fixação de um prazo de três meses completos para "pôr fim à mora"

O momento da realização da comunicação ao inquilino marca o início da contagem de um outro período de três meses completos, em que se permite àquele cessar a mora (ou, dito de outro modo, fazer extinguir o direito de resolução). É o que se deduz da parte final do art. 1084.°, n.° 3 CC, NRAU[173].

Desta sorte, tudo se resume assim à rápida ou à lenta resposta do senhorio, depois de decorrido o primeiro prazo inicial (de favor) de três meses.

O novo prazo, idêntico ao anterior, marca um outro tempo de espera pouco compreensível.

3. A oferta de pagamento ao senhorio das importâncias devidas

O pagamento das importâncias devidas pelo arrendatário pressupõe o oferecimento dessas quantias ao senhorio (cfr. art. 1042.°, n.° 1, CC, NRAU e art. 20.°, n.° 1 NRAU), podendo ser ulteriormente efectuada a consignação em depósito, à luz do art. 17.°, n.° 1 NRAU.

§ 5. O não pagamento da renda e da indemnização devida no prazo de 3 meses: seus efeitos

Se, no prazo de três meses após a comunicação, não ocorrer o pagamento da renda e da indemnização devida, o contrato de arrendamento extingue-se por resolução.

Tal decorre de uma interpretação *a contrario sensu* do art. 1084.°, n.° 3 CC: "a resolução do contrato... [produz efeitos] se o arrendatário [não] puser fim à mora no prazo de 3 meses".

---

[173] Neste sentido, FERNANDO BAPTISTA OLIVEIRA, A resolução do contrato no Novo Regime do Arrendamento Urbano, cit., p. 121.

Afasta-se assim a ideia de que tal período se conta a partir da data em que é legítimo o exercício do direito pelo senhorio.

Note-se que é necessário que haja
- o pagamento das rendas em atraso; e (também)
- o pagamento da indemnização correspondente a metade do valor das rendas.

Vejamos uma hipótese específica em que apenas foi pago o valor da renda em singelo.

O arrendatário "não pagou a renda de Junho/2007, vencida em 1 de Maio anterior, até ao dia 8 desse mês, só o vindo a fazer, em singelo, em 14 desse mesmo mês de Maio. Devia pagar a indemnização correspondente a 50% do valor dessa renda. Não o fez. A prestação deve ser realizada por inteiro e não por partes. O pagamento ou depósito (em singelo) não é liberatório. Vem a senhoria exigir a indemnização e recusa o recebimento das rendas seguintes. Legitimamente o faz. Quem está em mora é a locatária, que, nessa situação continua, pelo menos, até Outubro de 2007, por período superior a três meses. A não existir motivo justificado para o não oferecimento da renda dentro do prazo legal, tinha a senhoria a faculdade de recusar o recebimento da renda em singelo, permanecendo a arrendatária em mora"[174]. A consequência é, portanto, a extinção do contrato.

§ 6. A desocupação do locado

1. Exigibilidade da desocupação

Dispõe o art. 1081.º, n.º 1 CC, NRAU – inserido na divisão I (da subsecção IV), relativa às "disposições comuns" à cessação do contrato – que a extinção do contrato "torna imediatamente exigível... a desocupação do local e a sua entrega".

Esta regra geral é, todavia, afastada em sede resolutiva.

Na verdade, o art. 1087.º CC, NRAU prevê que a "desocupação do locado... é exigível no final do 3.º mês seguinte à resolução". Na parte final do preceito, ressalvam-se as hipóteses em que, por decisão judicial, possa ter sido fixado outro prazo ou em que convencionalmente possa ter sido acordada outra data.

---

[174] Cfr. o Ac. Rel. Porto, de 27.11.2008 (JOSÉ FERRAZ), www.dgsi.pt.

Atentemos na primeira parte do art. 1087.º CC, NRAU no sentido de analisar o momento da efectiva da desocupação do prédio.

Impõe-se saber se, no caso de resolução extrajudicial por falta de pagamento de renda, é relevante para efeito do início da contagem do prazo – dado que o senhorio só pode fazer actuar o mecanismo extintivo depois do final do 3.º mês após a mora – o momento do seu exercício (ou melhor, o da notificação do arrendatário) ou a data da (não) oponibilidade pelo arrendatário (o que implica que aqui deve contar-se novo – e terceiro – período de 3 meses).

Figure-se a seguinte situação:

- o arrendatário encontra-se em mora desde o início do mês de Janeiro;
- a notificação resolutiva extrajudicial é realizada a 12 de Maio;
- todavia, não se opõe ao *direito de resolução* no prazo de 3 meses completos (portanto, até ao dia 12 de Agosto),
- não desocupa, nem entrega, o prédio depois dessa data.

Se atendermos à data da efectivação da comunicação resolutiva, a desocupação do locado é exigível a 31 de Agosto (ou seja, no final do 3.º mês seguinte à resolução).

Caso se considere o outro momento (o dia 12 de Agosto, em que se esgotou o novo prazo de 3 meses), o início da contagem do prazo de 3 meses ocorre nesse mesmo dia, pelo que termina a 12 de Novembro, de sorte que a desocupação deverá ocorrer a 31 de Novembro.

Em razão da dupla dilação que já favorece o inquilino, não parece razoável estender-se o prazo por novo período de 3 meses. Aliás, na lógica do art. 1087.º CC, NRAU a *resolução* ocorre no primeiro momento assinalado.

2. Consequências da não desocupação do locado

O pagamento de uma indemnização fixada *ex lege*, à luz do art. 1045.º CC:

- correspondente ao valor de uma prestação de renda por cada mês (n.º 1); ou
- correspondente ao dobro da renda, no caso de mora na restituição (n.º 2).

§ 7. Natureza jurídica

Cabe enquadrar dogmaticamente o direito exercido pelo senhorio, dentro do contexto e no âmbito do regime descrito.

A declaração do senhorio parece ter alguns pontos de conexão com uma interpelação admonitória, embora se assinalem bastantes particularidades e assim a sua autonomia própria.

Recorde-se que tal interpelação pressupõe

– a existência de uma intimação para o cumprimento;
– a consagração de um prazo peremptório, suplementar, razoável e exacto para cumprir;
– a declaração (cominatória) de que findo o prazo fixado sem que ocorra a execução do contrato se considera este definitivamente incumprido[175].

Ora, na comunicação resolutiva deve existir a invocação do fundamento que gera a resolução (a falta de pagamento de renda superior a três meses).

Na declaração resolutiva inexiste um prazo fixado pelo devedor para cumprir. Mas não deixa de ser verdade que se permite ao arrendatário cumprir o contrato (embora com penalização) dentro de determinado prazo certo e definido.

De igual sorte, não se pode falar de uma declaração cominatória atribuída ao credor para que o devedor cumpra até ao fim de um dado prazo, até porque esse prazo está fixado antecipadamente na lei.

Refira-se, por outro lado, que a situação do arrendatário, à data da declaração do senhorio, é a de devedor em mora (cuja constituição se dá em momento bem ulterior, pelo menos 3 meses e alguns dias antes).

Uma das formas de reacção do senhorio, perante a mora, é o exercício do direito de resolução. Em vários preceitos dá-se conta dessa pretensão, como que se sobrepondo à mora [do arrendatário].

---

[175] BAPTISTA MACHADO, "Pressupostos da resolução por incumprimento", Obra Dispersa, cit., p. 164, e BRANDÃO PROENÇA, A resolução do contrato no Direito Civil. Do enquadramento e do regime, Coimbra, 1996, pp. 119 ss., GRAVATO MORAIS, Contrato-promessa em geral. Contratos-promessa em especial, Coimbra, 2009, pp. 161 ss.

Especifica-se, assim, que

- "constituindo-se o locatário em mora, o contrato [pode ser] resolvido com base na falta de pagamento" (art. 1041.°, n.° 1 CC);
- "cessa o direito... à resolução do contrato" (art. 1041.°, n.°1 CC);
- que "o direito de resolução do contrato... caduca logo que o locatário..." (art. 1048.°, n.° 1 CC, NRAU);
- "a resolução pelo senhorio, quando fundada em causa prevista no n.° 3..." (art. 1084.°, n.° 1 CC, NRAU);
- "a resolução pelo senhorio fica sem efeito se..." (art. 1084.°, n.° 3 CC, NRAU);
- "fica igualmente sem efeito a resolução..." (art. 1084.°, n.° 4 CC, NRAU).

É certo que noutra regra se releva que "o locatário pode pôr fim à mora" (cfr. art. 1042.°, n.° 1, primeira expressão e o similar art. 1084.°, n.° 3 *in fine* CC, NRAU), mas representa um mecanismo de protecção do arrendatário, uma derradeira oportunidade de cumprir, ainda que com a correspondente penalização.

Trata-se, a nosso ver, de um direito de resolução sob condição *ex lege*.

O efeito do decurso do prazo sem o pagamento dos valores devidos é o da extinção do contrato por resolução, sem necessidade qualquer declaração ulterior.

Repare-se até que, para determinados efeitos (a exigibilidade da desocupação), deve contar-se o prazo fixado no art. 1088.° CC, NRAU, desde a data da realização da comunicação resolutiva.

CAPÍTULO III
Resolução por comunicação (cont.): meios processuais subsequentes

§ 1. Títulos executivos extrajudiciais para entrega de imóvel arrendado. 1. O problema à luz do RAU. 2. A questão à luz do NRAU. § 2. Constituição de título executivo extrajudicial para entrega de imóvel arrendado com fundamento na falta de pagamento da renda. 1. Consagração legal. 2. Pressupostos para a constituição de título executivo extrajudicial. 2.1. Pressupostos materiais. 2.1.1. Não desocupação do locado na data devida por lei. 2.1.2. Resolução por comunicação na sequência da falta de pagamento de renda. 2.2. Pressupostos formais. 2.2.1. Existência de contrato de arrendamento. 2.2.1.1. O contrato escrito de arrendamento. 2.2.1.2. O recibo de renda. 2.2.1.3. O contrato de arrendamento qualificado por decisão transitada em julgado. 2.2.1.4. Consequências da falta de contrato de arrendamento escrito na acção executiva. 2.2.2. Comprovativo da comunicação por falta de pagamento de renda. 2.2.3. Eventual relevo de outros documentos. 3. Do momento da instauração da acção executiva para entrega de imóvel arrendado. 3.1. Nos três meses em que se permite ao arrendatário sanar a mora. 3.2. No período prévio à desocupação do locado. 4. Da possibilidade de o arrendatário pôr *fim à mora* no prazo para a oposição à execução. 5. Do requerimento executivo à oposição à execução. 5.1. Requerimento executivo; indeferimento liminar. 5.2. Citação do arrendatário/executado. 5.3. Oposição à execução. 5.4. Oposição à execução (cont.): os caminhos possíveis. 5.4.1. Casos de indeferimento liminar da oposição à execução. 5.4.2. Casos de suspensão da execução. 5.4.3. Em especial, a execução fundada em resolução por comunicação.

§ 1. Títulos executivos extrajudiciais para entrega de imóvel arrendado

1. O problema à luz do RAU

O NRAU prevê a constituição de vários – ou melhor, 6 – títulos executivos extrajudiciais para entrega de coisa certa, no art. 15.°, n.° 1.

Não se trata propriamente de uma novidade, pois o regime anterior já o permitia, embora isoladamente. Com efeito, o art. 101.° RAU (cuja epígrafe era "execução forçada") determinava:

– no seu n.° 1 que "o contrato celebrado nos termos do art. 98.° [referente aos contratos de duração limitada], em conjunto com a certidão de notificação judicial avulsa requerida pelo senhorio, nos termos do art. 100.° [referia-se à "denúncia" pelo senhorio mediante notificação judicial avulsa "requerida com um ano de antecedência sobre o fim do prazo ou da sua renovação], constitui título executivo para efeitos de despejo do local arrendado",
– no seu n.° 2, que seguia "a forma de execução para entrega de coisa certa".

Como se constata, o âmbito de aplicação da norma era, pode bem dizer-se, limitado a vários níveis. Assim,

– apenas se aplicava aos contratos (habitacionais ou não habitacionais) de duração limitada;
– limitava-se aos casos de oposição à renovação do contrato pelo senhorio (que a lei antiga designava erroneamente por "denúncia");
– não prescindia de um instrumento parajudicial (a certidão de notificação judicial avulsa) para efeito de constituição do correspondente título executivo[176].

2. A questão à luz do NRAU

O NRAU, como se observou, alargou o leque de títulos executivos extrajudiciais para entrega de coisa certa (art. 15.°, n.° 1, als. a) a f) NRAU).

---

[176] Embora também não se prescindisse do contrato [escrito] de arrendamento.

Apenas representa uma novidade a extensão em que tal constituição se admite, já que são vários os casos previstos.

De todo o modo, o legislador poderia bem ter ido mais além, pelo menos literalmente, já que, em certas hipóteses, por via de interpretação, podemos chegar a conclusão semelhante.

Prevêem-se 6 grupos de casos que têm um denominador comum:

– a extinção do contrato de arrendamento, na sequência de uma das 6 hipóteses determinadas (revogação por mútuo acordo, caducidade pelo decurso do prazo em contrato não renovável, oposição à renovação pelo senhorio, denúncia do senhorio por comunicação, resolução do senhorio por comunicação e denúncia do arrendatário na sequência da actualização da renda);
– a constituição de um título executivo extrajudicial para entrega de imóvel arrendado.

§ 2. Constituição de título executivo extrajudicial para entrega de imóvel arrendado com fundamento na falta de pagamento da renda

1. Consagração legal

A constituição de título executivo extrajudicial por efeito da resolução do contrato por falta de pagamento da renda não se encontra expressamente previsto, apenas resultando implicitamente do art. 15.º, n.º 1, al. e) NRAU, quando aí se alude a "resolução por comunicação".

No tocante a esta matéria, há que atender ao art. 15.º NRAU, cuja epígrafe é "título executivo", e conjugar o proémio do n.º 1, que especifica:

– "não sendo o locado desocupado na data devida por lei ou convenção das partes, podem servir de base à execução para entrega de coisa certa";

com a primeira parte da alínea e) do n.º 1, que determina:

– "em caso de resolução por comunicação, o contrato de arrendamento, acompanhado do comprovativo da comunicação prevista no n.º 1 do artigo 1084.º do Código Civil".

2. Pressupostos para a constituição de título executivo extrajudicial

2.1. Pressupostos materiais

2.1.1. Não desocupação do locado na data devida por lei

O primeiro requisito, enunciado no proémio do art. 15.º, n.º 1 NRAU, é justamente a não desocupação do locado na data devida por lei.

O que pressupõe, por outro lado, a prévia extinção do contrato de arrendamento[177].

Relativamente a esta matéria – a da desocupação do locado –, o art. 1087.º CC, NRAU, referente à resolução (*in casu*, por falta de pagamento de rendas) dispõe que:

– "a desocupação do locado, nos termos do artigo 1081.º, é exigível no final do 3.º mês seguinte à resolução, se outro prazo não for judicialmente fixado ou acordado pelas partes" (sublinhado nosso).

Como sustentámos, o prazo para a exigibilidade da desocupação começa a contar a partir da data da realização da comunicação resolutiva.

Portanto, a premissa base da aplicabilidade da norma é a "desocupação do locado na data devida"[178].

---

[177] Cfr. o Ac. Rel. Lisboa, de 12.3.2009 (CATARINA ARÊLO MANSO), www.dgsi.pt (como se salienta no aresto "a execução para entrega de coisa imóvel arrendada pressupõe que a relação de arrendamento já esteja extinta...") e o Ac. Rel. Lisboa, de 15.5.2008 (GRANJA DA FONSECA), www.dgsi.pt ("a execução para entrega de coisa imóvel arrendada pressupõe que a relação de arrendamento já esteja extinta e que o arrendatário não cumpra o dever legal que emerge do facto extintivo, ou seja, o dever de restituir o imóvel ao locador").

[178] Cfr. o Ac. Rel. Lisboa, de 12.3.2009 (CATARINA ARÊLO MANSO), www.dgsi.pt ("a execução para entrega de coisa imóvel arrendada pressupõe... que o arrendatário não cumpriu o dever legal que emerge do facto extintivo, ou seja, o dever de restituir o imóvel ao locador").

2.1.2. *Resolução por comunicação na sequência da falta de pagamento de renda*

Relativamente à alínea em apreço (e)), que contempla várias hipóteses[179], a situação em análise integra-se na resolução por falta de pagamento da renda.

Tal deduz-se da referência à comunicação prevista no art. 1084.°, n.° 1 CC, que, por sua vez, remete para o art. 1083.°, n.° 3 CC, aí se encontrando o caso de resolução por falta de pagamento da renda, em razão da mora do arrendatário superior a três meses configurar um caso de inexigibilidade na manutenção do arrendamento.

Quando se alude à "resolução por comunicação", poderia pensar-se que bastaria a existência da mera declaração resolutiva (sem que se esperasse pelo decurso do segundo prazo de 3 meses). Não é assim. O que se exige é o documento comprovativo da resolução. É isso que apenas está em causa.

Desta sorte, é preciso que esta comunicação tenha sido efectuada, nos moldes supra definidos, que se faça a prova da sua realização e que tenha decorrido, sem sucesso, o segundo prazo trimestral, que provocou a cessação do contrato.

2.2. Pressupostos formais

2.2.1. *Existência de contrato de arrendamento*

2.2.1.1. O contrato escrito de arrendamento

De acordo com a letra da lei, exige-se ainda, para a constituição do título executivo extrajudicial, "o contrato de arrendamento".

---

[179] Outra hipótese prevista no art. 1084.°, n.° 1 CC (e, portanto, na primeira parte do art. 15.°, n.° 1, al. e) NRAU) é a da mora superior a três meses no pagamento de encargos ou de despesas.

Outra das situações contempladas é a oposição pelo arrendatário à realização de obra ordenada por autoridade pública (que também se inclui no art. 1084.°, n.° 1 CC, e, portanto, no art. 15.°, n.° 1, al. e) NRAU). No entanto, aqui a constituição de título executivo extrajudicial pressupõe a junção do documento comprovativo, emitido pela autoridade competente, da oposição [do arrendatário] à realização da obra.

O que está aqui em causa é, a nosso ver, o contrato de arrendamento sujeito a forma específica: ou o escrito particular ou a escritura pública.

Um contrato verbal, quando admitido à luz da nova disciplina (art. 1069.º CC, NRAU), não pode, naturalmente, utilizar-se para este efeito.

2.2.1.2. O recibo de renda

Pode, no entanto, discutir-se se – no quadro da lei antiga, em que se permitia a convalidação de um contrato nulo por falta de forma, nos termos do art. 7.º, n.º 2 RAU (ou anteriormente à luz do art. 1088.º CC[180]), através da exibição do recibo de renda –, este recibo pode permitir suprir, para este efeito (a constituição de título executivo extrajudicial), a falta do contrato escrito de arrendamento.

De todo o modo, assinale-se que havia diferenças entre os dois antigos preceitos.

Olinda Garcia responde afirmativamente, no pressuposto de que com tal recibo se possa "comprovar a legitimidade das partes e a identidade do concreto imóvel que deva ser objecto de entrega judicial"[181]. Justifica-o com base nos seguintes argumentos:

– a inexistência de restrições quanto ao sujeito que pode fazer valer a existência de recibo de renda (que pode ser o arrendatário, o senhorio ou até um terceiro);
– na conjugação com o art. 15.º, n.º 1 NRAU, ou seja, a faceta probatória do documento.

Assim não o entendemos.

---

[180] Ver infra, neste número, o conteúdo deste normativo.

[181] O Ac. Rel Lisboa, de 28.5.2009 (NETO NEVES), www.dgsi.pt, rejeita tal pressuposto, e assim a possibilidade de utilizar o recibo de renda como meio de suprir o contrato escrito, observando que "não cremos que tal argumento seja decisivo, em primeiro lugar porque não é consensual tal entendimento, que esbarra com a tipicidade dos títulos executivos, à luz do mesmo artigo 15.º, em consonância aliás com a regra geral do artigo 46.º do Código de Processo Civil, e, por outro lado, porque nem mesmo o recibo poderá estar ao alcance da parte, e no entanto, visto o documento escrito (recibo) constituir uma mera formalidade *ad probationem*, não se pode deixar de ter em consideração a possibilidade de, por meio de prova de valor equivalente (artigo 364.º, n.º 2 do Código Civil) – a confissão, designadamente a do artigo 484.º do Código de Processo Civil – se alcançar prova do contrato. Neste caso, a equiparação propugnada pela Autora citada não poderia nunca operar e, todavia, a lei substantiva não deixa de admitir que, por confissão, se obtenha a necessária prova do contrato em acção declarativa".

Em primeiro lugar, advirta-se para a dificuldade extrema de o senhorio conseguir fazer a demonstração em causa, já que na larga maioria das situações não dispõe de recibo de renda[182].

Em segundo lugar, assinale-se que até à data da entrada em vigor do RAU, o art. 1088.º CC determinava: "se o arrendamento for válido independentemente de título escrito e este não existir, o arrendatário só pode provar o contrato desde que exiba recibo de renda". Ora, só a este cabia (e não ao senhorio) a faculdade de demonstrar a existência do contrato. Portanto, até ao RAU e por força do art. 6.º do diploma preambular, como observa Pais de Sousa, "os ditos contratos celebrados anteriormente sem observarem a forma devida, continuam nas mãos dos arrendatários, que podem invalidá-los ou fazê-los valer de acordo com os seus interesses"[183].

Acresce que, a admitir-se a possibilidade de tal demonstração, sempre se teria que fazer a prova de que a causa da nulidade do contrato não seria imputável ao senhorio, sob pena de este, ao pretender beneficiar de tal recibo de renda para efeito de constituição de título executivo extrajudicial, estar agir em abuso do direito[184].

2.2.1.3. O contrato de arrendamento qualificado por decisão transitada em julgado

Foi discutido no Ac. Rel. Lisboa, de 5.11.2009, se a decisão – a Sentença de 4 de Abril de 2008 –, transitada em julgado, que declarou que as partes (autora e réu, agora exequente e executado) se *"encontram entre si vinculadas por um contrato de arrendamento para comércio"*, pode servir de base à execução, à luz do art. 15.º, n.º 1, al. e) NRAU[185].

---

[182] À luz do RAU, PAIS DE SOUSA afirmava até o inverso, quando questionava: "poderá o senhorio provar o arrendamento por qualquer meio, uma vez que não dispõe de recibo de renda?" (Anotações ao Regime do Arrendamento Urbano (RAU), 4.ª Ed., Lisboa, 1996, p. 75).

[183] PAIS DE SOUSA, Anotações ao Regime do Arrendamento Urbano (RAU), 4.ª Ed., Lisboa, 1996, pp. 74 e 75.

[184] Partilhamos, deste modo, a posição seguida no relatado Ac. Rel. Lisboa, 28.5.2009 (NETO NEVES), www.dgsi.pt (o senhorio, como título executivo, "juntou a notificação judicial avulsa, acompanhada da sentença que declarou a existência de um contrato de arrendamento").

[185] Ac. Rel. Lisboa, de 5.11.2009 (ILÍDIO SACARRÃO MARTINS), www.dgsi.pt (o circunstancialismo era o seguinte: numa acção declarativa, foi alegada a celebração, em 1985,

Entendeu o tribunal que "a letra da lei permite uma interpretação de modo a que, onde o legislador exige o contrato de arrendamento, se possa entender que se trata da prova do contrato de arrendamento, como tal qualificado e declarado por sentença transitada em julgado. Tendo presente o necessário equilíbrio entre celeridade e segurança na definição de título executivo a que acima nos referimos, o legislador entendeu que, para a situação a que se reporta a al. f), os dois documentos nela referidos têm força executiva, podendo com isso significar que admite a prova do contrato de arrendamento por sentença que o qualificou e declarou como contrato de arrendamento comercial"[186].

Partilhamos a opinião emitida, justificando-o com um argumento de segurança jurídica e ainda com um argumento de maioria de razão: a decisão judicial que considera existir um contrato de arrendamento garante de forma fidedigna a existência de um contrato[187].

"de um contrato verbal com vista à exploração do denominado restaurante – bar, bem como o self-service...", mas "a autora entendia que se tratava de um contrato de cessão de exploração de estabelecimento comercial e o réu defendia a existência de um contrato de arrendamento de natureza comercial, embora não reduzido a escrito").

[186] Ac. Rel. Lisboa, de 5.11.2009 (ILÍDIO SACARRÃO MARTINS), www.dgsi.pt.

[187] Quanto à questão de saber se a execução pode basear-se "na decisão proferida pelo Centro de Arbitragens Voluntárias da Propriedade e Inquilinato que declarou resolvido o contrato de arrendamento, com base na falta de pagamento de rendas e condenou o executado à entrega da fracção objecto do contrato, com base em Convenção de Arbitragem constante do contrato de arrendamento, ao abrigo do disposto no artigo 48.°, n.° 2, do CPC", veja-se o Ac. Rel. Porto, de 10.12.2009 (RUI VOUGA), www.dgsi.pt (ora, como expressa a decisão de 1.ª instância "tendo os exequentes dado à execução decisão proferida por tribunal arbitral, fica desde logo afastada a aplicação do artigo 15.°, n.° 1, al. e), do NRAU..."; de todo o modo, adiantou que "se é certo que a lei admite que as partes celebrem convenção mediante a qual atribuam competência a tribunal arbitral para dirimir litígios que as contraponham no âmbito de um determinado acordo, tal possibilidade está circunscrita ao âmbito dos direitos disponíveis. A resolução de contrato de arrendamento, fundada na violação de deveres por parte do locatário, não integra o leque de direitos disponíveis que as partes podem subtrair à apreciação e decisão do tribunal, mediante convenção arbitral, uma vez que o artigo 63.°, n.° 2, do RAU [mas já não o NRAU, afirmámos nós] veda, expressamente, tal possibilidade" – neste sentido, à luz do RAU, o Ac. Rel. Lisboa, de 05.06.2007, in www.dgsi.pt). O Tribunal da Relação do Porto sustentou, porém, que "a cláusula compromissória contida no contrato de arrendamento celebrado entre os aqui Exequentes/Apelantes (como senhorios) e o Executado C (como arrendatário) não padece duma evidente e manifesta nulidade – como, erroneamente, se entendeu, na decisão ora sob censura. A esta luz, o despacho recorrido não pode subsistir, impondo-

Cremos que a situação pode até tornar-se recorrente, dado que muitas vezes existe um contrato-promessa de arrendamento que foi qualificado pelo tribunal como contrato de arrendamento[188].

2.2.1.4. Consequências da falta de contrato de arrendamento escrito na acção executiva

A falta de contrato de arrendamento escrito (ou de decisão que o qualifique como tal) impede o recurso à acção executiva para entrega de coisa certa.

A consequência no próprio processo executivo é a do indeferimento liminar do requerimento executivo, por "manifesta falta... do título" (art. 812.º-E CPC)[189].

Foi esta de resto a orientação seguida no Ac. Rel. Porto, de 7.5.2009, onde se afirmou que "os próprios exequentes [senhorios] alegaram no requerimento executivo inicial, não existe contrato escrito já que o arrendamento em apreço foi verbalmente celebrado há mais de 40 anos. Refira-se que tal facto não foi de nenhum modo impugnado pela executada, designadamente no âmbito desta oposição à execução. Sendo assim e na falta de contrato escrito, estava vedado aos exequentes o recurso à via executiva, nos termos dos dispositivos legais, antes melhor aludidos. E a tal não obsta a circunstância desta questão não ter sido suscitada pelas partes no âmbito deste recurso, já que por força do preceituado no artigo 820.º, n.º1 do CPC, esta é daquelas onde o conhecimento oficioso se impõe"[190].

-se a sua revogação, em ordem à sua substituição por outro que admita liminarmente o requerimento executivo da presente execução para entrega de coisa certa, por isso que a decisão arbitral na qual se funda a execução constitui título executivo, nos termos do art. 48.º-2 do CPC".

[188] Ver, entre outros, o Ac. Rel. Lisboa, de 6.11.2008 (GRANJA DA FONSECA), www.dgsi.pt, o Ac. Rel. Porto, de 9.11.2006 (ATAÍDE DAS NEVES), www.dgsi.pt, o Ac. STJ, de 11.7.2006 (DUARTE SOARES), www.dgsi.pt, Ac. Rel. Porto, de 7.7.2005 (ALBERTO SOBRINHO), www.dgsi.pt, o Ac. Rel. Porto, de 6.1.2005 (GONÇALO SILVANO), www.dgsi.pt.

[189] Destaque-se que o agente de execução que receba o processo deve analisá-lo e remetê-lo electronicamente ao juiz para despacho liminar nos seguintes casos: d) nas execuções fundadas em título executivo, nos termos da Lei n.º 6/2006, de 27 de Fevereiro".

Assinale-se ainda que a inexistência do documento não necessita de ser sequer invocada pelas partes, pois é do conhecimento oficioso.

[190] Ac. Rel. Porto, de 7.5.2009 (CARLOS PORTELA), www.dgsi.pt.

2.2.2. Comprovativo da comunicação por falta de pagamento de renda

É necessário ainda o comprovativo da comunicação resolutiva por falta de pagamento da renda, nos termos atrás descritos.

Cabe salientar que, em muitos casos, pode não ser possível a sua efectivação, por exemplo, em razão da ausência do arrendatário[191].

Ora, impõe-se saber qual o valor da certidão negativa da notificação avulsa.

Vejamos o circunstancialismo inerente ao Ac. Rel. Lisboa, de 12.3.2009:

- "a resolução foi declarada mediante notificação avulsa, realizada com respeito pelo formalismo imposto pelo art. 9.º, n.º 7, do NRAU";
- não foi possível a notificação, tendo sido lavrada certidão negativa, com a informação dos vizinhos de que é desconhecido o arrendatário no local, em 19 de Junho de 2008";
- "foi remetida carta registada com AR, pelo exequente em 3.7.2008, que foi devolvida com a indicação *não reclamada*".

Foram invocadas duas decisões que, no passado, decidiram nesse sentido quanto à notificação avulsa não conseguida[192].

---

[191] Ac. Rel. Guimarães, de 29.11.2007 (CONCEIÇÃO BUCHO), www.dgsi.pt ("é que a notificação extrajudicial pode não conduzir a qualquer resultado prático, nem ser possível efectuá-la, como parece ser o caso dos autos, uma vez que é desconhecido o paradeiro dos primeiros réus, que, aliás, ainda não foram citados para a acção, por se ter frustrado a citação pessoal").

[192] Foram citados os seguintes arestos:
– o Ac. STJ, 5.12.1995 (FERNANDO FABIÃO), BMJ, 452, p. 405 que expressou "a notificação judicial avulsa não foi oportunamente recebida por culpa do destinatário que se furtou a recebê-la e se recusou a inteirar-se do seu conteúdo e a assinala, impedindo, assim, o oficial judicial de efectuar a notificação com todas as formalidades essenciais, deve considerar-se eficaz";
– o Ac. da Relação de Lisboa, de 1.10.2002 (PEREIRA DA SILVA), CJ, 2002, IV, p. 82, no quadro da denúncia do contrato de arrendamento (art. 100.º, n.ºs 1 e 2 RAU), observou que "se essa notificação se frustrou por motivo imputável exclusivamente ao arrendatário que se ausentou para o estrangeiro há mais de um ano, sendo possível que não regresse nem por isso o senhorio deixa de dispor de título executivo para o despejo. A lei não obriga a que a comunicação seja feita por notificação judicial avulsa, pretende apenas ter a certeza de que ela foi feita".

No aresto admitia-se, todavia, a eficácia da notificação avulsa não efectuada, desde que tivessem sido seguidos os requisitos definidos no art. 10.º, n.ºs 2 e 3 NRAU, ou seja, a remessa pelo senhorio de "nova carta registada com aviso de recepção decorridos que sejam 30 a 60 dias sobre a data do envio da primeira carta".

No entanto, como, *in casu*, essa comunicação não respeitou as formalidades legais, concluiu-se, "perante a insuficiência do título apresentado, pelo indeferi[mento] liminar do requerimento executivo".

Suscita-nos muitas dúvidas que o art. 10.º, n.º 3 NRAU possa ser aplicado ao caso concreto: o modelo "notificação avulsa (ou contacto pessoal) + carta registada" não parece resultar da lei.

Note-se que o art. 10.º, n.º 3 NRAU, para efeito de ficcionar a recepção[193], refere-se a uma "nova carta registada..." e ao decurso de um prazo "sobre a data do envio da primeira carta". Portanto, sempre alude ao modelo "carta registada + carta registada".

Quando muito exigir-se-ia "notificação avulsa (ou contacto pessoal) + notificação avulsa (ou contacto pessoal)", sob pena de larga insegurança jurídica, que de resto se visa garantir com o n.º 7 do art. 9.º do NRAU.

De todo o modo, o número citado não se pode descurar, já que impõe a notificação "com entrega de duplicado da comunicação e dos documentos que a acompanhem, devendo o notificando assinar o original". Só a recusa da subscrição pelo arrendatário pode ser equiparada, a nosso ver, à situação equacionada pelo tribunal.

Refira-se, no entanto, que não fica clara a parte final do art. 10.º, n.º 2 NRAU quando conjugada com a primeira parte do art. 10.º, n.º 3 do mesmo diploma (quando se refere "[à]s situações previstas no número anterior").

Cremos que o n.º 2 quis fazer menção a dois casos em que não se aplicava o regime específico e gravoso para o arrendatário do n.º 1. Mas o n.º 3 apenas remete para as hipóteses – e só essas – em que estão envolvidas cartas para actualização da renda.

---

[193] Dispõe o art. 10.º, n.º 4 NRAU o seguinte: "se a nova carta voltar a ser devolvida, nos termos da al. a) do n.º 1, considera-se a comunicação recebida no 10.º dia posterior ao do seu envio".

2.2.3. Eventual relevo de outros documentos

Registe-se que pode ser necessária a junção de outros documentos.
Na hipótese de transmissão do imóvel, deve ser junto o documento que titula essa transmissão (*v.g.*, o contrato de compra e venda).

Perante a transferência da posição arrendatícia, deve ser apresentado o documento que titula a transmissão do contrato de arrendamento (*v.g.*, trespasse, transmissão do estabelecimento por via da fusão ou da cisão de sociedades).

3. Do momento da instauração da acção executiva para entrega de imóvel arrendado

3.1. *Nos três meses em que se permite ao arrendatário sanar a mora*

Suscita-se a questão de saber se no prazo de três meses subsequente à comunicação resolutiva – durante o qual o arrendatário pode ainda sanar a mora (ou, dito de outro modo, fazer caducar o direito de resolução) – se o senhorio, exequente, pode ser bem sucedido se instaurar a acção executiva para entrega do imóvel.

Pinto Furtado responde afirmativamente, considerando, portanto, que o locador "não tem de esperar que decorra o trimestre e se chegue ao último dia do seu derradeiro mês, mas pode ser feita imediatamente [após a comunicação]"[194]. Justifica-o com vários argumentos, a saber:

– no art. 1048.º, n.º 1 CC, quando "declara que se pode sanar a mora até ao termo do prazo para a oposição à execução";
– na aproximação do art. 1048.º, n.º 1 CC aos novos art. 1081.º e 1087.º CC, afirmando que este não está "propriamente a definir quando se torna exigível a obrigação de entrega de coisa certa, mas o momento exacto em que esta entrega deverá ser materialmente efectivada"[195-196].

---

[194] Manual de Arrendamento Urbano, Vol. II, 4.ª Ed., Coimbra, 2008, p. 1028.
[195] Manual de Arrendamento Urbano, cit., pp. 1028 e 1029.
[196] Parecendo adoptar esta construção, o Ac. Rel. Porto, de 7.5.2009 (CARLOS PORTELA), www,dgsi.pt ("tudo aponta pois, no sentido de se considerar não ser exigível ao senhorio, aguardar pelo prazo de três meses, contados a partir da comunicação a que alude o n.º 1 do artigo 1084.º do CC, para que lhe seja possível recorrer à via executiva").

Outros autores entendem diversamente. Assim, David Magalhães considera que o arrendamento se "extingue nos três meses seguintes à comunicação", havendo lugar "à dilação do art. 1087.°, no final do qual o imóvel deve ser restituído"; caso não seja, "ao senhorio resta recorrer à acção executiva para entrega de imóvel arrendado...", à luz do art. 15.°, n.° 1, al. e) NRAU[197].

Partilhamos esta orientação. Cremos que só após o decurso do prazo previsto no art. 1087.° CC, NRAU, se mostra possível a instauração da acção executiva.

Reforcemos a argumentação.

Por um lado, o art. 15.°, n.° 1, proémio NRAU, é bem claro. O recurso à acção executiva pressupõe a não desocupação do locado na data devida (por lei ou por convenção das partes). A propositura da acção em período prévio a tal momento significa que há inobservância no tocante a um dos requisitos legais.

Significa, por outro lado, que a acção executiva é proposta num período em que a resolução não é ainda efectiva, estando meramente condicionada *ex lege* ao não pagamento das rendas em atraso e da correspondente indemnização. Esta ultrapassagem do direito adjectivo sobre o direito substantivo não nos parece curial. Aliás, não está preenchido outro dos pressupostos: a resolução do contrato.

Se se trata de um problema de celeridade na entrega do locado, não nos podemos esquecer que foi o próprio legislador que parece não o ter verdadeiramente querido quando fixou vários períodos de graça, em benefício do inquilino.

Acresce que, supondo a instauração de uma acção de despejo com fundamento na falta de pagamento de renda e sabendo nós que o arrendatário pode purgar a mora até ao termo do prazo da contestação, dificilmente se imagina que se instaure a competente acção executiva antes de findo esse prazo ou mesmo depois, sem que haja uma decisão transitada em julgado.

Finalmente, supondo que é feita a citação do executado (o arrendatário), no prazo de três meses (após a comunicação resolutiva extrajudicial), e que, dentro desse mesmo período, correu já o prazo para o inquilino se opor à execução (20 dias), estaríamos perante uma hipótese deveras singular: o prazo para o locatário sanar a mora, na sequência da comunicação

---

[197] A resolução do contrato de arrendamento urbano, cit., pp. 213 e 214.

resolutiva extrajudicial, ainda não decorreu (e, relembre-se, é imperativo), mas já se esgotou o prazo para esse mesmo arrendatário fazer caducar o (mesmo) direito de resolução em face do período de que dispõe para se opor à execução[198-199].

3.2. *No período prévio à desocupação do locado*

Pode ainda debater-se a questão da propositura da acção executiva no período posterior ao prazo de três meses (que decorreu já sem sucesso), mas antes de ser devida a desocupação do locado (e, portanto, num prazo curto sempre menor que um mês).

Alguns dos argumentos acima apresentados servem para justificar igualmente a rejeição desta via. Consideramos, por outro lado, que a escassez desse prazo (sempre inferior a 30 dias) não permite, coerentemente, outra conclusão.

4. **Da possibilidade de o arrendatário pôr *fim à mora* no prazo para a oposição à execução**

Como é sabido, na resolução por comunicação, o senhorio só pode reagir, em face da falta de pagamento da renda, 3 meses volvidos após a

---

[198] Aliás, parecem ter sido mesmo esses os factos subjacentes à decisão da Rel. Porto, de 7.5.2009 ("mas esta só operaria se aguardados 3 meses subsequentes à notificação, os executados não pusessem fim à mora, pelo que, efectuada a notificação em 27.9, e intentada a execução em 2.11., a mesma é intempestiva e não tem fundamento, já que além do mais, a executada irá por fim à situação de mora em que se encontra. Recebida a oposição e notificados os exequentes, para querendo, contestarem a mesma, vieram estes confirmar que em 20.12 haviam recebido um cheque para pagamento das rendas em divida, no montante de € 7.096,24, que devolveu aos executados por o considerar intempestivo e insuficiente para liquidação integral dessas rendas").

[199] Neste sentido, a decisão de 1.ª instância relatada no Ac. Rel. Porto, de 7.5.2009 (CARLOS PORTELA), www.dgsi.pt ("na sentença recorrida, a Senhora Juiz defendeu a ideia de que no caso dos autos, os exequentes para além de não terem esperado pelos 3 meses a que alude o n.º 3 do 1084.º do CC, prazo durante o qual a execução poderia ficar sem efeito, recusaram ainda, a prestação que lhe foi oferecida pelo devedor, no montante de € 7.026,54, suficiente para por fim à mora, e ainda oferecido dentro do prazo de 3 meses, contados desde a notificação da resolução do contrato – 20.9.2008").

mora de, pelo menos, uma renda. O arrendatário, depois de notificado, dispõe de um novo período de 3 meses para sanar a mora.

Ora, tem-se questionado se, já em face da acção executiva e em sede de oposição à execução, o arrendatário pode ainda fazer purgar a mora até "ao termo do prazo... para a oposição à execução".

Cunha de Sá e Leonor Coutinho observam que, tendo tido o locatário nos três meses seguintes ao primeiro período de três meses, "não poderá lançar mão do expediente que lhe é facultado pelos artigos 1048.º, n.º 1 e 1048.º, n.º 3, do Código Civil"[200].

Em sentido oposto, Laurinda Gemas, Albertina Pedroso e Caldeira Jorge, em sede de comentário ao art. 1048.º, n.º 1 CC, entendem que se mostra possível tal via, em razão de o arrendatário se aperceber somente da gravidade da situação quando é confrontado com a acção judicial (aqui executiva) e ainda em virtude de o senhorio ser muito tolerante, na maior parte dos casos em relação ao atraso do inquilino[201].

Já nos pronunciámos em sentido diverso, observando que "em sede de oposição à execução, ao inquilino não é permitido socorrer-se do regime favorável que *desperdiçou* anteriormente. Queremos com isto afirmar que até ao termo do prazo que tem para *contestar* não pode, pagando as rendas em atraso e a indemnização correspondente, fazer caducar o *direito de resolução*. Embora literalmente a lei o admita, no art. 1048.º, n.º 1 CC, NRAU, ao arrendatário não é legítimo beneficiar duas vezes da mesma prerrogativa, até porque a finalidade da lei vigente é a de agilizar e de tornar célere este mecanismo. Seria uma incoerência legal absolutamente inadmissível se tal fosse viável"[202].

A nossa posição foi seguida por David Magalhães, que afirmou ainda que "constituiria uma duplicação de benefícios poder pôr termo ao direito de resolução nos termos do art. 1084.º, n.º 3 e consagrar essa hipótese, de novo, no âmbito da acção executiva para entrega de imóvel arrendado". Acrescenta ainda o autor que "toda a lógica subjacente à consagração da resolução extrajudicial sairia prejudicada: tendo o legislador estabelecido, nessa sede, um mecanismo próprio para obstar à resolução... faria pouco sentido que depois de o contrato estar extinto...

---

[200] Arrendamento Urbano, 2.ª Ed., Almedina, 2006, p. 48.
[201] Arrendamento Urbano, 3.ª Ed., Lisboa, 2009, pp. 232 ss.
[202] Novo Regime do Arrendamento Comercial, 2.ª Ed., cit., pp. 218 e 219.

se permitisse a sua *ressureição*", para além de que "não se vê justificação para que quem é confrontado com uma resolução extrajudicial seja tratado de maneira tão flagrantemente favorável a quem é demandado na acção de despejo"[203].

Esta é, a nosso ver, a solução mais adequada em face dos interesses em jogo e da dinâmica imprimida pelo legislador.

Quanto ao primeiro aspecto invocado, o senhorio veria todo o percurso seguido e gravoso do seu ponto de vista, tantos são os ónus e as delongas impostas, esbater-se. O arrendatário, por seu turno, veria premiado o incumprimento duradouro a que se vetou, para obter a vantagem a final.

Quanto ao espaço de aplicabilidade do art. 1048.º, n.º 1 CC especificamente em sede oposição à execução, há que o encontrar – caso exista – num outro lugar[204].

Acresce que qualquer dos formalismos a utilizar no quadro do art. 9.º, n.º 7 NRAU não permite retirar a conclusão de que o inquilino – mesmo o pouco atento – se abstrai da gravidade do problema existente[205].

Por outro lado, a tolerância do senhorio apenas diz respeito ao facto de o sistema não ser ágil e célere (para além de as rendas antigas serem muito baixas, em regra) e, portanto, este pesa, muitas vezes, os encargos que irá ter com a acção e o valor que pode receber se o arrendatário fizer precludir o direito de resolução.

Refira-se, a final, que tal possibilidade, atribuída ao arrendatário, sempre constituiria abuso do direito de fazer caducar o direito de resolução, na modalidade de *venire contra factum proprium*.

---

[203] A resolução do contrato de arrendamento urbano, cit., pp. 214 e 215

[204] Por exemplo, defende DAVID MAGALHÃES que a possibilidade de pagar as rendas em atraso e a indemnização até ao termo do prazo para a "oposição à execução" se reporta "à baseada em título executivo de natureza judicial, constituído pela sentença proferida em sede de acção de despejo na qual o arrendatário não tenha usado a faculdade conferida pelo art. 1048.º, n.º 1" (A resolução do contrato de arrendamento urbano, cit., p. 215).

[205] Cfr. DAVID MAGALHÃES, A resolução do contrato de arrendamento urbano, p. 217, nota 814.

5. Do requerimento executivo à oposição à execução

5.1. *Requerimento executivo; indeferimento liminar*

A acção executiva inicia-se com o requerimento executivo, dirigido ao tribunal de execução, à luz dos arts. 810.° ss. e dos arts. 928.° ss., especialmente os arts. 930.°-A ss. CPC.

Nalguns casos, o agente de execução que recebeu o processo deve analisá-lo e remetê-lo para o juiz para despacho liminar.

Uma dessas hipóteses é a de "execuções fundadas em título executivo, nos termos do [NRAU]" – art. 812.°-D, al. d) CPC.

Ora, o juiz pode indeferir liminarmente o requerimento executivo nas situações previstas no art. 812.°-E CPC[206].

5.2. *Citação do arrendatário/executado*

À acção executiva para entrega de imóvel arrendado aplica-se o art. 928.° CPC *ex vi* art. 930.°-A CPC, pelo que "... o executado é citado para, no prazo de 20 dias, fazer a entrega ou opor-se à execução".

5.3. *Oposição à execução*

Citado o arrendatário, dispõe de um leque amplo de fundamentos a utilizar.

Para além dos motivos apostos nos arts. 814.° a 816 CPC[207], pode ainda opor-se à execução com base "em benfeitorias a que tenha direito"[208] (art. 929.° CPC).

---

[206] Ver o Ac. Rel. Lisboa, de 12.3.2009 (CATARINA ARÊLO MANSO), www.dgsi.pt ("a falta de elementos constitutivos do título leva ao indeferimento liminar do requerimento executivo"), e o Ac. Rel. Lisboa, de 15.5.2008 (GRANJA DA FONSECA), www.dgsi.pt ("tratando-se, como se trata, de título executivo complexo, faltando algum dos elementos não há título, pelo que tal falta conduz necessariamente ao indeferimento liminar do requerimento executivo").

[207] Cfr. Ac. Rel. Lisboa, de 14.5.2009 (MARIA JOSÉ MOURO), www.dgsi.pt ("tendo a execução por fundamento algum dos títulos referidos no art. 15.° do NRAU a lei admite como *fundamentos de oposição à execução*, além dos referidos no art. 814.° do CPC,

5.4. *Oposição à execução (cont.): os caminhos possíveis*

5.4.1. *Casos de indeferimento liminar da oposição à execução*

Prevêem-se, no art. 817.º CPC, três hipóteses em que a oposição à execução é indeferida liminarmente, a saber:

– a dedução fora de prazo;
– no caso de o fundamento não se ajustar ao disposto nos arts. 814.º a 816.º; e
– quando é manifestamente improcedente.

5.4.2. *Casos de suspensão da execução*

A suspensão da execução ocorre nas seguintes hipóteses:

– "se for recebida a oposição à execução, deduzida numa execução que se funde em título executivo extrajudicial";
– "se o executado requerer o diferimento da desocupação do local arrendado para habitação, motivada pela cessação do respectivo contrato, nos termos do art. 930.º-C".

5.4.3. *Em especial, a execução fundada em resolução por comunicação*

Atenta a amplitude dos fundamentos invocáveis pelo arrendatário, o recebimento da oposição à execução – que a suspende automaticamente – é, como salienta Olinda Garcia, "o principal meio de defesa do arrendatário executado. Por essa via, averiguar-se-á, então, se ao senhorio assistia

---

a invocação de quaisquer outros possíveis de alegar como defesa no processo de declaração – o arrendatário tem, assim, a possibilidade de apresentar, na oposição, *todos os meios de defesa que, quer por excepção, quer por impugnação seriam susceptíveis de apresentar para rejeitar a pretensão do senhorio*").

[208] Ver o Ac. Rel. Lisboa, de 17.12.2008 (Manuel Gonçalves), www.dgsi.pt ("a vontade declarada no contrato é diferente do que efectivamente constava da referida fracção e da garagem, nulidade que se invoca. Com autorização do senhorio, efectuou obras profundas, que implicaram uma recuperação total da fracção e da garagem, em que gastou uma quantia superior a € 25.000,00. Nos termos do art. 929.º, n.º 1 CPC, tem fundamento para a oposição e tem direito de retenção").

o direito de extinguir o contrato ou de exigir a entrega do imóvel, bem como a regularidade do concreto modo de exercício desse direito"[209].

Para perceber melhor esta temática, releve-se a factualidade existente e discutida nalguns arestos:

– "o fundamento que o oponente continua a sustentar no presente recurso é o derivado de o contrato celebrado entre as partes não ser, apenas, um contrato de arrendamento, tratando-se antes de um *contrato de arrendamento com promessa de compra e venda*, persistindo, para além das relações entre senhorio e inquilino, as obrigações entre promitente-vendedor e promitente-comprador"; assim, "tratando-se de um contrato de arrendamento, são obviamente aplicáveis ao caso dos autos as regras previstas no NRAU e no Código Civil para a resolução do contrato e recuperação do imóvel pelo senhorio com fundamento na falta de pagamento de rendas"[210].

– "estamos perante execução fundada em título extrajudicial; à referida execução foi deduzida oposição, que foi recebida; não cabe nesta fase apreciar a procedência ou não da oposição deduzida, que será objecto de decisão na acção própria; nestes casos, a lei dispõe que a execução se suspende"[211].

---

[209] OLINDA GARCIA, A Acção Executiva para Entrega de Imóvel Arrendado, 2.ª Ed., Coimbra, 2008, pp. 84 e 85.
[210] Ac. Rel. Lisboa, de 14.5.2009 (MARIA JOSÉ MOURO), www.dgsi.pt.
[211] Ac. Rel. Lisboa, de 17.12.2008 (MANUEL GONÇALVES), www.dgsi.pt.

CAPÍTULO IV
Resolução judicial

SECÇÃO I
Admissibilidade da acção de despejo

§ 1. Introdução. § 2. O debate jurisprudencial e a discussão doutrinária: as posições existentes. 1. Rejeição liminar da acção de despejo. 2. Admissibilidade da acção de despejo. 3. Admissibilidade temporalmente limitada da acção de despejo. 4. A resolução por comunicação como regra que admite excepções. 5. Posição adoptada: admissibilidade da acção de despejo a todo o tempo. 5.1. Argumentos a favor da admissibilidade da acção (declarativa) de despejo e em alternativa à via extrajudicial. 5.2. Argumentos a favor da admissibilidade da acção (declarativa) de despejo a todo o tempo.

§ 1. Introdução

O regime do não cumprimento da obrigação de pagamento da renda foi objecto de alterações, em razão de a disciplina até então vigente se encontrar desadequada à realidade.

Com efeito, na exposição de motivos da proposta de Lei do Arrendamento Urbano, assinala-se que "quanto às acções de despejo, no ano de 2003, a duração média das acções declarativas foi de 17 meses, e das acções executivas de 24 meses. Assim, prevêem-se alterações à execução para entrega de coisa certa, tendo em vista esclarecer questões levantadas durante 15 anos de vigência do RAU..."[212].

---

[212] "Proposta de Lei do Arrendamento Urbano", O Direito, 2005, II, p. 239.

Na sequência de tais modificações, tem sido muito debatida a admissibilidade da acção de despejo por falta de pagamento da renda.

§ 2. O debate jurisprudencial e a discussão doutrinária: as posições existentes

Vários acórdãos dos tribunais superiores – desde finais de 2007 – analisaram a temática, havendo uma orientação largamente dominante.

A doutrina, ao invés, não se tem pronunciado de modo tão uniforme, havendo várias posições a destacar.

1. Rejeição liminar da acção de despejo

Algumas decisões rejeitam a possibilidade de recurso, pelo senhorio, ao mecanismo tradicional e exclusivo do passado: a acção de despejo. Cabe identificá-los:

– Ac. Rel. Lisboa, de 8.11.2007 (alude-se à atribuição de "carácter imperativo do regime de cessação do contrato de arrendamento urbano", e, desta sorte, "à utilização obrigatória do meio constante do número 1 do artigo 1084.º do Código Civil, ou seja, da comunicação escrita, fundamentada e extrajudicial de tal resolução, estando-lhe vedada, nessa medida e em termos absolutos, a via judicial")[213].
– Ac. Rel. Coimbra, de 15.4.2008 (observa-se que, "embora sem certezas, afigura-se-nos que existe uma imposição legal quanto ao recurso à via extrajudicial, por via de simples comunicação à contraparte, para que o senhorio possa despejar o inquilino nos casos supra citados, estando-lhe vedado o recurso à via judicial – arts. 14.º, n.º 1, do NRAU e 1084.º, n.º 1, do C. Civ.")[214];
– Ac. Rel. Lisboa, de 14.5.2009, (parece posicionar-se neste sentido, ao afirmar que "no âmbito do Novo Regime do Arrendamento

---

[213] Ac. Rel. Lisboa, de 8.11.2007 (José Eduardo Sapateiro), www.dgsi.pt.
[214] Ac. Rel. Coimbra, de 15.4.2008 (Isaías Pádua), www.dgsi.pt.

Urbano a acção de despejo é dispensada quando a lei admite a cessação do vínculo pelo senhorio mediante comunicação à outra parte o que, designadamente, ocorrerá no caso de resolução pelo senhorio fundada na falta de pagamento de rendas. Nesta situação, o senhorio deverá recorrer, antes, à execução para entrega de coisa certa, a que se referem o art. 15.° do NRAU e os arts. 930.°-A e seguintes do CPC")[215].
– o Ac. Rel. Porto, de 27.10.2009, especifica que "caso o senhorio pretenda o despejo relativamente a outras rendas anteriores à pendência da acção, e às quais se aplique o regime do NRAU, deve usar da resolução extrajudicial, através da devida comunicação – arts. 1083.°, n.° 3 e 1084.°, n.° 1 C. Civ. e 9.°, n.° 7 Lei n.° 6/2006 de 27 de Fevereiro, assim obtendo título executivo"[216].

Alguma doutrina segue esta orientação.

É o caso de Olinda Garcia ao destacar que "se o locador propõe acção de despejo para obter, por exemplo, a resolução do contrato com base na falta de pagamento de rendas e junta o contrato bem como a notificação ao arrendatário... é manifesto que esta acção de despejo é inviável"[217].

O mesmo caminho é partilhado por Menezes Leitão, para quem "nos casos em que a lei admite a cessação do contrato por comunicação ao arrendatário e permite ao senhorio obter título executivo por essa via, a acção de despejo não é aplicável, não podendo o senhorio a ela recorrer"[218].

De igual modo, Pinto Furtado observa que "se, porém, o meio de que dispõe o senhorio para resolver o contrato, por falta de pagamento de rendas, é unicamente a comunicação seguida da execução para entrega de coisa certa.... a que propósito se menciona no art. 1048.°, n.° 1 CC que se pode também limpar a *mora* até ao termo do prazo para a *contestação da acção declarativa?*"[219].

---

[215] Ac. Rel. Lisboa, de 14.5.2009 (Maria José Mouro), www.dgsi.pt.
[216] Ac. Rel. Porto, de 27.10.2009 (Vieira e Cunha), www.dgsi.pt.
[217] A acção executiva para entrega de imóvel arrendado, cit., p. 27.
[218] Arrendamento Urbano, 3.ª Ed., Coimbra, 2007, p. 164, nota 168.
[219] Manual de arrendamento urbano, Vol. II, 4.ª Ed. Actualizada, Coimbra, 2008, p. 1027.

2. Admissibilidade da acção de despejo

Uma outra posição surge, com largos adeptos: a da admissibilidade da acção de despejo (em alternativa à utilização da via extrajudicial).

Tal construção domina na jurisprudência, com um larguíssimo número de arestos, a saber:

- Ac. Rel. Lisboa, de 23.10.2007 ("a resolução extrajudicial do contrato de arrendamento a que alude o artigo 1084.º do Código Civil com a redacção que resulta da Lei n.º 6/2006, de 27 de Maio (Novo Regime do Arrendamento Urbano) constitui uma faculdade. Pode, assim, o senhorio intentar judicialmente acção de despejo com fundamento na falta de pagamento de renda independentemente da duração da mora")[220];
- Ac. Rel. Guimarães, de 29.11.2007 ("apesar de se prever que a resolução do contrato fundado em mora superior a três meses no pagamento da renda opere extrajudicialmente, continua a ser possível o recurso à acção de despejo, para se obter a resolução judicial do contrato de arrendamento, com esse fundamento")[221];
- Ac. Rel. Porto, de 30.1.2008 ("o senhorio não tem que aguardar por mora superior a três meses no pagamento de uma renda mensal para recorrer à via judicial e ver declarada a resolução do contrato por esse fundamento, em virtude da violação contratual do inquilino. A lei não retira o direito do senhorio recorrer à via judicial, em alternativa à resolução extrajudicial")[222];
- Ac. Rel. Porto, de 26.2.2008 ("continua a ser possível o recurso à acção de despejo para se obter a resolução judicial do contrato com [fundamento no não pagamento da renda], independentemente da duração da mora")[223];
- Ac. Rel. Lisboa, de 25.2.2008 ("a resolução extrajudicial do contrato com base [na falta de pagamento das rendas] encontra-se perspectivada na lei enquanto mera faculdade concedida ao senhorio")[224];

---

[220] Ac. Rel. Lisboa, de 23.10.2007 (ROQUE NOGUEIRA), www.dgsi.pt.
[221] Ac. Rel. Guimarães, de 29.11.2007 (CONCEIÇÃO BUCHO), www.dgsi.pt.
[222] Ac. Rel. Porto, de 30.1.2008 (MADEIRA PINTO), www.dgsi.pt.
[223] Ac. Rel. Porto, de 26.2.2008 (CÂNDIDO LEMOS), www.dgsi.pt.
[224] Ac. Rel. Lisboa, de 25.2.2008 (GRAÇA AMARAL), www.dgsi.pt.

- Ac. Rel. Lisboa, de 11.3.2008 ("em caso de não pagamento de rendas por parte do arrendatário, pode o senhorio operar a resolução por via de acção declarativa, por via de acção de entrega de coisa imóvel arrendada (pelo menos implicitamente), agora disciplinada nos artigos 930.°-A a 930.°-E do CPC, e ainda através de comunicação ao arrendatário, devendo tal comunicação ater-se às exigências legais previstas")[225];
- Ac. Rel. Lisboa, de 13.3.2008 ("o conceito de acção de despejo tem de interpretar-se em sentido amplo, abrangendo não só a figura da acção de despejo *stricto sensu*, a instaurar quando a via judicial é o único modo de obter a cessação – por resolução ou denúncia – da situação jurídica do arrendamento, mas também todas as acções declarativas intentadas pelo senhorio para promover a cessação do contrato quando esta não operou *ipso iure*, como acontece com a caducidade, nem extrajudicialmente")[226];
- Ac. Rel. Lisboa, de 17.4.2008 ("nos termos do NRAU quando a causa de resolução seja a falta de pagamento de rendas com mora por mais de três meses, ao senhorio assiste a faculdade de usar a resolução extrajudicial ou de intentar a respectiva acção")[227];
- Ac. Rel. Guimarães, de 10.7.2008 ("no caso de o senhorio utilizar a acção de despejo, em vez de se socorrer do procedimento extrajudicial, a falta de tal notificação não configura uma excepção dilatória")[228];
- Ac. Rel. Porto, de 19.2.2009 ("a intervenção do legislador, embora infeliz quanto à redacção e inserção sistemática do n.° 3 do art. 1083.° do CC – redacção introduzida pela Lei n.° 6/06, de 27.02, que aprovou o NRAU –, não visou limitar o direito de acção do senhorio, mas apenas facilitar/acelerar a entrega coerciva do arrendado, tornando dispensável, em certas situações, a acção declarativa de despejo")[229];
- Ac. Rel. Lisboa, de 31.3.2009 ("a acção declarativa de condenação por falta de pagamento de rendas [à luz do NRAU], no

---

[225] Ac. Rel. Lisboa, de 11.3.2008 (JOSÉ GABRIEL SILVA), www.dgsi.pt.
[226] Ac. Rel. Lisboa, de 13.3.2008 (FERNANDA ISABEL PEREIRA), www.dgsi.pt.
[227] Ac. Rel. Lisboa, de 17.4.2008 (LÚCIA SOUSA), www.dgsi.pt.
[228] Ac. Rel. Guimarães, de 10.7.2008 (GOMES DA SILVA), www.dgsi.pt.
[229] Ac. Rel. Porto, de 19.2.2009 (AMARAL FERREIRA), www.dgsi.pt.

âmbito de um contrato de arrendamento, continua a constituir um meio a poder ser utilizado pelo senhorio para fazer cessar tal contrato")[230];

- Ac. Rel. Porto, de 20.4.2009 ("conclui-se, deste modo, que a intervenção do legislador na matéria em causa, embora infeliz quanto à redacção e inserção sistemática do n.º 3 do art. 1083.º do CC, não visou limitar o direito de acção do senhorio, mas apenas facilitar/acelerar a entrega coerciva do arrendado, tornando dispensável, em certas situações a acção declarativa de despejo")[231];
- Ac. Rel. Lisboa, de 28.5.2009 (defende-se que "a lei não estabelece a comunicação do artigo 1084.º, n.º 1 do Código Civil e do artigo 9.º, n.º 7 do NRAU como meio único de o senhorio alcançar a resolução do contrato de arrendamento em caso de mora de renda por período superior a 3 meses, sendo de admitir que, facultativamente (e, por vezes, como único meio concretamente possível), possa lançar mão da via judicial (da acção declarativa de despejo")[232];
- Ac. Rel. Lisboa, de 18.6.2009 ("à luz do Novo Regime do Arrendamento Urbano, sendo o senhorio confrontado com a falta de pagamento de rendas do inquilino, por um período superior a três meses, a via da acção de despejo constitui sempre uma opção do senhorio")[233];
- Ac. Rel. Lisboa, de 2.7.2009 (indirectamente, afirma-se a faculdade de instauração de acção de despejo; assim releva-se que "no NRAU deixou de ser obrigatório o recurso à acção de despejo por falta de pagamento das rendas, podendo o senhorio recorrer à resolução extrajudicial através da devida comunicação (art. 1083º n.º 3, 1084.º, n.º 1 do CCivil, e art. 9.º, n.º 7 do NRAU)"[234]);
- Ac. Rel. Coimbra, de 2.2.2010 (parece posicionar-se neste sentido o aresto, assinalando que "encontrando-se o réu em revelia absoluta e fazendo depender [o NRAU] do êxito da comunicação a que aludem os artigos 9.º, n.º 7 e 14.º, n.º 4, então, nenhum sentido faz

---

[230] Ac. Rel. Lisboa, de 31.3.2009 (ANA RESENDE), www.dgsi.pt.
[231] Ac. Rel. Porto, de 20.4.2009 (DEOLINDA VARÃO), www.dgsi.pt.
[232] Ac. Rel. Lisboa, de 28.5.2009 (NETO NEVES), www.dgsi.pt.
[233] Ac. Rel. Lisboa, de 18.6.2009 (ANA LUÍSA GERALDES), www.dgsi.pt.
[234] Ac. Rel. Lisboa, de 2.7.2009 (NÉLSON BORGES CARNEIRO), www.dgsi.pt.

estar a remeter-se o autor/apelante para a resolução do contrato de arrendamento por falta de pagamento de rendas para a via extrajudicial quando são os próprios autos a darem indicação segura que aquela comunicação não mais chegava ao conhecimento do inquilino, por ser desconhecido o seu paradeiro, o que implicaria o recurso, de novo, à via judicial, embora com a prévia informação de ser desconhecido o paradeiro do inquilino o que impossibilitada o recurso à via extrajudicial")[235];
– Ac. Rel. Porto, de 2.3.2010 ("não obstante o NRAU prever a possibilidade do senhorio proceder à resolução extrajudicial do contrato de arrendamento com fundamento em mora superior a três meses no pagamento da renda, continua a ser-lhe permitido lançar mão da acção declarativa de despejo para obter esse desiderato")[236].

Na doutrina, para além da posição neste sentido que tomámos inicialmente[237], outros autores similarmente assim o consideram.

David Magalhães adopta esta construção, até porque, refere, "o senhorio pode, contudo, optar pela via judicial, como demonstram os arts. 1048.º/1 CC e 31.º/2 da Lei n.º 6/2006, que mencionam expressamente a efectivação judicial da resolução por falta de pagamento da renda". Aliás, reforça a sua orientação observando "é aqui que o arrendatário pode obstar à resolução durante a pendência do processo judicial", à luz do art. 1048.º, n.º 1 CC[238].

---

[235] Ac. Rel. Coimbra, de 2.2.2010 (JACINTO MECA), www.dgsi.pt.

[236] Ac. Rel. Porto, de 2.3.2010 (PINTO DOS SANTOS), www.dgsi.pt.
Ver ainda, não discutindo, a temática, mas admitindo a acção de despejo por falta de pagamento de renda, o Ac. Rel Porto, de 28.4.2009 (ANABELA DIAS DA SILVA), www.dgsi.pt ("ora, no caso dos autos, porque se está perante uma acção judicial de despejo com fundamento na falta de pagamento de rendas pelo inquilino e nas condutas do mesmo, violadoras das regras de sossego e de boa vizinhança, situações que não se mostram de forma alguma excepcionadas pelo art. 26.º da Lei 6/2006, há que concluir que o novo regime de arrendamento urbano, NRAU, tem plena aplicação nos autos").

[237] GRAVATO MORAIS, Novo Regime do Arrendamento Comercial, 1.ª Ed., Coimbra, 2006, pp. 105 e 106., 2.ª Ed., 2007, pp. 219 ss., "Acção de despejo por falta de pagamento da renda – Anotação ao Ac. Rel. de Lisboa, de 23 de Outubro de 2007", Cadernos de Direito Privado, n.º 22, 2008, pp. 59 ss.

[238] DAVID MAGALHÃES, A resolução do contrato de arrendamento urbano, Coimbra, 2009, pp. 216 e 217.

Laurinda Gemas, Albertina Pedroso e João Caldeira Jorge expressam, de igual sorte, esta ideia, sustentando que "a via da acção de despejo constitui sempre uma opção do senhorio e, até será provavelmente a via mais vantajosa, no caso de resolução fundada na mora no pagamento da renda". Os autores criticam a redacção da lei e destacam os argumentos mais usados pela jurisprudência dos tribunais superiores[239].

Soares do Nascimento partilha também esta visão, partindo da ideia de que a falta de pagamento da renda sempre constitui um incumprimento grave do contrato, afirma que "nem faria, tão-pouco, sentido que o artigo 1083.°/3 determinasse o único caso em que a falta de pagamento da renda constitui fundamento de resolução do arrendamento…". Aliás, observa que se admite, "ainda que implicitamente" a resolução judicial no art. 1048.°, n.° 1 CC[240].

3. Admissibilidade temporalmente limitada da acção de despejo

Há ainda uma outra via assinalada: a acção de despejo deve ser limitada a um dado período, não podendo ser generalizada ou, dito de outro modo, utilizada para além do período de 3 meses.

Este caminho é seguido por Fernando Baptista Oliveira, ao entender que para lá dos mencionados 3 meses (de espera do senhorio) se impõe o recurso ao meio extrajudicial, donde está afastada a admissibilidade de recurso à acção de despejo. Daí que, conclui o ilustre autor, no decurso do período de 3 meses pode o senhorio "lançar logo mão da acção de despejo"[241].

---

[239] LAURINDA GEMAS, ALBERTINA PEDROSO e JOÃO CALDEIRA JORGE, Arrendamento Urbano, 3.ª Ed., Lisboa, 2009, pp. 408 ss.

[240] PAULO SOARES DO NASCIMENTO, "O incumprimento da obrigação do pagamento da renda ao abrigo do novo Regime Jurídico do Arrendamento Urbano. Resolução do contrato e acção de cumprimento", Estudos em Homenagem da Faculdade de Direito de Lisboa ao Prof. Inocêncio Galvão Telles – 90 anos, Coimbra, 2007, pp. 1009 ss., esp. pp. 1016 ss.

[241] FERNANDO BAPTISTA DE OLIVEIRA, A resolução do contrato no novo Regime do Arrendamento Urbano, cit., p. 131 (esp. nota 168).

4. A resolução por comunicação como regra que admite excepções

Surgiu entretanto uma outra orientação, que seguidamente damos nota, nos nossos tribunais.

Assim, no Ac. Rel. Guimarães, de 30.4.2009, entende-se, por um lado, que "a letra da lei é clara no sentido de que, em princípio, a resolução é para ser feita valer extrajudicialmente ou por notificação judicial avulsa". Afasta, como regra geral, a via judicial.

Mas expressa-se, concomitantemente, que "dizemos em princípio porque bem pode suceder que não se logre fazer a comunicação na forma prevista na lei, caso em que necessariamente se tem de admitir o recurso à acção judicial. Donde, a menos que o demandante senhorio alegue factos (ou seja, que não se logrou efectuar a comunicação nos termos indicados na supra citada norma) que legitimem o recurso à arma judicial, a conclusão a retirar é de que carece de interesse em agir em juízo, com a consequente absolvição dos demandados da instância"[242].

5. Posição adoptada: admissibilidade da acção de despejo a todo o tempo

5.1. *Argumentos a favor da admissibilidade da acção (declarativa) de despejo e em alternativa à via extrajudicial*

Cremos que a posição da admissibilidade da acção de despejo se mostra a mais adequada. De resto, já o afirmámos várias vezes ao longo de vários textos[243].

Os argumentos invocados neste sentido são variados, tocam vários âmbitos e dão resposta positiva e eficaz do ponto de vista pragmático.

Em relação ao elemento literal, que sustenta a tese contrária (que emerge do facto de o art. 14.º, n.º 1 NRAU determinar que "a acção de despejo destina-se a fazer cessar a situação jurídica do arrendamento, sempre que a lei não imponha o recurso à via judicial" e, portanto, aqui a lei não impõe tal recurso), deve afirmar-se que esta regra é meramente decal-

---

[242] Ac. Rel. Guimarães, de 30.4.2009 (MANSO RAINHO), www.dgsi.pt.
[243] Ver nota 236.

cada do anterior art. 55.°, n.° 1 RAU. Quanto a nós, o legislador esqueceu-se de a *actualizar*, em conformidade com os ditames da nova lei (ou seja, na sequência da introdução da possibilidade de utilização da via extrajudicial, para além da tradicional via judicial).

De todo o modo, limitando-nos ainda aos argumentos de texto, há vários preceitos que permitem, indubitavelmente – e de forma reiterada –, detectar que o legislador se referiu expressamente à acção de despejo por falta de pagamento da renda, a saber:

– na pendência da acção de despejo[244], as rendas vencidas... (art. 14.°, n.° 3 NRAU);
– a junção do duplicado ou duplicados das guias de depósito à contestação... de <u>acção baseada na falta de pagamento</u> produz os efeitos da comunicação (art. 19.°, n.° 2 NRAU);
– quando o senhorio pretenda <u>resolver judicialmente o contrato por não pagamento de renda</u> (art. 21.°, n.° 2, 1.ª frase NRAU);
– a impugnação [do depósito de rendas] deve ser efectuada <u>em acção de despejo</u>... ou, <u>estando a acção já pendente</u>, na resposta à contestação..." (art. 21.°, n.° 2, 2.ª parte NRAU).

Deve referir-se ainda que o art. 1048.°, n.° 1 CC permite ao arrendatário fazer caducar o direito de resolução do senhorio "até ao termo do prazo para a contestação da acção declarativa [de despejo]", o que nos permite, textualmente, deduzir a possibilidade de recurso à via judicial.

Portanto, é não só evidente a contradição do legislador (emergente do art. 14.°, n.° 1 NRAU e do seu confronto com todos os outros preceitos citados), como se pode concluir que a repetição do texto na sequência da transposição da norma (do RAU para o NRAU) não foi a mais indicada.

Mas, do ponto de vista material, há um conjunto de argumentos de forte dimensão que podem ser usados.

Cabe enumerá-los, agrupando-os.

Em termos gerais, pode sustentar-se

– a não limitação do senhorio no tocante ao direito de acção (não o pondo de resto em situação pior do que a do mero locador);
– uma noção lata de acção de despejo.

---

[244] Esta regra é similar à existente no passado, sendo que era pacífico que cabiam aqui quer as acções baseadas na falta de pagamento da renda (a regra), quer com base noutro tipo de fundamento.

A acção de despejo pode, por outro lado, ser mais eficaz, mais célere e menos onerosa que o recurso à via extrajudicial. Vejamos:

– há a possibilidade de cumular, na mesma acção de despejo, vários fundamentos resolutivos para além da falta de pagamento da renda (*v.g.*, utilização de imóvel para fim diverso, ineficácia da cessão da posição contratual, obras não consentidas), em vez de instaurar uma acção executiva para entrega de coisa certa, uma acção executiva para entrega de quantia certa e ainda uma acção declarativa de despejo com base noutros fundamentos;
– a desnecessidade de duplicação de acções no caso de existir fiador que garanta a obrigação do arrendatário;
– a redução do (segundo) período de favor (trimestral) dado ao arrendatário (o prazo da contestação da acção declarativa de despejo é bem mais curto que o prazo trimestral da via extrajudicial – o que representa um ganho de tempo considerável);
– é um modo de evitar a espera do decurso de prazo para a exigibilidade da desocupação do locado.

Acresce que o recurso à via judicial permite superar os possíveis e mais do que prováveis entraves do caminho oposto, que podem mesmo ser inultrapassáveis, designadamente:

– a supressão dos problemas relativos à notificação do arrendatário (e assim aos entraves motivados pela comunicação resolutiva não conseguida tendo em conta as formalidades do art. 9.°, n.° 7 NRAU);
– a dificuldade (não suprível) provocada pela falta de contrato escrito de arrendamento.

Há ainda reflexos, que podem ser bem positivos para o senhorio, resultantes da instauração de uma acção executiva, a saber:

– obvia-se a uma eventual responsabilização do exequente (*in casu*, o senhorio), em virtude art. 930.°-E, do CPC; e
– evita-se a possibilidade de suspensão da execução.

Obtém-se, finalmente, um forte ganho nalguns casos:

– seguindo-se a via extrajudicial, o arrendatário pode sempre impedir que o "processo" chegue a juízo, o que significa que o senho-

rio não pode usar o mecanismo do art. 1048.°, n.° 2 CC, NRAU, o que já não acontece na via judicial;
– este mesmo ganho é aplicável aos casos de falta de pagamento de encargos e de despesas (art. 1048.°, n.° 3 CC, NRAU)[245].

5.2. *Argumentos a favor da admissibilidade da acção (declarativa) de despejo a todo o tempo*

Ligada a esta questão, encontra-se uma outra, que pode igualmente ter bastante significado nalgumas hipóteses: a de saber se a acção de despejo pode ser instaurada a todo o tempo.

Assim o sustentamos, admitindo a acção (declarativa) de despejo igualmente no período trimestral inicial.

Note-se que tal via pode ser extremamente vantajosa para o senhorio.

Desde logo, porque há um encurtamento dos (dois) prazos para fazer caducar o direito de resolução.

Diminui o tempo inicial de espera de três meses, já que a acção pode ser proposta logo após a mora relevante (exactamente tal como no passado, o que neste aspecto temporal não põe o senhorio do presente em situação pior que o senhorio de outrora[246]), e afasta-se o posterior prazo trimestral.

Tal ocorre se o arrendatário pagar as rendas em atraso acrescidas da indemnização aludida até à data que tem para contestar a acção declarativa (e não no prazo de três meses). Portanto, aqui mantém-se o regime do pretérito, sendo muito curto – no confronto com a disciplina atrás descrita para a via extrajudicial – o período que o locatário dispõe para fazer "cessar a mora".

Mas o principal benefício respeita à criação de obstáculos a incumprimentos futuros. Se o inquilino pagou as rendas em atraso e a correspondente indemnização até à data da contestação da acção declarativa,

---

[245] Deve dizer-se, para finalizar, que o DL 294/2009, de 13 de Outubro, que consagra um novo regime do arrendamento rural, suscita os mesmos reparos de redacção, mantendo-se dominantemente as mesmas normas apostas no NRAU, que aliás foram na larga maioria copiadas na íntegra (ver o art. 13.°, o art. 26.°, n.° 4, o art. 32.°, o art. 33.°, sem esquecer que o art. 17.°, n.° 6 remete para o art. 1048.° CC, "com as necessárias adaptações").

[246] Já não será assim no caso do elemento "inexigibilidade", como veremos.

então fica a saber que a partir do momento em que o senhorio instaure nova acção tendo por base o não pagamento da(s) renda(s) se mostra inviável a cessação do direito de resolução.

Tal emerge do art. 1048.º, n.º 2 CC, NRAU. Esta é uma inovação apreciável em face da lei anterior.

Na generalidade, a doutrina[247] e a jurisprudência[248] que sustentam a utilização da acção de despejo permitem que tal possa ocorrer a partir da mora relevante[249].

---

[247] LAURINDA GEMAS, ALBERTINA PEDROSO e CALDEIRA JORGE também o afirmam (Arrendamento Urbano, cit., p. 376).

[248] Ver, por exemplo, o Ac. Rel. Porto, de 31.1.2008 (MADEIRA PINTO), www.dgsi.pt, o Ac. Rel. Porto, de 26.2.2008 (CÂNDIDO LEMOS), www.dgsi.pt.

[249] A mora relevante é a que excede o prazo de "oito dias", contados desde o momento do vencimento da renda (ver GRAVATO MORAIS, Novo Regime do Arrendamento Comercial, cit., pp. 212 ss.).

SECÇÃO II
Requisitos da constituição do direito de resolução judicial

§ 1. Mora do arrendatário. § 2. Gravidade ou consequências do incumprimento. § 3. Inexigibilidade na manutenção do contrato de arrendamento. 1. Considerações gerais. 2. A acção de despejo instaurada nos 3 meses subsequentes à mora. 3. A acção de despejo proposta nos primeiros 3 meses após a mora (mas decorrido o prazo inicial de *oito dias* depois do atraso). 3.1. Considerações gerais. 3.2. Alguns exemplos.

Os requisitos da constituição do direito resolução judicial por falta de pagamento da renda têm, pelo menos num caso, algumas especificidades em relação aos descritos a propósito da resolução extrajudicial.

§ 1. Mora do arrendatário

Para além da existência de um contrato de arrendamento válido e em vigor, a constituição na esfera jurídica do senhorio do direito de resolução está dependente da mora do arrendatário.

Também aqui se exige que o incumprimento da obrigação de pagamento da renda seja imputável ao inquilino, nos termos que supra descrevemos[250].

---

[250] Ac. STJ, de 13.5.2003 (MOREIRA CAMILO), www.dgsi.pt ("o não pagamento da renda constitui, pois, o arrendatário (devedor) em mora, a qual só pode ser excluída se lhe não for imputável a falta de pagamento no lugar e no tempo próprios, cabendo-lhe a prova dessa ausência de culpa – artigos 804.°, 805.°, n.° 2, a), 798.°, 799.° e 342.°, n.° 2, do citado Código").

§ 2. Gravidade ou consequências do incumprimento

Acresce que o incumprimento do arrendatário susceptível de gerar a resolução do contrato pelo senhorio não pode escapar aos caracteres impostos pelo art. 1083.°, n.° 2, proémio CC, NRAU.

Assim, mostra-se necessário que o inadimplemento em causa assuma uma de duas características

– a gravidade;
– as suas consequências sejam especialmente relevantes.

De todo o modo, a leitura que se faça destes elementos está dependente de um outro que a seguir se explicita, e que, nesta sede, tem particular realce.

§ 3. Inexigibilidade na manutenção do contrato de arrendamento

1. Considerações gerais

Com a reforma de 2006, acolhe-se um novo elemento, que deve merecer ponderação especial quando se cura do direito de resolução.

A ideia de inexigibilidade, como sustenta Fernando Baptista Oliveira, configura "um requisito de extrema dificuldade de concretização"[251].

Nuns casos, há que determinar se o concreto comportamento importa a inexigibilidade na manutenção do contrato. É a regra geral[252].

---

[251] Aliás, o autor critica mesmo o termo usado ("A resolução do contrato no novo Regime do Arrendamento Urbano", cit., p. 38).

[252] Enumeram-se, de forma exemplificativa, cinco grupos de casos típicos de resolução.

Já dispomos de alguma jurisprudência interessante sobre esta matéria:

– Ac. Rel. Porto, de 12.11.2009 (TEIXEIRA RIBEIRO), www.dgsi.pt ("a inexigibilidade postulada pelo actual regime da resolução do contrato, nos termos inicialmente expostos, há-de determinar-se, essencialmente, na nossa modesta opinião, sob uma perspectiva de lesão dos interesses materiais do senhorio, nomeadamente pela acção do arrendatário que desvalorize o locado e a correspondente procura, e já não tanto em atenção a outros valores ou princípios de ordem imaterial");

Noutras hipóteses, especificam-se incumprimentos que integram, preenchidos os requisitos legais, o conceito de inexigibilidade, não ha-

– Ac. Rel. Porto, de 10.11.2009 (HENRIQUE ANTUNES), www.dgsi.pt ("a inexigibilidade da manutenção do contrato representa um controlo suplementar, além do que incide sobre a violação de deveres, contratuais ou legais, que vinculam as partes, relativo à justificação da extinção da relação jurídica que dele emerge e à função dessa violação com causa de resolução no caso concreto. O tribunal realiza esse controlo através do uso de regras de experiência e critérios sociais, dos factos provados sobre a violação daqueles deveres, os condicionalismos em que se verificou essa violação e a sua repercussão na relação jurídica de arrendamento. De modo geral, pode dizer-se que a manutenção do arrendamento é inexigível quando o comportamento de uma das partes se mostre especialmente lesivo da relação jurídica de arrendamento e a permanência desta relação representa para a outra, um sacrifício, desrazoável");
– Ac. Rel. Lisboa, de 15.10.2009 (NETO NEVES), www.dgsi.pt ("a previsão geral do corpo do n.º 2 do artigo 1083.º deve ser interpretada no sentido de a inexigibilidade da manutenção do arrendamento à parte interessada na resolução apenas se verificar quando, em face das concretas condutas da outra parte na relação contratual e considerando as suas concretas consequências, for de concluir que não mais pode ser exigida tal manutenção a um locador ou locatário normal (valoração objectiva)");
– Ac. Rel. Lisboa, de 8.10.2009 (EZÄGUY MARTINS), www.dgsi.pt ("nas várias alíneas do n.º 2 do art. 1083.º do Código Civil, exemplificam-se as situações em que o incumprimento contratual, pela sua objectivada gravidade ou inerentes consequências, torna inexigível ao senhorio a manutenção do arrendamento. Assim, não é necessária prova acrescida de preencherem tais situações a cláusula geral de inexigibilidade consagrada no corpo do n.º 1, do mesmo artigo");
– Ac. Rel. Porto, de 8.9.2009 (VIEIRA E CUNHA), www.dgsi.pt ("para efeitos do disposto no art. 1083.º, n.º 2 CC (proémio), a inexigibilidade da prestação contratual, derivada da boa fé subjectiva, deve conceber-se nos termos do comportamento de um bom pai de família, em face das circunstâncias do caso – art. 799.º, n.º 2 C.Civ. – e isto quer se conceba a responsabilidade civil contratual em termos análogos ou se conceba tal responsabilidade em termos diversos da responsabilidade civil aquiliana");
– Ac. Rel. Lisboa, de 2.6.2009 (ANA RESENDE), www.dgsi.pt ("tendo resultado tão só apurado que o arrendamento celebrado se destinava a fins não habitacionais, não se configura que no mesmo não pudessem ser desenvolvidas actividades, quer na vertente de transformação de bens, em termos de criação de riqueza, através de uma oficina de carpintaria, quer numa vertente de mediação entre a oferta e a procura, como no caso de comercialização de tintas e mangueiras, tubos de água em pvc, cimento, pregos e parafusos, situação esta desenrolando-se pelo menos há 35 anos, e que sempre foi do conhecimento dos senhorios. Inexiste, assim incumprimento, que num juízo valorativo de inexigibilidade da manutenção do arrendamento, confira ao senhorio o direito à resolução do contrato, e necessariamente por definição, afastada a consideração do respectivo exercício abusivo");

vendo necessidade de os apreciar em concreto para tal efeito[253]. É a excepção.

Quanto à falta de pagamento de renda, há que ponderar como se deve apreciar o conceito em análise.

2. A acção de despejo instaurada nos 3 meses subsequentes à mora

Por uma questão de facilidade da exposição, realça-se, num primeiro momento, a acção de despejo instaurada três meses após a mora do arrendatário.

Nesta situação, há que atender ao art. 1083.°, n.° 3 CC, NRAU – que cremos teve em vista primacialmente a resolução extrajudicial (em razão do disposto no art. 1084.° CC, NRAU), mas que deve naturalmente aplicar-se perante a resolução judicial – que determina o momento em que opera a inexigibilidade.

Trata-se de uma hipótese específica de inexigibilidade, também empregue em sede judicial.

Fixa o preceito em apreço que a "mora superior a três meses no pagamento da renda" confere, sem mais, ao senhorio o direito de resolução (embora condicionado ao cumprimento do arrendatário, se ele ainda for possível, como veremos).

Assim, é o decurso do prazo trimestral contado desde o dia subsequente ao vencimento da renda (no pressuposto de que há mora) que releva.

Ao instaurar a acção de despejo após esse período, o senhorio garante, imediata e automaticamente, a inexigibilidade na manutenção do contrato.

───────

– Ac. Rel. Lisboa, de 9.12.2008 (MÁRCIA PORTELA), www.dgsi.pt ("as situações enunciadas no n.° 2 do artigo 1083.° CC não constituem fundamento de resolução, mas meras presunções ilidíveis, sempre sujeitas ao juízo valorativo da cláusula geral de inexigibilidade constante do seu proémio. A abertura de um talho durante três meses em cada ano, sem qualquer razão justificativa, confere ao senhorio o direito a resolver o contrato de arrendamento, nos termos da alínea d) do n.° 2 do artigo 1083.° CC").

[253] Como salienta DAVID MAGALHÃES, são "determinações legais de justa causa" (A resolução do contrato de arrendamento urbano, cit., pp. 166 ss.).

No caso, não há que ponderar a gravidade ou as consequências do incumprimento do arrendatário, pois a fixação (pelo legislador) do momento em que opera a inexigibilidade absorve aqueles elementos[254].

De todo o modo, não se descure o funcionamento de institutos que podem afastar a consequência determinada:

– a escassa importância do incumprimento[255];
– o abuso do direito[256].

3. A acção de despejo proposta nos primeiros 3 meses após a mora (mas decorrido o prazo inicial de *oito dias* depois do atraso)

3.1. *Considerações gerais*

Em primeiro lugar, refira-se que não nos parece válida a cláusula que fixa a inexigibilidade na manutenção do arrendamento em período anterior ao especificado na lei.

---

[254] Ac. Rel. Porto, de 10.11.2009 (HENRIQUE ANTUNES), www.dgsi.pt ("a exigência da gravidade do incumprimento, como pressuposto geral do direito de resolução do contrato, não é compatível com o fundamento de resolução do contrato de arrendamento representado pela mora no pagamento da renda, com duração superior a três meses, dado que esse fundamento constitui uma causa de inexigibilidade, *ex lege*, de manutenção daquele contrato").

[255] Ac. Rel. Porto, de 10.11.2009, (HENRIQUE ANTUNES) www.dgsi.pt ("de harmonia com a valoração do próprio legislador, a mora, com duração superior a três meses, na realização da prestação da renda torna irrefragavelmente inexigível, ao senhorio, a manutenção do contrato (art. 1083.°, n.° 3 do Código Civil). Não há, portanto, neste domínio qualquer espaço para a valoração seja pelo devedor, pelo credor ou pelo juiz, da gravidade da violação contratual, para, em função do resultado dessa apreciação, admitir ou excluir o direito de resolução"; considera o tribunal que nem mesmo "com base no diminuto valor da prestação devida não satisfeita").

[256] Ac. Rel. Porto, de 10.11.2009, (HENRIQUE ANTUNES) www.dgsi.pt ("verifica-se que por uma dívida de valor insignificante, se não mesmo vil, os recorrentes pretendem extinguir um contrato de arrendamento que dura há mais de 30 anos prejudicando, definitivamente, o direito, jurídica e socialmente mais relevante, de habitar a parte do prédio que para o arrendatário emerge desse mesmo contrato. O desequilíbrio ou a desproporcionalidade além de objectiva é patente, flagrante, ostensiva e, portanto, há abuso. Havendo abuso a inibição do exercício do direito de pedir a resolução é meramente consequencial").

Por isso, a acção de despejo instaurada com base nessa cláusula – que é nula, ao abrigo do art. 294.º CC – não permite ao tribunal decretar a resolução.

Quanto ao problema de saber se a acção de despejo pode ser instaurada a todo o tempo, a jurisprudência e a doutrina que defendem esta possibilidade – o recurso à acção de despejo – admitem-no, como vimos, sem hesitações[257].

Todavia, o quadro em que se move o senhorio é agora bem diverso do que se verifica após o período de 3 meses após a mora.

Assim, no período inicial e trimestral da mora (mas só após terem decorridos *oito dias* sobre o início da mesma) – o que significa que o senhorio só pode instaurar a acção entre o nono dia (em princípio) e o nonagésimo depois da mora – deve ser avaliada pelo juiz, em concreto, a inexigibilidade na manutenção do arrendamento.

Como salienta acertadamente Fernando Baptista Oliveira, "qualquer hipótese que extravase desse n.º 3 terá de passar pelo "crivo" do n.º 2", exigindo-se sempre a alegação e prova de que a conduta do arrendatário é de tal forma grave que "pela sua gravidade ou consequências torne inexigível à outra parte a manutenção do arrendamento". Agora, "a alegação pelo autor de factos integrantes dessa cláusula geral resolutiva constitui elemento integrante da *causa petendi*"[258].

3.2. *Alguns exemplos*

Há situações que, a nosso ver, são susceptíveis de constituir casos típicos de inexigibilidade da manutenção do arrendamento, a saber:

– o atraso reiterado e sistemático no pagamento das rendas[259];

---

[257] Cfr., entre outros, o Ac. Rel. Porto, de 7.5.2009 (CARLOS PORTELA), www.dgsi.pt ("mas, nem sequer é exigível ao senhorio esperar pela mora superior a três meses no pagamento de uma das prestações correspondentes à renda mensal para recorrer à via judicial e ver declarada a resolução do contrato por esse fundamento, em virtude da violação contratual do inquilino, de acordo com o disposto nos artigos do Código Civil imediatamente atrás referidos e ainda, nos artigos 1047.º, 1048.º e 1083.º, n.os 1 e 2, CC, redacção do NRAU, no artigo 2.º, n.º 2 do CPC e no artigo 20.º, n.º 1 da CRP").

[258] FERNANDO BAPTISTA OLIVEIRA, ob. cit., p. 83.

[259] Embora aqui se deva verificar se o atraso reiterado é mais ou menos distante, em relação ao momento em que o senhorio pretende reagir, e ainda se o locador de alguma forma tolerou esse atraso no pagamento da renda.

– a recusa temporária em cumprir (por exemplo, "nos próximos meses não poderei pagar a renda");
– a recusa peremptória e séria do arrendatário em cumprir;
– a invocação pelo arrendatário de um motivo para deixar de pagar a renda manifestamente inexistente (*v.g.*, o inquilino refere que "enquanto o senhorio não realizar obras não lhe pago a renda").

A doutrina vai oferecendo outros casos.

Assim, David Magalhães considera que "por coerência sistemática, será de considerar justa causa aquele incumprimento que importa um valor em dívida superior àquele que, por aplicação do art. 1083.º/3, conduz forçosamente à inexigibilidade do contrato". Assim, "duas rendas em mora devem ser equiparadas, para efeitos do juízo de inexigibilidade, a uma só cuja mora dure três meses"[260].

Não desconsiderando o critério relevado, cremos que se pode ir mesmo mais além. Isto porque o risco existente entre a espera de 3 meses e a espera de 2 meses provavelmente é compensatória, do ponto de vista do senhorio. Há que encontrar outros critérios que permitam ao senhorio, tal como no passado, meios de reacção eficazes.

Aquele autor assinala que a mera situação de não pagamento da renda nos contratos vinculistas "reveste-se mesmo de uma especial gravidade", de modo que essa falta fundamenta, de imediato, a inexigibilidade na manutenção do arrendamento[261].

Não nos parece que assim deva suceder. Os contratos vinculistas podem ser muito antigos (*v.g.*, concluídos algures no século passado) ou bem mais recentes (*v.g.*, celebrados já neste século, embora antes da entrada em vigor do NRAU). Ora, as rendas de uns e de outros são manifestamente díspares, sendo que nalguns casos a actualização da renda poderia ter sido, à data, até convencionada (cfr., por exemplo, o art. 114.º RAU). Para além disso, alguns desses contratos estão sujeitos a um regime especial de actualização das rendas (arts. 30.º ss., aplicáveis a certos contratos vinculistas, os habitacionais anteriores ao RAU e os não habitacionais anteriores ao DL 257/95). O tipo de contrato não deve dar ao senhorio mais direitos perante o arrendatário do que os actuais negócios.

---

[260] A resolução do contrato de arrendamento urbano, cit., p. 220.
[261] A resolução do contrato de arrendamento urbano, cit., pp. 221 e 222.

De todo o modo, à luz do que foi referido, há que aferir dessa inexigibilidade na manutenção do arrendamento em concreto.

Ora, compete ao senhorio fazer a demonstração dos factos conducentes à tal inexigibilidade.

É evidente, no entanto, que esta situação é bastante mais arriscada para o senhorio, dado que tem menos segurança e menos garantias quando se socorre deste mecanismo em sede judicial antes do decurso do prazo de 3 meses, em relação à hipótese consagrada no n.º 3 do art. 1083.º CC, NRAU.

O que não se compreende é esta discrepância (muito desvantajosa para o senhorio) no confronto com o regime do passado, onde a falta de pagamento da renda permitia, desde logo – a partir da mora relevante – a instauração da acção de despejo[262].

---

[262] Numa acção de despejo com fundamento na falta de pagamento da renda, o ónus da prova encontra-se deste modo dividido: ao senhorio incumbe demonstrar a constituição da relação arrendatícia, devendo para o efeito provar a existência de um contrato de arrendamento, a mora do locatário e a inexigibilidade na manutenção do arrendamento; ao inquilino compete provar – se for o caso – o pagamento da renda.

Ver, entre outros,

– o Ac. Rel. Porto, de 17.4.2008 (FERNANDO BAPTISTA OLIVEIRA), www.dgsi.pt ("face ao NRAU não basta agora alegar e provar o fundamento (tipificado, ou não na nova lei) da resolução do contrato – no caso *sub judice*, que a renda não foi paga no lugar, tempo e montante devidos. Impõe-se, ainda, alegar e provar que tal situação preenche a aludida cláusula geral (indeterminada) resolutiva do n.º 2 – a norma aberta ou de conteúdo indefinido");

– o Ac. Rel. Porto, de 11.9.2007 (VIEIRA E CUNHA), www.dgsi.pt ("na acção de despejo por falta de pagamento de renda, cabe ao senhorio apenas o ónus de provar a constituição da obrigação de pagamento (provando o contrato) e o ónus de alegar a falta de pagamento ou a mora do inquilino, mas já cabe ao inquilino o ónus de alegar e provar o pagamento da renda");

– o Ac. Rel. Lisboa, de 19.4.2007 (ANA LUÍSA GERALDES), www.dgsi.pt ("e sendo certo que o pagamento de rendas é um facto extintivo do direito das AA., caberia, pois, às Rés [arrendatários], para se desonerarem do respectivo pagamento, provar que o mesmo foi feito. Ora, *in casu*, a 1.ª Ré não contestou. O mesmo é dizer que se mostra confessada a matéria relativa à falta de pagamento das rendas peticionadas pelas AA., salvo, naturalmente, se tivesse sido feita prova em sentido contrário pela 2.ª Ré. Por sua vez a 2.ª Ré limitou-se a dizer, sem mais, que "desconhecia" se tais rendas eram ou não devidas... Não tendo a 2.ª Ré aduzido quaisquer outras circunstâncias fácticas, nem apresentado qualquer outro tipo de prova sobre tal matéria, não é legítimo ao Tribunal "a quo" concluir que tais rendas não estão em dívida, uma vez que, como se disse, estamos perante um facto extin-

tivo do direito das AA. – o pagamento – consequentemente, incumbia à Ré o ónus de provar o respectivo pagamento");
– o Ac. Rel. Porto, de 12.2.2008 (JOSÉ AUGUSTO RAMOS), www.dgsi.pt ("constitutivos do direito do senhorio a obter pagamento das rendas são os factos demonstrativos da vigência do contrato de arrendamento, tendo como arrendatários os réus, pelo menos durante o período das rendas peticionadas, do quantitativo de renda e o respectivo vencimento. Por outro lado, compete ao inquilino, na acção destinada a obter dele o pagamento das rendas, provar o cumprimento da sua obrigação, ou seja o pagamento da renda");
– o Ac. Rel. Porto, de 9.11.2006 (ATAÍDE DAS NEVES), www.dgsi.pt ("tendo a Ré invocado a falta de pagamento das rendas relativas aos meses de Fevereiro e Março de 1998, e ainda o referente ao mês de Julho de 2001, não logrou a A. arrendatária fazer a prova de tal pagamento, facto extintivo (art. 342.º, n.º 2 do CC) do direito à resolução do contrato de arrendamento");
– o Ac. Rel. Porto, de 9.12.1999 (MOREIRA ALVES), www.dgsi.pt ("em acção de despejo por falta de pagamento de renda compete ao Autor a prova do contrato e do montante da renda, ficando a cargo do Réu a prova do pagamento");
– o Ac. Rel. Lisboa, de 29.6.1995 (MARTINS RAMIRES), CJ, 1995, III, p. 146 ("numa acção de despejo baseada em alegado não pagamento de rendas, os réus têm o ónus de prova desse pagamento. Contudo, já a atribuição de mora ao inquilino constitui ónus de prova do senhorio").
Quanto aos problemas de legitimidade, ver o Ac. Rel. Porto, de 13.3.2000 (FERNANDES DO VALE), www.dgsi.pt ("não há legitimidade do comproprietário que, desacompanhado dos demais consortes, intenta acção para resolução do arrendamento do prédio comum por falta de pagamento das rendas, sendo o contrato válido ou eficaz").

SECÇÃO III
A faculdade de o arrendatário fazer "caducar o direito de resolução"

§ 1. A faculdade de o arrendatário fazer "caducar o direito de resolução". § 2. O pagamento das rendas em atraso e da indemnização legal. 1. Considerações gerais. 2. Pressupostos. 2.1. Pressuposto *pecuniário*. 2.1.1. Em caso de incumprimento total. 2.1.1.1. Somas devidas. 2.1.1.2. Indemnização igual a metade do valor das rendas devidas. 2.1.2. Em caso de incumprimento parcial. 2.1.2.1. A base do cálculo do valor da indemnização. 2.1.2.2. A indemnização legal moratória no caso de discordância quanto à actualização da renda. 2.1.3. Posição adoptada. 2.2. Pressuposto quanto ao modo de fazer caducar o direito de resolução. 2.3. Pressuposto temporal. 3. Da caducidade do direito de resolução por efeito do pagamento. 3.1. Verificação dos pressupostos. 3.2. Prova. § 3. A invocação da caducidade pelo arrendatário do direito de resolução do senhorio: o caso das rendas devidas há mais de um ano.

§ 1. A faculdade de o arrendatário fazer "caducar o direito de resolução"

Pode afirmar-se que a possibilidade de o arrendatário fazer caducar o direito de resolução do senhorio tem uma dupla vertente.

Por um lado, tal é susceptível de ser efectivado através do pagamento das rendas em atraso e da indemnização correspondente.

Deve salientar-se que esta faculdade do arrendatário fazer "caducar o direito de resolução" é secular, existindo no Código Civil de 1966 (no art. 1041.º CC) e noutros diplomas anteriores, sendo que representa, ao mesmo tempo, uma vantagem para o senhorio (em razão da percentagem envolvida corresponder a 50% do valor da renda) e um benefício para o arrendatário (dado que faz cessar o direito de resolução do senhorio).

Mas actualmente tal faculdade do inquilino é vista como a regra geral, que pode sofrer desvios em determinadas circunstâncias.

Por outro lado, pode aludir-se ainda a um outro meio de o locatário fazer *caducar* o direito de resolução, justamente na hipótese de, por referência a cada uma das rendas, ter decorrido o prazo de um ano para o pagamento das mesmas. Tal via está dependente da invocação pelo arrendatário da caducidade do respectivo direito.

Cabe analisar tais modalidades.

§ 2. O pagamento das rendas em atraso e da indemnização legal[263]

1. Considerações gerais

O arrendatário tem, à partida, a possibilidade de extinguir o direito de resolução do senhorio por falta de pagamento da renda.

A regra – o art. 1048.º, n.º 1 CC, NRAU – que consagra tal medida foi alterada (parcialmente) com a reforma de 2006. Determina-se nesse preceito o seguinte:

– "o direito à resolução do contrato por falta de pagamento da renda... caduca logo que o locatário, até ao termo do prazo para a contestação da acção declarativa ou para a oposição à execução, destinadas a fazer valer esse direito, pague, deposite ou consigne em depósito as somas devidas e a indemnização referida no n.º 1 do artigo 1041.º".

O direito de resolução atribuído ao senhorio tem natureza imperativa, não podendo as partes afastá-lo por convenção[264].

---

[263] Ver supra o Título IV.

[264] Ac. STJ, de 29.5.1984 (LICURGO DOS SANTOS), www.dgsi.pt ("uma cláusula dum acordo ou duma transacção, a envolver a renúncia, por parte do locador, do direito de resolver o contrato de arrendamento com fundamento na falta de pagamento da renda pelo locatário, estaria ferida de nulidade, nos termos do artigo 809.º do Código Civil").

2. Pressupostos

2.1. *Pressuposto* pecuniário

Para fazer cessar o direito de resolução do senhorio, o arrendatário tem que pagar

– as somas devidas; e
– uma indemnização "igual a 50%".

2.1.1. *Em caso de incumprimento total*

2.1.1.1. Somas devidas

A expressão "somas devidas" tem o seguinte significado:

– por "somas", deve considerar-se as rendas em singelo, sem que haja lugar ao pagamento de qualquer outro valor, o que de resto está em inteira consonância com o disposto no art. 1041.º, n.º 1 CC.
– quanto àquilo que é devido, tem sido, até à data da entrada em vigor do NRAU, dominante o entendimento de que "as rendas a pagar ou a depositar (para fazer caducar o direito de resolução do senhorio) são todas as que até então se vencerem. O montante das rendas e as somas devidas têm a mesma significação: o valor das rendas, naquela data, em dívida ao senhorio"[265].

Cremos que nada se altera à luz da lei actual.

---

[265] *Vide* o Ac. STJ, de 9.3.1988 (FREDERICO BATISTA), BMJ, n.º 375, 1998, pp. 380 ss. Neste sentido, ver igualmente os seguintes arestos:
– o Ac. Rel. Porto, de 17.4.2008 (FERNANDO BAPTISTA OLIVEIRA), www.dgsi.pt;
– o Ac. STJ, de 24.6.2004 (QUIRINO SOARES), www.dgsi.pt ("o devido, embora a lei o não diga de forma expressa, é, só pode ser, o que o for na data da própria contestação");
– o Ac. STJ, de 19.2.2004 (SILVA SALAZAR), www.dgsi.pt ("a expressão *somas devidas* abrange as rendas devidas no momento da propositura da acção, mais as que se vencerem entre esse momento e o da apresentação da contestação");
– o Ac. STJ, de 24.6.2004 (QUIRINO SOARES), www.dgsi.pt ("o devido é, pois, o somatório das rendas vencidas entre a data do último pagamento em forma e o momento da contestação, e a indemnização liberatória é de 50% sobre esse somatório");
– o Ac. Rel. Porto, de 15.11.1999 (MACEDO DOMINGUES), www.dgsi.pt ("na acção de despejo fundada na falta de pagamento das rendas do arrendamento para habitação,

2.1.1.2. Indemnização igual a metade do valor das rendas devidas

A indemnização legal é calculada sobre o valor total das rendas devidas, nos termos definidos anteriormente[266].

2.1.2. Em caso de incumprimento parcial

2.1.2.1. A base do cálculo do valor da indemnização

Pode dar-se o caso de o arrendatário apenas proceder ao pagamento de parte da renda. O que pode ter na sua base várias circunstâncias de cariz

---

o direito do senhorio à resolução do contrato só caducará se o Réu cumprir integralmente o preceituado no artigo 1048.º do Código Civil, depositando as "somas devidas", não sendo para o efeito suficiente o depósito de algumas dessas rendas. A referida locução "somas devidas" abrange todas as rendas vencidas até à contestação e também as que se vencerem posteriormente");
– o Ac. STJ, de 13.5.2003 (MOREIRA CAMILO), www.dgsi.pt ("para poder beneficiar da caducidade prevista no artigo 1048.º do Código Civil, o Réu/arrendatário só tem de depositar, com a respectiva indemnização, as rendas do último ano, reportado à data da propositura da acção, e, eventualmente, de qualquer renda que, entretanto, se haja vencido");
– o Ac. STJ, de 7.7.1994 (FARIA DE SOUSA), www.dgsi.pt ("tendo o Réu depositado as rendas e respectiva indemnização, mas não depositando uma já vencida quando fez aquele depósito, não tem, por isso, esse depósito o efeito do artigo 1048.º do Código Civil, isto é, a caducidade do direito à resolução do contrato por falta de pagamento da renda. É que o artigo 1048.º citado fala em pagar ou depositar até à contestação as somas devidas e a indemnização referida no artigo 1041.º, n.º 1 do citado Código, pois *somas devidas* abrange todas as rendas vencidas até ao fim do prazo da contestação, quer anteriores quer posteriores à propositura da acção").
Cfr. ainda o Ac. Rel. Porto, de 21.5.1998 (TEIXEIRA RIBEIRO), o Ac. Rel. Porto, de 24.3.1998 (DURVAL MORAIS) e o Ac. Rel. Porto, de 5.3.1998 (CESÁRIO DE MATOS), todos em www.dgsi.pt.

[266] Ver o Ac. STJ, de 24.6.2004 (QUIRINO SOARES), www.dgsi.pt ("e a indemnização liberatória é de 50% sobre esse somatório, tendo em conta, ainda, o disposto no n.º 3, do art. 1041.º, de acordo com o qual, enquanto houver uma renda indevidamente por pagar, e a respectiva falta não estiver sanada pelo pagamento ou depósito da indemnização legal, a situação de incumprimento propaga-se aos meses seguintes") e o Ac. Rel. Porto, de 26.1.2006 (DEOLINDA VARÃO), www.dgsi.pt ("se o pedido de resolução do contrato de arrendamento tiver por fundamento a falta de pagamento de renda e outro ou outros dos fundamentos previstos no art. 64.º, n.º 1, e o arrendatário quiser fazer caducar o direito à resolução do contrato pelo primeiro fundamento, tem de depositar as rendas vencidas até à contestação, acrescidas da indemnização de 50% nos termos do art. 1048.º do CC, definitiva ou condicionalmente, conforme reconheça ou não que está em mora").

distinto, *v.g.*, um erro de cálculo, a discordância quanto ao montante da actualização exigido, a mera insuficiência do pagamento por indisponibilidade financeira do inquilino.

Impõe-se, desta sorte, saber se perante o incumprimento parcial, o locatário, para fazer extinguir o direito de resolução do senhorio, tem de pagar, para além do remanescente da renda ainda não paga, a indemnização de 50% sobre o valor total da renda ou se apenas deve pagar a indemnização legal sobre o valor em falta.

Vejamos algumas considerações tecidas sobre o tema, directa ou indirectamente.

A Câmara Corporativa, no parecer n.º 15, de 5 de Fevereiro de 1947, destaca que "enquanto houver uma renda indevidamente por pagar... a situação de falta está em aberto, e estende-se aos meses seguintes, afecta-os, afecta a própria relação de arrendamento no seu todo, enquanto o remédio de pagar ou depositar o triplo [agora o dobro, correspondente à renda] não for empregado".

Pereira Coelho, por sua vez, assinala que "enquanto não lhe for paga a renda respeitante a certo mês e, sendo caso disso, a respectiva indemnização, o senhorio tem o direito de recusar o pagamento, que o inquilino lhe oferece, das rendas dos meses seguintes; as importâncias que receba são *imputadas*, em primeiro lugar, na dívida existente, e o senhorio não perde o direito à indemnização ou à resolução do contrato com base nas prestações em mora. São as soluções dos n.ºs 3 e 4 do art. 1041.º"[267].

Seguindo esta linha de raciocínio, na jurisprudência, o Ac. Rel. Porto, de 20.11.1997, releva que

– "só o depósito das rendas em atraso que é feito correctamente faz cessar a falta do seu pagamento. Não pode considerar-se liberatório um depósito de rendas de montante inferior ao que está em dívida. É sobre o montante total da renda em atraso, e não apenas sobre o seu complemento quando inicialmente se depositou a menos, que deve incidir a taxa de 50%, a título de indemnização"[268].

---

[267] Arrendamento. Direito substantivo e processual, Coimbra, 1988, p. 182.
[268] Ac. Rel. Porto, de 20.11.1997 (NORBERTO BRANDÃO), www.dgsi.pt.
Parecendo seguir a mesma posição, o Ac. Rel. Porto, de 11.3.1996 (ANTERO RIBEIRO), www.dgsi.pt ("a indemnização de 50% fixada para obstar ao despejo com base na falta de pagamento de rendas, tem por base as somas efectivamente devidas, não abrangendo a parte da renda já paga").

Num outro caso – no Ac. Rel. Évora, de 11.1.2007 –, embora se pareça acolher esta posição, dá-se relevo à aceitação pelo senhorio da renda parcial, observando-se o seguinte:

– "apesar de a renda estar a ser paga através de depósito bancário, com a concordância das autoras, nada as obrigava à aceitação do montante inferior ao da renda actualizada, podendo ter dado instruções ao banco para não aceitar o depósito inferior ou devolver ao réu as quantias que não correspondiam ao valor exacto da renda. Não o tendo feito, deverá entender-se que aceitaram o pagamento parcial daquelas rendas, isto é, sem a actualização, o que releva para efeito do cálculo do que está em dívida e do valor da indemnização... as somas devidas, na formulação do art. 1048.º do CC, devem ser entendidas como a diferença entre o valor da renda, nos meses de Março a Outubro, e aquele que o réu pagou (e as autoras aceitaram receber), ou seja, € 122,48. Por isso, o valor da indemnização deve calcular-se a partir do que for devido, como determina o n.º 1 do art. 1041.º, isto é, do que se mostrava em dívida, na altura do depósito liberatório (€ 61,24)"[269-270].

---

[269] Ac. Rel. Évora, de 11.1.2007 (ALMEIDA SIMÕES), www.dgsi.pt ("de resto, aceitando as autoras/apelantes que se mostrava apenas por pagar a diferença entre o valor da renda actualizada e o valor da renda "antiga", não faria sentido que o cálculo da indemnização tivesse por base o valor global das rendas correspondentes aos meses de Março a Outubro. Ante o exposto, tendo o réu feito caducar o direito à resolução do contrato de arrendamento, mediante o depósito da quantia de € 183,72, na Caixa Geral de Depósitos, acorda-se em julgar improcedente a apelação, confirmando-se a sentença").

[270] Ver, pelas especialidades que comportam, os seguintes arestos:

– o Ac. Rel. Lisboa, de 19.3.1991 (AFONSO MELO), www.dgsi.pt ("é certo que no contrato de arrendamento se clausulou que este "considera-se uno e indivisível, não podendo rescindir-se somente em relação a um dos edifícios". Mas foi o autor a separar a mora quanto às rendas da parte comercial das rendas da parte habitacional, continuando até a receber estas depois do Réu deixar de pagar aquelas, e foi com fundamento em moras separadas que intentou a acção em 1987. Não pode, assim, pretender que a indemnização de 50% deva incidir sobre a renda total"); e

– o Ac. Rel. Évora, de 3.5.2007 (ACÁCIO NEVES), www.dgsi.pt ("para operar a caducidade do direito à resolução do contrato de arrendamento por falta de pagamento de rendas, o inquilino terá de pagar as rendas em atraso, acrescido de 50% até à apresentação da contestação, independentemente de o fazer de uma só vez ou faseadamente"; ora, "em concreto, "o réu efectuou dois depósitos de rendas, um em 02.08.2004 e outro em 02.09.2004, o que significaria que, perante estes pagamentos, na altura apenas estariam em dívida 2 ren-

2.1.2.2. A indemnização legal moratória no caso de discordância quanto à actualização da renda

O problema tem sido por diversas vezes suscitado no quadro da actualização da renda e da discordância do arrendatário quanto ao novo valor.

A jurisprudência tem dado nota de vários problemas postos, sendo que as orientações não são aqui coincidentes.

Identifique-se a situação descrita no Ac. Rel. Porto, de 17.4.2008:

– o arrendatário "não procedeu a qualquer depósito da renda integral, isto é, dos € 50,63 resultantes da actualização em vigor a partir de Janeiro de 2007 [mas apenas a soma de € 49,11]. O que significa que estava em mora..., na medida em que a renda liquidada era inferior à legalmente exigida (a decorrente da mesma actualização)". Desta forma, afirmou-se que "não bastava que a partir de 7 de Maio de 2007 passasse a depositar o valor integral da renda (os € 50,63 mensais). É que, para pôr fim à mora era necessário que depositasse... ainda a indemnização de 50% de tudo o "que for devido" (ut art. 1041.º/1 CC), o que abarca, não apenas as citadas actualizações em falta, mas, também, 50% dessas mesmas actualizações e bem assim das próprias rendas em mora. E a mora mantém-se enquanto tal depósito integral não tiver lugar". Acrescenta-se no aresto o inquilino "depositou igualmente 50% desses diferenciais. Mas não depositou os 50% do que era *devido*"[271].

---

das (e não 4)", pelo que "se o réu ainda pagou, por transferência (como foi alegado na contestação, não impugnado na resposta e dado como provado – o que nem sequer é agora questionado) mais duas rendas, uma em 04.10.2004 e outra em 02.11.2004 e se os réus ainda depositaram mais € 808,00, verifica-se que o réu, até à apresentação da contestação pagou a totalidade das rendas reclamadas até então (8, de Junho de 2004 a Janeiro de 2005), acrescidas de 50%. Com efeito (atendendo à renda então devida, no valor de € 101,00) sendo de € 808,00 o valor global dessas 8 rendas, se o réu pagou (por transferência) 4 rendas (02.08.2004; 02.09.2004; 04.10.2004 e 02.11.2004), num total de € 404,00 e depois ainda depositou mais € 808,00, tal significa pagou/depositou não só o valor de todas as rendas até então reclamadas (incluindo a de Junho de 2004), como a respectiva indemnização de 50%, em relação à totalidade dessas rendas").

[271] Ac. Rel. Porto, de 17.4.2008 (FERNANDO BAPTISTA OLIVEIRA), www.dgsi.pt (Assim "tinha que depositar "o valor da actualização não pago (€ 50,63 – € 49,11 = = € 1,52 × 4 (meses vencidos em Janeiro a Abril de 2007) = € 6,08" e "o valor da indemnização de 50% sobre o montante integral das rendas em dívida de Janeiro a Junho de 2007 (rendas vencidas até ao termo da contestação – e vimos que a partir da renda vencida em

Em sentido diverso, pronunciaram-se outros arestos. Vejamos:

- no Ac. Rel. Porto, de 8.5.1995, observou-se que "havendo divergência entre o montante da renda mensal devida pelo inquilino e tendo este depositado aquela cujo recebimento lhe fora recusado, intentada pelo senhorio a acção de despejo com fundamento na falta do pagamento das rendas, o inquilino para accionar o mecanismo da caducidade do direito do senhorio nos termos das normas dos artigos 1041.º, n.º 1, e 1048.º CC tem apenas de depositar até à contestação a diferença entre a renda exigida pelo senhorio e a que depositou acrescida de 50% dessa diferença e não do montante global da renda"[272];
- no Ac. Rel. Lisboa, de 16.6.2005, destacou-se que "se o que está em atraso é apenas a actualização da renda (porque sobre ela se gerou controvérsia entre uma e outra das partes de um mesmo contrato de arrendamento), então o que é devido é tão só essa actualização e uma indemnização igual a 50% dela"[273].

2.1.3. Posição adoptada

O princípio da integralidade do cumprimento e as regras de imputabilidade dos valores em dívida e devidas (as rendas e a indemnização), quando esteja em causa mais do que uma renda em atraso, parecem impor que, em sede arrendatícia, o inquilino tenha que pagar a indemnização moratória sobre o valor da totalidade da renda.

No entanto, cremos que nalgumas hipóteses nos podemos socorrer de alguns mecanismos de índole geral que permitem obviar a tal regime gravoso.

Desta sorte, perante a escassa importância do incumprimento (parcial)[274], *v.g.*, devido a erro de cálculo do arrendatário (o que se mostrou frequente na conversão do escudo em euros) ou a um mero engano, a indemnização só deve incidir sobre a parte da renda não paga.

Maio de 2007 a ré passou a pagar a renda já actualizada), o que perfaz o montante de € 50,63 × 6 = € 303,78 × 50% = € 153,89, o que perfazia o total de € 157,97").

[272] Ac. Rel. Porto, de 8.5.1995 (COUTO PEREIRA), www.dgsi.pt.
[273] Ac. Rel. Lisboa, de 16.6.2005 (SALAZAR CASANOVA), www.dgsi.pt.
[274] Sobre o escasso incumprimento, cfr. infra Título VI, Capítulo II.

Por outro lado, também o direito do senhorio à indemnização legal de 50% pode constituir um abuso (individual) de tal direito, à luz do art. 334.° CC, em especial na modalidade de "comportamento contraditório" (ou *venire contra factum proprium*). Como observa Heinrich Hörster, trata-se de situação em que "o exercício do direito estaria em princípio a coberto da norma. Mas no caso concreto existem circunstâncias ou relações especiais em virtude das quais o exercício do direito, a invocação da norma incorre em contradição com a ideia de justiça"[275].

Desta forma, se o senhorio criar a convicção no arrendatário de que não vai exigir tal valor e posteriormente o vier a fazer valer, tal comportamento, gerador da confiança na outra parte de que não tem de proceder ao referido pagamento, não deve aceitar-se[276].

2.2. *Pressuposto quanto ao modo de fazer caducar o direito de resolução*

O arrendatário pode extinguir, de acordo com o art. 1048.°, n.° 1 CC, o direito do senhorio por três vias diversas: pagamento, depósito ou consignação em depósito.

---

[275] Cfr. HEINRICH HÖRSTER, A parte geral do Código Civil português. Teoria geral do direito civil, Coimbra, 1992 p. 284.

[276] Ac. Rel. Porto, de 20.2.2006 (CUNHA BARBOSA), www.dgsi.pt ("se a arrendatária, na pendência da acção de despejo com fundamento na falta de pagamento das rendas, as satisfaz ao senhorio em singelo, e este não só aceita tal pagamento como dá quitação, tem de entender-se que renunciou ao seu direito de haver a indemnização moratória legal, correspondente a 50% das rendas em dívida – art. 1041.°, n.° 1, do Código Civil. Tendo tal pagamento e quitação ocorrido, entre Junho de 2000 e Maio de 2002, sempre o comportamento do Autor, ao demandar a arrendatária, em 30.10.2002, exprimiria abuso de direito, na modalidade de *venire contra factum proprium*, por evidenciar contradição e violação da confiança legitimamente criada na Ré, em face da aceitação do pagamento em singelo. Com efeito, "em pleno período de mora a Ré satisfez as rendas aos AA. em singelo, portanto, sem a indemnização devida, sendo que estes não só as receberam como, até, deram quitação, emitindo os correspondentes recibos", pelo que "recebendo as rendas em mora e dando quitação com a correspondente emissão de recibo, desacompanhada de qualquer declaração, haverá de ser tida como renúncia ao direito de indemnização que lhes assistia e que acrescia às rendas, entretanto, satisfeitas, renúncia essa a que não obsta o disposto no art. 809.° do CC").

A norma consagra uma alternatividade – que resulta da utilização da locução "ou" –, entre os mecanismos postos ao dispor do inquilino.

A nosso ver, esta alternatividade é também aqui meramente aparente, até porque se consagra, sob uma outra perspectiva uma hierarquia, caso se tenha em linha de conta a sequência resultante da norma (pague, deposite ou consigne em depósito).

O pagamento é, hierarquicamente, a via preferencial, sendo o caminho que deve o arrendatário seguir.

A faculdade de consignação em depósito depende da verificação dos respectivos requisitos[277].

2.3. Pressuposto temporal

O arrendatário dispõe de um período específico dentro do qual pode proceder ao pagamento das rendas em atraso e à correspondente indemnização.

Assim, é possível – mas só é possível – ao arrendatário pagar os valores em causa até "ao termo do prazo para a contestação da acção declarativa [de despejo por falta de pagamento da renda] ou [até ao termo do prazo] para a oposição à execução" (sublinhado nosso).

No pressuposto de que o senhorio instaurou uma acção (declarativa) de despejo e de que o arrendatário não pagou os valores devidos, nem desocupou o imóvel, pelo que o locador instaurou seguidamente uma acção executiva com base em título executivo judicial (a decisão transitada em julgado), não pode obviamente o arrendatário no prazo de que dispõe para se opor à execução vir agora pagar as somas em causa[278].

---

[277] Ac. Rel. Lisboa, de 29.3.2007 (GRANJA DA FONSECA), www.dgsi.pt ("o arrendatário tem, pois, primeiro, que pagar e pagar no tempo e lugar próprios, de tal sorte que não corresponde a cumprimento, se não for conciliatoriamente aceite pelo senhorio, oferecer o arrendatário a prestação em outro lugar, ou em outro tempo. É isto, aliás, o que decorre já do princípio geral contido no artigo 762.º, n.º 1 CC. O arrendatário não poderá, por conseguinte, depositar, sem previamente ter tentado em vão pagar, no tempo e lugar próprios, integralmente o montante exigível. Se depositar fora deste condicionalismo, arrisca-se a ver impugnado o depósito e a ser declarado ineficaz como meio de extinção da obrigação...").

[278] Neste sentido, DAVID MAGALHÃES, A resolução do contrato de arrendamento urbano, cit., p. 219.

Assim, a alternatividade que se (parece) consagra(r) não pode ser havida como real, sob pena de abuso do direito do arrendatário.

Há aqui antes outra ideia subjacente: o meio que se verificar em primeiro lugar (no caso, a acção declarativa) é o que releva para o efeito de fazer caducar o direito de resolução. Não pode existir uma dupla *chance* de cumprimento.

O prazo resulta do CPC: 30 dias a contar da citação, se o processo é ordinário (art. 486.°); 20 dias a contar da citação, se o processo é sumário (art. 783.°).

3. Da caducidade do direito de resolução por efeito do pagamento

3.1. *Verificação dos pressupostos*

Verificados os 3 pressupostos assinalados, a consequência é a da perda, do ponto de vista do senhorio, do direito de resolução.

Assim o determina expressamente o art. 1048.°, n.° 1 CC.

3.2. *Prova*

A prova do pagamento das importâncias devidas cabe ao arrendatário.

Na hipótese de depósito, deve demonstrá-lo no próprio processo, até ao termo do prazo da contestação[279].

---

[279] Neste sentido, ver

– o Ac. Rel. Lisboa, de 23.10.2007 (AFONSO HENRIQUE), www.dgsi.pt ("o R. deu conhecimento desse depósito aos AA., juntando com a contestação o comprovativo do mesmo. Essencial é, dar conhecimento ao senhorio do depósito com a contestação... e que, os montantes são os legalmente exigidos. Tais formalidades foram respeitadas, devendo, por isso, considerar-se caduco o direito de resolução do contrato em causa, com fundamento na falta de pagamento de rendas");

– o Ac. STJ, de 21.11.2006 (MOREIRA ALVES), www.dgsi.pt ("o R. não invocou a excepção de caducidade, e esta, no caso (não estamos perante matéria excluída da disponibilidade das partes), não é do conhecimento oficioso");

– o Ac. Rel. Porto, de 26.1.2006 (DEOLINDA VARÃO), www.dgsi.pt ("se quiser fazer caducar o direito do senhorio à resolução do contrato, o arrendatário tem de depositar as rendas vencidas até à contestação, acrescidas da indemnização de 50%, a título definitivo. A caducidade é uma excepção peremptória que extingue o direito que se pretendia fazer

§ 3. A invocação da caducidade pelo arrendatário do direito de resolução do senhorio: o caso das rendas devidas há mais de um ano

O direito de resolução do senhorio pode ser feito "caducar" pelo inquilino por uma outra via.

Na verdade, cada uma das rendas não paga pelo locatário, que permite ao senhorio fundamentar o direito de resolução do contrato de arrendamento, está sujeita a um prazo de caducidade, nos termos do art. 1085.°, n.° 1 CC.

Ora, a caducidade do direito do senhorio não pode ser conhecida oficiosamente pelo tribunal, estando portanto dependente da sua invocação pelo arrendatário. Trata-se de uma excepção peremptória, que deve ser feita valer na própria contestação da acção declarativa de despejo.

De notar que a caducidade do direito de resolução do senhorio, não afecta o direito deste a receber as rendas em atraso há mais de um ano, acrescidas da indemnização legal correspondente[280].

---

valer e acarreta a absolvição do pedido (art. 493.°, n.ºs 1 e 3 do CPC). Por isso, a acção de despejo termina com a absolvição do arrendatário do pedido de resolução do contrato. O arrendamento subsiste, podendo o senhorio levantar o depósito das rendas e da indemnização, à custa do arrendatário");

– o Ac. Rel. Porto, de 16.1.2003 (Mário Fernandes), www.dgsi.pt ("para se operar a caducidade do direito à resolução do contrato de arrendamento, nos termos do disposto no artigo 1048.° do CC... é suficiente a referência e a demonstração, através do competente documento, de se encontrar depositada a renda ou rendas cuja falta de pagamento sustenta o pedido de resolução e a respectiva indemnização");

– o Ac. Rel. Porto, de 15.1.1996 (Reis Figueira), www.dgsi.pt ("para que produza a caducidade do direito à resolução do contrato de arrendamento por falta de pagamento de rendas, em acção pendente, o depósito das rendas e da indemnização deve ser comprovado no processo até ao termo do prazo da contestação, sendo irrelevante tal prova em momento posterior").

[280] Cfr., entre outros,

– o Ac. STJ, de 24.6.2004 (Quirino Soares), www.dgsi.pt ("a caducidade do direito de resolução respeitante às faltas com antiguidade superior a um ano só seria de considerar se essa excepção peremptória tivesse sido invocada no local próprio, a contestação, visto que, por um lado, se não trata de excepção de conhecimento oficioso (e não o é porque a relação não é indisponível – cfr. art. 333.°, n.° 2, CC, que remete para o art. 303.°), e que, por outro lado, toda a defesa deve ser deduzida na contestação, nos termos

do art. 489.º, n.º 1 CPC, ressalvadas as excepções previstas no n.º 2, que se não verificam, no caso");
— o Ac. Rel. Porto, de 4.12.2003 (GONÇALO SILVANO), www.dgsi.pt ("trata-se de uma situação de renda de 1988 e a acção apenas foi intentada em 28.6.2000. O certo, é que a ré não deduziu expressamente esta excepção, como lhe era imposto, não valendo aqui, a alegação de que tal resulta da contestação no seu conjunto ao pedir a improcedência da acção. Porque se trata de matéria não excluída da disponibilidade das partes é ao arrendatário que compete deduzir tal excepção, não podendo o tribunal conhecer esta caducidade oficiosamente");
— o Ac. STJ, de 13.5.2003 (MOREIRA CAMILO), www.dgsi.pt ("sendo o despejo pedido com fundamento na falta de pagamento de rendas de vários anos, o [arrendatário] faz caducar o direito à resolução do contrato, desde que deposite esses valores e invoque essa excepção peremptória da caducidade Prevenindo-se contra a hipótese de o Réu arguir tal caducidade, poderá o Autor formular, com o pedido de resolução do contrato por falta de pagamento de rendas, um pedido subsidiário de condenação do Réu a pagar-lhe as rendas devidas há mais de um ano, com a respectiva indemnização, pedido este que, se a acção comportar réplica, poderá até ser deduzido neste articulado, ao abrigo do disposto no artigo 273.º, n.º 2, do CPC");
— o Ac. Rel. Porto, de 9.12.1998 (RIBEIRO DE ALMEIDA), www.dgsi.pt ("se houver rendas vencidas há mais de um ano e o réu invocar a caducidade do direito de resolução, quanto a essas rendas, e pretender efectuar o depósito liberatório, este só tem de abranger essas rendas em singelo, sendo o acréscimo de 50% devido apenas quanto às rendas do último ano. Prevenindo a hipótese de o réu fazer uso do direito potestativo de invocação da caducidade, o autor da acção pode formular o pedido subsidiário de condenação do réu nas rendas devidas à mais de um ano acrescidas de 50%. Na falta desse pedido, o réu só pode ser condenado no pagamento dessas rendas em singelo");
— o Ac. Rel. Porto, de 9.5.1996 (VIRIATO BERNARDO), www.dgsi.pt ("intentada acção para resolução do arrendamento, com esse fundamento, e estando em dívida rendas por período superior a um ano antes da propositura da acção, o depósito liberatório ou impeditivo do direito de resolução, a efectuar pelo arrendatário, não tem de abranger todas essas rendas mas só as relativas ao último ano e respectiva indemnização");
— o Ac. Rel. Porto, de 17.12.1987 (LOPES FURTADO), www.dgsi.pt ("para beneficiar da caducidade do artigo 1048 do Código Civil, o Réu só tem que depositar, com a respectiva indemnização, as rendas do último ano. Se o despejo é pedido com fundamento na falta de pagamento de rendas de vários anos, o Réu faz caducar o direito à resolução, desde que deposite, com a legal indemnização, as rendas do último ano, e invoque a caducidade do direito à resolução quanto às rendas anteriores. A caducidade do art. 1041.º CC só pode ser declarada se o Réu o pedir. Prevenindo-se contra a hipótese de o Réu invocar a caducidade do art. 1041.º CC, poderá o Autor formular, com o pedido de resolução por falta de pagamento das rendas do último ano, um pedido subsidiário de condenação do Réu a pagar-lhe as rendas devidas há mais de um ano, com a respectiva indemnização").

SECÇÃO IV
A perda da faculdade de o arrendatário fazer caducar o direito de resolução

§ 1. Considerações gerais. § 2. Uso limitado da faculdade de fazer caducar o direito de resolução. 1. A nova regra. 2. Âmbito de aplicação. 2.1. Arrendatário urbano. 2.2. Fase judicial. 2.2.1. Utilização da via extrajudicial e, seguidamente, da via judicial (executiva). 2.2.2. Utilização da via judicial (acção declarativa de despejo). 2.2.2.1. Hipótese típica. 2.2.2.2. Hipótese atípica. 2.2.3. Utilização da via judicial, seguida do despejo imediato e da obtenção de título executivo. 2.3. Utilização da faculdade pelo arrendatário "uma única vez". 2.4. Utilização da faculdade com referência a cada contrato. § 3. Alguns casos específicos. 1. Alteração da posição de arrendatário. 2. Modificação da posição de senhorio.

§ 1. Considerações gerais

Nesta secção, temos apenas em vista a hipótese de o arrendatário fazer caducar o direito de resolução em razão do pagamento das rendas em atraso e da indemnização legal moratória.

Ora, neste domínio, no pretérito, não existia qualquer possibilidade de o locatário perder o direito de fazer caducar o direito do senhorio.

Com efeito, à luz dos regimes anteriores, o inquilino podia, desde que fossem observados os requisitos legais, extinguir – sem limitações de nenhuma ordem – o direito do senhorio.

Bastava o cumprimento do disposto no corpo único do art. 1048.º CC – versão anterior (que não continha, portanto, qualquer número) –, que determinava ser bastante que o arrendatário:

– "até à data da contestação da acção [declarativa de despejo] destinada a fazer valer esse direito [o de resolução por falta de pagamento da rendas], pague ou deposite as somas devidas e a indemnização referida no n.º 1 do art. 1041.º".

§ 2. Uso limitado da faculdade de fazer caducar o direito de resolução

1. A nova regra

Com o NRAU, foi introduzida no art. 1048.º CC uma nova regra nesta matéria.

O normativo tem actualmente três números, sendo que é o segundo desses números que aqui se analisa.

Nele se consagra o seguinte:

– "em fase judicial, o locatário só pode fazer uso da faculdade referida no número anterior uma única vez, com referência a cada contrato".

Ora, a faculdade a que se reporta o n.º 1 do art. 1048.º é justamente a de o arrendatário fazer "caduca[r]", nos termos previstos, o "direito à resolução do contrato por falta de pagamento da renda".

2. Âmbito de aplicação

2.1. *Arrendatário urbano*

A nova disposição é aplicável a qualquer arrendatário urbano, seja habitacional ou não habitacional.

Assim se expressa a letra do número em causa, quando alude ao "locatário" (art. 1048.º, n.º 2, início da 2.ª frase, CC, NRAU).

O mesmo se conclui do quadro onde se integra: quer do próprio art. 1048.º, quer do facto de ser uma secção do capítulo IV, atinente à locação (especialmente os arts. 1041.º e 1042.º CC).

Acresce que não há nenhuma razão justificativa que nos leve a restringir o alcance do normativo a um específico arrendatário.

2.2. Fase judicial

A regra só actua quando estamos "em fase judicial" (art. 1048.°, n.° 2 CC, NRAU), pelo que, a *contrario sensu*, se tudo se processar "em fase extrajudicial", o arrendatário continua a manter intacta a possibilidade de fazer caducar o direito de resolução, sem perda, portanto, do seu direito.

Mas a expressão usada carece de ulterior explicação. Isto porque se poderia entender que, chegados, em qualquer circunstância, à fase judicial, o arrendatário perdia o direito de fazer caducar o direito de resolução.

Há aqui que equacionar várias hipóteses.

2.2.1. *Utilização da via extrajudicial e, seguidamente, da via judicial (executiva)*

Seguindo o senhorio a via extrajudicial, pode acontecer que – não tendo o arrendatário posto "fim à mora no prazo de três meses" (art. 1084.°, n.° 3 CC, NRAU) –, aquele tenha instaurado uma acção executiva para entrega de coisa certa (em razão de o inquilino não ter feito extinguir o direito de resolução e de, posteriormente, não ter desocupado o locado) e uma outra para entrega de quantia certa.

Laurinda Gemas, Albertina Pedroso e Caldeira Jorge sustentam que – apesar de o arrendatário não ter pago no (segundo) prazo trimestral concedido o direito de resolução, mediante o pagamento das rendas em atraso e da indemnização legal – pode, ainda assim, fazer caducar o direito de resolução. Fundamentam-no, essencialmente, em duas ordens de razão: o comportamento, em regra, tolerante do senhorio; a falta de consciência do arrendatário, quando se efectua a comunicação resolutiva, nos termos do art. 9.°, n.° 7, das suas consequências[281].

Discordamos desta orientação.

Ora, em sede de oposição à execução (e, portanto, agora em "fase judicial"), o locatário não pode dispor – com sucesso – do direito de (novamente) "pôr fim à mora".

Por um lado, porque já lhe foi dada essa possibilidade, ainda numa fase prévia à judicial, não tendo o inquilino aproveitado essa "chance".

---

[281] Arrendamento Urbano, cit., pp. 232 ss.

E foi-lhe dada uma possibilidade durante largo tempo: pelo menos 6 meses e alguns dias.

Acresce que o arrendatário viu, depois de esgotados os dois prazos trimestrais, extinto o contrato de arrendamento. Não restituiu voluntariamente o locado, pelo que ainda beneficiou de mais um período temporal para o desocupar (art. 1087.º CC, NRAU).

No fim deste percurso árduo e cheio de obstáculos para o senhorio, não é concebível, a nosso ver, que o arrendatário possa fazer actuar o direito em causa.

Aliás, tal representaria uma clara situação de abuso do direito de fazer caducar o direito de resolução, incompatível com um comportamento conforme à regra da boa fé.

No tocante à falta de consciência das consequências da comunicação resolutiva, cabe referir que da mesma constam tais efeitos, sendo que é efectuada pelo tribunal, através de um secretário judicial, ou por um sujeito com poderes próprios (um advogado, um solicitador ou um agente de execução). Ora, se porventura existir alguma falta de consciência dos efeitos, tal deve-se exclusivamente ao inquilino. Só a ele é imputável tal omissão[282].

2.2.2. Utilização da via judicial (acção declarativa de despejo)

2.2.2.1. Hipótese típica

Outra hipótese é a do uso, pelo senhorio, de acção declarativa de despejo, estando agora em curso uma fase judicial.

Ora, tal via está – como sempre esteve[283] – expressamente prevista no texto anterior, para o qual remete o preceito em comentário, quando refere: "até ao termo do prazo para a contestação da acção declarativa [de despejo]" (art. 1048.º, n.º 1 CC, NRAU).

Portanto, o arrendatário dispõe da faculdade de pagar as rendas em atraso e metade do seu valor só até ao fim do prazo da contestação.

2.2.2.2. Hipótese atípica

Há que suscitar uma outra possibilidade: o senhorio instaura uma acção declarativa sem ter *fundamento* para tal (*v.g.*, dado que a acção foi

---

[282] Ver supra TIT. V, CAP. III, § 2, 4.
[283] E no passado só esteve prevista nessa sede.

proposta sem terem decorrido 3 meses após a mora e não ter sido demonstrado o elemento "inexigibilidade" ou porque o incumprimento da obrigação de pagamento da renda era de escassa importância, não tendo lugar a extinção do contrato).

Nestas situações, tem de entender-se que não se chegou regularmente à via judicial, pelo que não se preenche o requisito legal.

2.2.3. *Utilização da via judicial, seguida do despejo imediato e da obtenção de título executivo*

Sabemos, por outro lado, que pode estar em curso uma acção de despejo (*v.g.*, por falta de pagamento da renda) e aí ser suscitado o despejo imediato, porque o arrendatário deixou de pagar as rendas após o decurso do prazo da contestação.

O despejo imediato tem na sua base os n.ºs 3, 4 e 5 do art. 14.º NRAU,

– a falta de pagamento das rendas na pendência da acção de despejo;
– por período superior a três meses;
– seguida da notificação do inquilino, para pagar as rendas e a indemnização devida em 10 dias;

A falta do pagamento das importâncias em causa permite ao senhorio pedir certidão para efeito de instauração de acção executiva de despejo.

Deste modo, tratando-se de tal incidente, mesmo no quadro de uma acção de despejo por falta de pagamento da renda, admitimos que não haja perda do direito do arrendatário.

Tal pode fundamentar-se em dois motivos: trata-se de um incumprimento no quadro de uma mesma acção, havendo portanto a ideia de continuidade; acresce que a regra, até à data da entrada em vigor do RAU (e mesmo após o NRAU), tem sido a da instauração de uma acção de despejo por falta de pagamento de renda e, no seu decurso, surge novo incumprimento, pelo que não é crível que o legislador não tivesse querido contemplar essa hipótese no normativo.

Entendemos que não se justifica uma interpretação restritiva do art. 14.º, n.º 4 NRAU em razão do disposto no art. 1048.º, n.º 2 CC, NRAU.

Mas, perdendo o locatário essa possibilidade (concedida à luz do art. 14.º, n.º 4 NRAU), e permitindo, consequentemente, o recurso à via executiva, conceder novamente ao arrendatário a possibilidade de pôr fim à mora configuraria uma situação de claro abuso do direito, pois ele já teve anteriormente essa hipótese e não a aproveitou.

2.3. *Utilização da faculdade pelo arrendatário "uma única vez"*

O preceito em análise vem ainda especificar que o arrendatário, em relação à possibilidade de fazer caducar o direito de resolução, "só pode fazer [dela] uso... uma única vez".

Há que ler a norma à luz do que afirmámos anteriormente.

Assim, se não chegamos sequer à fase judicial, não há que contabilizar o incumprimento para efeito do n.º 2 do art. 1048.º CC, NRAU: aqui o arrendatário pode, ulteriormente, deixar de cumprir, sem que isso acarrete qualquer consequência a este nível.

Diversamente, se foi instaurada, fundamentadamente, uma acção (declarativa) de despejo, o inquilino tem a possibilidade de, pela primeira e única vez – atendendo a que se chegou à referenciada fase judicial relevante para este efeito –, fazer caducar o direito de resolução.

Numa posterior situação de falta de pagamento da renda – em nova acção de despejo –, há que averiguar o procedimento utilizado pelo senhorio.

Se foi seguida por este a via extrajudicial (uma, duas ou mais vezes), o arrendatário continua a dispor da faculdade de fazer cessar o direito de resolução por falta de pagamento da renda.

Caso tenha sido empregue a via judicial (acção de despejo), o arrendatário já não tem possibilidade de (em princípio) fazer extinguir o direito de resolução do senhorio. Perdeu essa via, quando incumpriu anteriormente a obrigação de pagamento da renda, o senhorio o accionou judicialmente (nas circunstâncias atrás descritas) e o inquilino utilizou, <u>pela primeira mas também última vez</u>, o direito de pagar as rendas em atraso e a indemnização correspondente.

2.4. *Utilização da faculdade com referência a cada contrato*

Explicita ainda a parte final do n.º 2 do art. 1048.º, n.º 2 CC, NRAU, que o circunstancialismo descrito no normativo é empregue apenas "com referência a cada contrato".

Literalmente, o que parece estar em causa é uma mera clarificação, que já resulta implicitamente da lei.

O que se prevê é a possibilidade de existirem contratos de arrendamento distintos celebrados entre um mesmo senhorio e um mesmo inquilino. Nesses casos, há que ver qual o contrato incumprido. A inexecução de um negócio só releva nesse enquadramento, não afectando – naturalmente – o outro.

Porém, a questão pode suscitar algumas dúvidas quando estão em causa contratos celebrados com um dado arrendatário que, por sua vez, é ainda co-arrendatário daquele locador num outro contrato. De todo o modo, o que releva é o contrato de arrendamento incumprido, mais do que os sujeitos (co-)arrendatários.

§ 3. Alguns casos específicos

A norma pode gerar dúvidas quanto aos casos de modificação da posição de arrendatário.

1. Alteração da posição de arrendatário

A alteração da posição de arrendatário pode ter várias causas. Identifiquemos algumas:

– a transmissão da posição de arrendatário para o cônjuge por efeito do divórcio, à luz do art. 1105.º CC, NRAU;
– a transmissão da situação arrendatícia na sequência da partilha do estabelecimento comercial (bem comum do casal) igualmente por efeito do divórcio;
– a transmissão da posição locatícia por morte do inquilino no arrendamento para habitação (nos termos do art. 1106.º CC), ou no arrendamento para fins não habitacionais (ou a sua concentração no cônjuge sobrevivo (no quadro do art. 1107.º CC);
– a transmissão da posição de arrendatário por efeito do trespasse do estabelecimento comercial;
– a transmissão da posição de arrendatário por via da fusão ou da cisão de sociedades.

Ora, nestas hipóteses, há que saber se tendo ocorrido, em sede judicial, o pagamento pelo arrendatário das rendas em atraso e da indemnização legal moratória, o que fez caducar o direito de resolução do senhorio, se o novo arrendatário – que incumpriu – está impedido de utilizar esse mecanismo, caso o locador instaure nova acção de despejo por falta de pagamento da renda.

Embora os contornos actuais do arrendamento sejam algo diversos do que ocorria no pretérito (especialmente com a queda do vinculismo e com o carácter mais temporário do arrendamento), não deixa de ser verdade que o contrato de arrendamento continua a ser entendido como um contrato duradouro, no sentido de que se prolonga no tempo.

Queremos com isto dizer que o contrato celebrado entre um dado senhorio e um determinado arrendatário tende a prolongar-se por um período relativamente largo, em regra, não menos do que cinco anos[284], podendo ir – e normalmente irá – muito mais além.

Este período (tendencialmente mínimo) é, a nosso ver, razoável para que, verificada a transmissão da posição de locatário *inter vivos* ou *mortis causa*, não se repercuta qualquer consequência.

Ora, tal período, digamos "mínimo", é, do ponto de vista do senhorio e para os efeitos tidos aqui em vista, razoável.

Apreciemos a temática sob um outro prisma.

A morte do arrendatário (habitacional ou não habitacional) ou o divórcio do inquilino habitacional podem considerar-se factores exógenos a este problema.

De igual modo, a transmissão da posição locatícia por efeito da venda executiva do estabelecimento comercial também pode integrar-se nessa modalidade.

A transferência definitiva e voluntária do estabelecimento comercial (seja por via do trespasse, seja por via da fusão ou da cisão de sociedades) tem um âmbito diverso, em razão de se tratar de um acto querido pelas partes.

Dito isto, há que apreciar a norma.

Atendendo ao elemento literal, a referência é feita ao "arrendatário" – e não ao seu transmissário –, pelo que não se repercute o incumprimento

---

[284] O nosso entendimento tem na base a situação-regra, à luz da lei, em razão da duração "mínima" dos contratos: com prazo certo, de 5 anos; de duração indeterminada com prazo de pré-aviso de denúncia de 5 anos.

daquele num eventual incumprimento deste. Mas a regra também pode ser lida em sentido oposto, o "arrendatário", qualquer que ele seja.

Impõe-se, no entanto, apreciar as razões que terão presidido à construção legal, que, destaque-se, não se referiu ao transmissário.

É certo que o senhorio, por efeito da transferência da posição contratual, vê-se perante um novo sujeito, que não foi aquele que contratou e que a lei lhe impõe.

Isso aliás é feito à sua revelia, afastando-se o seu consentimento para que ocorra tal transferência.

Acresce que é o mesmo contrato que está em causa, já que não se modificam as suas cláusulas (*v.g.*, a do valor da renda, a da actualização da renda, a do lugar do pagamento da renda).

Mas há argumentos, a nosso ver mais fundamentados, que permitem considerar que o legislador não terá pretendido esta disciplina tão rígida.

A transmissão dos efeitos do incumprimento do antigo arrendatário para o novo arrendatário significaria estar a relevar no presente e para o futuro, próximo ou longínquo, um tempo do passado, porventura até já distante.

Esta construção sempre suscitava problemas de conhecimento pelo novo arrendatário dos contornos da falta de pagamento da renda daquele contrato. Devia aludir-se a uma obrigação de o novo inquilino se informar (previamente) acerca do que aconteceu ou, ao invés, a um dever de esclarecimento do senhorio em relação àquele?

Um regime mais duro, apenas em sede judicial, que afectasse o novo arrendatário mostrar-se-ia incompatível, cremos, com o regime laxista e flexível estabelecido na via extrajudicial: aí, seja quem for o inquilino (o mesmo ou um eventual transmissário), não há consequências de nenhuma ordem para este se proceder ao pagamento dos valores devidos ao senhorio.

A norma, se provocasse a repercussão no novo arrendatário ou nos sucessivos arrendatários, mostrar-se-ia pouco razoável e até pouco justificável; imagine-se que o arrendatário primitivo se socorreu da regra da caducidade do direito de resolução; o terceiro arrendatário (por efeito de um duplo trespasse), deixou, 12 anos volvidos (em que o cumprimento foi sempre pontual), de pagar a renda, *v.g.*, por dificuldades financeiras temporárias; não se compreenderia a "resolução cega".

A posição débil como o arrendatário ainda é visto à luz do NRAU, leva-nos a defender que não se quis ir tão longe.

Note-se, por outro lado, que a regra em causa, funcionando para um só arrendatário (cujo contrato pode perdurar – e normalmente perdurará – por vários e até longos anos), já é suficientemente gravosa.

À luz da disciplina da duração do contrato estabelecida, não deve esquecer-se que o senhorio tem outros meios de fazer cessar o contrato, especialmente nos casos de denúncia e de oposição à prorrogação.

Consideramos, portanto, que o novo inquilino mantém a possibilidade de fazer caducar o direito de resolução judicial (uma única vez), apesar de o anterior inquilino já se ter porventura socorrido de tal mecanismo.

Observe-se, no entanto, que é pensável, nos casos de transmissão voluntária da posição contratual e sem necessidade de consentimento do senhorio, que possam existir situações onde se procura habilmente ultrapassar a proibição legal. Estamos a imaginar, *v.g.*, o arrendatário, pessoa singular, que constitui uma sociedade, da qual ele é único sócio, e cuja entrada consiste no estabelecimento comercial de que era proprietário. Nesta hipótese, o "novo" inquilino parece já não merecer protecção. Realce-se que sempre teria de se demonstrar aqui uma intenção de defraudar a lei.

De todo o modo, teria andado melhor o legislador se, em vez da regra estabelecida, tivesse consagrado um prazo (por exemplo, de 5 anos) durante o qual o arrendatário (ou um eventual transmissário) não podia fazer caducar, por mais de uma vez (em sede judicial[285]), pagando as rendas em atraso e a indemnização legal moratória.

2. Modificação da posição de senhorio

Ao invés das dúvidas suscitadas por alguns casos anteriores, a modificação da posição de senhorio (por exemplo, na sequência da venda ou da doação do imóvel, da morte do locador) não deve interferir com o regime do art. 1048.°, n.° 2 CC.

O que releva é o próprio contrato de arrendamento celebrado e não o sujeito perante quem se incumpriu (o senhorio A ou senhorio B).

---

[285] E também em sede extrajudicial.

TÍTULO VI
Resolução do contrato de arrendamento por falta de pagamento de renda: outros aspectos de relevo

CAPÍTULO I
A excepção de não cumprimento invocada pelo arrendatário

§ 1. Identificação das prestações. § 2. Sinalagmaticidade entre as prestações. § 3. Efeitos da correspectividade entre as prestações. 1. A excepção de não cumprimento do contrato em termos gerais. 2. A não entrega do imóvel e a excepção de não cumprimento. 3. O cumprimento defeituoso ou o incumprimento parcial do senhorio e a excepção de não cumprimento. 3.1. As regras da boa fé e da proporcionalidade. 3.2. Privação do gozo do imóvel, imputabilidade da conduta e causa da invocação. 3.3. Prática judicial.

§ 1. Identificação das prestações

O art. 1031.º CC especifica duas obrigações do locador, a saber:

– a da entrega da coisa locada ao inquilino (al. a));
– a de lhe assegurar o gozo do imóvel para os fins a que a coisa se destina (al. b)).

Quanto ao arrendatário, assume especial realce a obrigação de pagar a renda (art. 1038.º, al. a) CC).

Impõe-se apreciar se tais deveres do senhorio e do inquilino estão ligados por um nexo de correspectividade, para posteriormente curar de analisar se o incumprimento temporário de algum deles gera a possibilidade de invocar a excepção de não cumprimento do contrato.

§ 2. Sinalagmaticidade entre as prestações

A doutrina e a jurisprudência admitem que na locação (e, portanto, no arrendamento em especial) existe correspectividade entre as obrigações do senhorio de entregar ao locatário a coisa locada e de lhe assegurar o respectivo gozo e a obrigação de pagamento de renda por parte deste[286].

§ 3. Efeitos da correspectividade entre as prestações

1. A excepção de não cumprimento do contrato em termos gerais

A excepção de não cumprimento traduz-se na possibilidade de, no âmbito de um contrato bilateral, um dos contraentes recusar a sua prestação, enquanto a outra parte não realizar a que lhe cabe ou não oferecer o seu cumprimento simultâneo (art. 428.º CC).

Assim, se não é entregue a coisa, objecto do negócio, o outro contraente pode, invocando aquele meio de defesa, deixar de cumprir a sua contraprestação até que a outra parte o faça (*exceptio non adimpleti contractus*).

---

[286] Ver, entre outros, VAZ SERRA, "Excepção de contrato não cumprido (*exceptio non adimpleti contractus*)", BMJ, n.º 67, 1957, pp. 22 e 23, ANTUNES VARELA, Das Obrigações em Geral, Vol. I, 10.ª ed., Revista e Actualizada, 2006 (4.ª reimpressão da edição de 2000), p. 400, CALVÃO DA SILVA, Cumprimento e Sanção pecuniária Compulsória, 4.ª Ed., Coimbra, 2007, p. 332, nota 599, JOSÉ JOÃO ABRANTES, A Excepção de Não Cumprimento do Contrato no Direito Civil Português. Conceito e fundamento, Coimbra, 1986, p. 43.

Na jurisprudência, cfr. Ac. Rel. Porto, de 11.12.2003 (SALEIRO DE ABREU), www.dgsi.pt, Ac. Rel. Porto, de 4.3.1996 (AZEVEDO RAMOS), CJ, 1996, II, p. 177.

Também no caso de incumprimento parcial ou de cumprimento defeituoso é comummente aceite pela doutrina o recurso a este instrumento (*exceptio non rite adimpleti contractus*)[287].

Se não se concedesse tal possibilidade a uma das partes quebrar-se-ia o equilíbrio contratual que subjaz às relações sinalagmáticas. Trata-se, portanto, de um meio de compelir à execução do contrato, sendo certo que sem o recurso a tal figura poderiam produzir-se resultados contraditórios com o princípio da equivalência das prestações, expressão dos contratos bilaterais.

2. A não entrega do imóvel e a excepção de não cumprimento

A omissão de entrega do imóvel, posto que imputável ao senhorio (ou mesmo, cremos, a terceiro), permite ao arrendatário suspender o pagamento da renda.

Assim, se estando prevista, por exemplo, para uma determinada data a entrega do prédio ao inquilino e o senhorio incumpre, de modo temporário, o dever que lhe incumbe, aquele tem a possibilidade de invocar a excepção de não cumprimento do contrato.

Esta mesma ideia é sustentada peremptoriamente no Ac. Rel. Porto, de 5.5.2008, quando se observa que, "enquanto o senhorio não proceder à entrega do prédio, o arrendatário não está obrigado a pagar a renda, podendo invocar, a *exceptio*, de harmonia com o disposto no art. 428.º, n.º 1 CC. A excepção do não cumprimento do contrato é, assim, aplicável ao contrato de arrendamento em que se verifique a não entrega da coisa"[288].

---

[287] Ver, quanto à admissibilidade da excepção de cumprimento parcial e da excepção de cumprimento defeituoso, entre outros, MENEZES CORDEIRO ("Violação positiva do contrato. Cumprimento imperfeito e garantia de bom funcionamento da coisa vendida; âmbito da excepção do contrato não cumprido", ROA, 1981, pp. 147 ss.), CALVÃO DA SILVA (Responsabilidade civil do produtor, Coimbra, 1990, pp. 242 ss.), ANTUNES VARELA ("Cumprimento imperfeito do contrato de compra e venda. A excepção do contrato não cumprido", CJ, 1987, IV, p. 34), ROMANO MARTINEZ (Cumprimento defeituoso. Cumprimento defeituoso em especial na compra e venda e na empreitada, Coimbra, 1994, pp. 324 ss.), VAZ SERRA ("Excepção de contrato não cumprido (*exceptio non adimpleti contractus*)", cit., pp. 39 ss. e pp. 49 ss.), JOSÉ JOÃO ABRANTES (ob. cit., pp. 92 ss.).
Na jurisprudência, ver o Ac. STJ, de 18.2.1999 (PEIXE PELIÇA), CJ, Ac. STJ, 1999, I, pp. 118 ss. e o Ac. Rel. Coimbra, de 20.4.1999 (SOARES RAMOS), CJ, 1999, II, pp. 34 ss.

[288] Ac. Rel. Porto, de 5.5.2008 (ANABELA LUNA DE CARVALHO), www.dgsi.pt.

3. O cumprimento defeituoso ou o incumprimento parcial do senhorio e a excepção de não cumprimento

3.1. *As regras da boa fé e da proporcionalidade*

A doutrina e a jurisprudência têm realçado com acerto que o funcionamento da excepção de não cumprimento deve considerar alguns factores para aferir a legitimidade da sua invocação, a saber:

- a regra da boa fé;
- a verificação da proporcionalidade (ou do equilíbrio) entre as prestações[289].

3.2. *Privação do gozo do imóvel, imputabilidade da conduta e causa da invocação*

Ora, à luz das regras enunciadas, há que responder a certas questões para apurar, em concreto, se é viável o emprego da *exceptio*:

---

[289] Destaque-se ALMEIDA COSTA ao salientar, por um lado, que "seria contrário à boa fé que um dos contraentes recusasse a sua inteira prestação, só porque a do outro enferma de uma falta mínima ou sem suficiente relevo" e, por outro, "na mesma linha, surge a regra da adequação ou proporcionalidade entre a ofensa do direito do excipiente e o exercício da excepção. Uma prestação significativamente incompleta ou viciada justifica que o outro obrigado reduza a contraprestação a que se acha adstrito. Mas, em tal caso, só é razoável que recuse quanto se torne necessário para garantir o seu direito" ("Anotação ao Ac. STJ, de 11.11.1984" RLJ, n.º 119, 1986/1987, p. 144).

Cfr. ainda PEDRO ROMANO MARTINEZ, Cumprimento Defeituoso. Em especial na compra e venda e na empreitada, Coimbra, 1994, p. 329 ("a *exceptio non rite adimpleti contractus* deve ser invocada tendo em conta o princípio da boa fé"), CALVÃO DA SILVA, Cumprimento e sanção pecuniária compulsória, 4.ª Ed., Coimbra, 2007 (reimpressão da 4.ª ed., de 2002), p. 335 (observa o autor que a *exceptio* deve ser invocada "em conformidade com a boa fé"), JOSÉ JOÃO ABRANTES, ob. cit., p. 118 (aludindo à possibilidade de "recusa de pagamento da renda em termos parciais – isto é, até onde permitisse o princípio geral da boa fé").

Vide na jurisprudência, entre outros, o Ac. Rel. Porto, de 5.5.2008 (ANABELA LUNA DE CARVALHO), www.dgsi.pt ("para que a suspensão do pagamento de rendas possa ser total, necessário é que à luz do princípio da boa fé, essa suspensão se mostre adequada e proporcional à falta de condições ou à natureza dos vícios").

- por um lado, se houve privação total ou parcial do gozo do imóvel, pois só nestes casos se pode suscitar a invocação da excepção de não cumprimento pelo arrendatário[290]; e
- por outro lado, se tal privação é imputável ao senhorio ou ao arrendatário[291], sendo que só naquele caso é que se suscita a invocação do meio de defesa em causa;

Acresce que há igualmente que considerar à específica situação que está na base da invocação da *exceptio* (*v.g.*, se está em causa um vício da coisa, a falta da licença de utilização do imóvel) para avaliar adequadamente a sua fundamentação.

Repare-se que a falta de pagamento só pode ser total se o prédio não realiza cabalmente o fim a que é destinado, carecendo o mesmo das qualidades asseguradas no início do contrato.

Em todos os outros casos, a falta de pagamento da renda apenas poderá ser parcial.

O art. 1040.º do CC refere-se, de resto, à redução da renda.

No seu n.º 1, assinala-se que

- se, por motivo não atinente à sua pessoa ou à dos seus familiares, o locatário sofrer privação ou diminuição da coisa locada, haverá

---

[290] Se existirem, por hipótese, pequenas infiltrações de água no locado que não impeçam o gozo do locado, não pode haver lugar à suspensão (sequer parcial) do pagamento da renda. Ao invés, se essas deteriorações não permitem ao arrendatário gozar total e plenamente do prédio, a conclusão é a inversa.

[291] Sendo o acto é imputável ao inquilino, dúvidas não haverá que o senhorio não corre o risco de suspensão do pagamento da renda.

Vejamos uma situação concreta. Foi dado de arrendamento um imóvel destinado a restaurante e parqueamento privativo dos clientes do mencionado estabelecimento comercial. Do contrato constava que o "inquilino fica desde já autorizado a efectuar todas as obras de adaptação do locado que se mostrem necessárias para o objecto deste contrato, desde que os mesmos não afectem a estrutura, a fachada nem a segurança do edifício". Alguns condóminos habitacionais queixaram-se do ruído provocado pelo sistema de exaustão de fumos e cheiros, não tendo sido resolvido o problema. Por outro lado, não ficou provado que as contratantes tivessem acordado fazer recair sobre o senhorio a obrigação de realizar as obras de adaptação do locado a estabelecimento de restauração. A impossibilidade de o inquilino abrir o restaurante ao público gerou a suspensão do pagamento das rendas. Foi instaurada uma acção de despejo pelo senhorio com base na falta de pagamento. O tribunal julgou procedente a acção, pois considerou que as anomalias surgidas no âmbito da instalação do restaurante são da exclusiva responsabilidade da arrendatária (Ac. Rel. Porto, de 13.5.2008 (MARIA DO ROSÁRIO MORGADO), www.dgsi.pt).

lugar a uma redução da renda... proporcional ao tempo da privação ou diminuição e à extensão desta, sem prejuízo do disposto na secção anterior".

No seu n.º 2, determina-se que

– "se a privação ou [a] diminuição não for imputável ao locador, nem aos seus familiares, a redução só terá lugar no caso de uma ou outra exceder um sexto da duração do contrato"[292].

De todo o modo, como se constata, há um grau muito elevado de risco na invocação deste meio de defesa, especialmente na eventualidade de redução parcial do valor da renda, em razão da sua quantificação[293].

---

[292] Ver o Ac. Rel. Lisboa, de 14.5.2009 (MARIA JOSÉ MOURO), www.dgsi.pt ("o recurso do arrendatário a este instituto, se existe cumprimento defeituoso ou parcial pelo senhorio, apenas o dispensa de pagar a renda correspondente à falta verificada. A quantificação pode tornar-se mais ou menos difícil. Quando as partes não chegarem a acordo subsiste o remédio da consignação em depósito, mas o arrendatário corre o risco de o seu cálculo pecar por defeito, depositando uma renda menor do que a devida"), o Ac. Rel. Lisboa, de 7.2.2002 (CORDEIRO DIAS), www.dgsi.pt ("no caso de privação parcial do gozo do prédio, imputável ao senhorio, o arrendatário apenas poderá suspender o pagamento da parte proporcional da renda nos termos do art. 1040.º, do CC"), e o Ac. Rel. Lisboa, de 9.5.1996, www.dgsi.pt ("se o locatário paga a renda e o locador não repara as deteriorações do imóvel que é obrigado a garantir, aquele pode suspender o pagamento de toda a renda, quando se trata de não cumprimento que exclua totalmente o gozo da coisa ou de parte dela, no caso de privação parcial do gozo imputável ao locador").

[293] O Ac. Rel. Porto, de 5.5.2008 (ANABELA LUNA DE CARVALHO), www.dgsi.pt, comprova-o: o prédio locado em 1991 destinou-se ao "comércio a retalho e por grosso de pronto-a-vestir, adornos, têxteis, lar, móveis e decoração, electrodomésticos e produtos alimentares embalados ou não e serviços"; 4 anos depois, o arrendatário deixou de pagar as rendas, "devido a deficiências de que o edifício ficou a padecer... dado que o locado não poder ser utilizado para o fim a que se destina". Com efeito, desde Novembro de 1999 começaram a surgir infiltrações e humidades pela placa do tecto da fracção, sendo que o senhorio foi intimado para a realização de obras de reparação da placa de tecto, com vista à eliminação de todas as infiltrações de água e humidades; no entanto, não se provou que a actividade de comércio tivesse deixado de aí ser exercida ou tivesse sofrido uma significativa diminuição, em razão desses vícios.

Desta sorte, o arrendatário apenas poderia invocar a "exceptio" pela privação parcial do gozo do prédio, imputável ao senhorio, na forma de suspensão parcial do pagamento da renda, ou pagamento parcial da renda". Mas, note-se, que não teria a certeza em relação ao *quantum* da renda a diminuir.

Com efeito, o arrendatário dificilmente conhece o valor exacto e concreto a diminuir, se se verificar uma hipótese deste género.

Daí que se tenha já dito que, em sede de locação, a excepção de não cumprimento tem um "campo de aplicação muito limitado"[294].

3.3. *Prática judicial*

De todo o modo, apesar dos riscos que nalgumas situações a excepção de não cumprimento importa, a sua utilização pelo arrendatário tem sido frequente, havendo inúmeras decisões judiciais a pronunciar-se sobre o tema.

Identifiquemos os contornos essenciais de algumas delas, em que sobressaem os problemas de prova, de correspectividade entre as prestações, em especial nos casos em que existe uma vicissitude conexa (*v.g.*, a eventual necessidade de realização de obras no imóvel, a existência de vícios na coisa, a falta de licença de utilização do prédio):

– no Ac. Rel. Lisboa, de 2.7.2009, salienta-se que "entregue ao locatário a coisa locada, o sinalagma em grande medida se desfaz, pois a obrigação de proporcionar o gozo da coisa é uma obrigação sem prazo ou dia certo para o seu cumprimento, ao passo que é a termo a do pagamento da renda. Faltava entre a obrigação de realização das obras e o pagamento das rendas a *interdependência recíproca* das duas obrigações, para se poder estabelecer entre elas a *exceptio*. Assim, não assistia à Apelada a faculdade de invocar a excepção de não cumprimento do contrato por falta de condições do arrendado para deste modo deixar de pagar as rendas. *Qualquer das partes pode resolver o contrato, nos termos gerais de direito, com base em incumprimento pela outra parte* – art. 1083.º, n.º 1 CC. É *fundamento de resolução pelo arrendatário, designadamente, a não realização pelo senho-*

---

[294] Vide ARAGÃO SEIA, Arrendamento Urbano, cit., pág. 412.
Cfr. ainda o Ac. Rel. Lisboa, de 7.2.2002 (CORDEIRO DIAS), www.dgsi.pt ("não obstante, em matéria de locação, a *exceptio non adimpleti contractus* tem um campo de aplicação limitado uma vez que enquanto a obrigação do locatário é de prestação reiterada, vencendo-se no termo de cada período, a do locador é permanente").

rio de obras que a este caibam, quando tal omissão comprometa a habitabilidade do locado – art. 1083.º, n.º 4 CC"[295];
– no Ac. Rel. Lisboa, de 26.3.2009, assinala-se que "muito embora a excepção de não cumprimento não possa ser, em regra, utilizada pelo arrendatário como justificação para a não liquidação da renda, quando o senhorio, por seu turno, não realiza no locado as obras a que legalmente está vinculado, certo é que, em determinadas situações, quando tais obras são condição necessária e suficiente para proporcionar o gozo do imóvel ao respectivo inquilino, afigura-se-nos que pode e deve ser equacionada a possibilidade do arrendatário invocar a excepção de não cumprimento, com a não liquidação da renda. A indefinição absoluta da actividade comercial ali desenvolvida ou a desenvolver obriga a uma leitura igualmente aberta dos vícios dos espaços arrendados, pois sendo compagináveis múltiplas e muito diversas actividades comerciais naqueles espaços, também os defeitos em causa podem obstar, simplesmente dificultar ou permitir mesmo o gozo mais ou menos pleno e satisfatório dos locados consoante o tipo de negócio ali desenvolvido (imagine-se o armazenamento e venda no local de materiais de construção, produtos hortícolas ou agrícolas ou outras mercadorias devidamente ensacadas e fechadas, que não sejam prejudicadas pelas infiltrações e queda de chuva em algumas zonas do mesmo, sendo certo que só em algumas áreas é que isso acontece e não em todas, nada parecendo impedir a utilização destas últimas). Logo, não estando provada pelos Réus tal situação de impossibilidade total do gozo do locado em virtude da não realização das obras reclamadas pela 1.ª Ré, não podia esta invocar a excepção de não cumprimento como justificação para o não pagamento da renda... (ainda que esse impedimento fosse parcial, tal não consentia à inquilina a suspensão integral do pagamento da renda)"[296];
– no Ac. Rel. Porto, de 22.4.2008, considerou-se que, para o efeito da invocação da excepção de não cumprimento, "será necessário demonstrar que o estado de degradação do imóvel é resultado da falta de realização de obras de conservação por parte do senhorio

---

[295] Ac. Rel. Lisboa, de 2.7.2009 (NÉLSON BORGES CARNEIRO), www.dgsi.pt.
[296] Ac. Rel. Lisboa, de 26.3.2009 (JOSÉ EDUARDO SAPATEIRO), www.dgsi.pt.

e que aquele é, de tal forma acentuado, que inviabiliza o seu gozo por parte do inquilino. Terá, por isso, que se provar que o afastamento do inquilino do locado surge como consequência desse estado de degradação"[297];
- no Ac. Rel. Lisboa, de 31.1.2008, afirma-se que "enquanto o locador mantiver ou não impedir o gozo da coisa objecto da locação na disponibilidade do locatário, ou seja, enquanto este a puder usufruir, não lhe assistirá o direito a excepcionar o não cumprimento da obrigação de pagamento da correspondente renda"[298];
- no Ac. STJ, de 22.2.2007, destaca-se que "os factos provados não revelam que a falta de licença de emissão pelo município tenha afectado o gozo do locado pela recorrente para os fins previstos no contrato de arrendamento... Como a recorrida entregou o locado à recorrente no quadro da mencionada aceitação da falta de licença de utilização, e os factos não revelam que a última está a ser impedida de usufruir do locado nos termos convencionados por virtude da não emissão daquela licença, não ocorre o pressuposto da excepção de não cumprimento a que se reporta o artigo 428.º, n.º 1, do Código Civil"[299].
- no Ac. Rel. Porto, de 14.2.2006, observa-se que "não obstante o locador tenha a obrigação de assegurar ao locatário o gozo da coisa locada para os fins a que a mesma se destina, nos termos do art. 1031.º do CC, tal não permite ao inquilino deixar de pagar as rendas...". Aduz-se ainda que "no extremo mais favorável ao inquilino, a existência de vícios na coisa locada dá ao locatário o direito à resolução do contrato, mas em caso algum a resolução pode ter o efeito de legitimar a falta de pagamento da renda por parte do inquilino, desde que este continue a ocupar o local e enquanto não for feita a declaração a que se refere o art. 436.º do C. Civil"[300].
- no Ac. Rel. Porto, de 25.11.2004, considera-se que enquanto "o locador mantiver ou não impedir o gozo da coisa objecto da locação na disponibilidade do locatário, ou seja, enquanto este a poder usu-

---

[297] Ac. Rel. Porto, de 22.4.2008 (RODRIGUES PIRES), www.dgsi.pt.
[298] Ac. Rel. Lisboa, de 31.1.2008 (ILÍDIO SACARRÃO MARTINS), www.dgsi.pt.
[299] Ac. STJ, de 22.2.2007 (SALVADOR DA COSTA), www.dgsi.pt.
[300] Ac. Rel. Porto, de 14.2.2006 (LUÍS ANTAS DE BARROS), www.dgsi.pt.

fruir, não lhe assistirá o direito a excepcionar o não cumprimento da obrigação de pagamento da correspondente renda"[301];
- no Ac. Rel. Porto, de 11.12.2003, especifica-se que "... pode o arrendatário suspender o pagamento da renda enquanto o senhorio não cumprir a obrigação de lhe assegurar o gozo da coisa; essencial é que a falta assuma relevo significativo e que se observe a proporcionalidade e a adequação entre essa falta e a recusa do excipiente"[302];
- no Ac. Rel. Porto, de 17.6.2003, salienta-se que o arrendatário "para justificar a sua recusa do pagamento das rendas e da indemnização, invocou a falta de licença de utilização do locado... Em parte alguma é referida a necessidade de proceder à realização de obras no interior do locado, nem a existência de danos no próprio arrendado, susceptíveis de o tornar inabitável ou de diminuir as suas condições de habitabilidade. Apenas é referida, repetidamente, a falta de licença de utilização do locado. Mas esta falta não é impeditiva do uso do prédio pela inquilina. Tanto assim que nele deve ter habitado desde que lhe foi cedido o gozo, enquanto lhe apeteceu e até que se ausentou para parte incerta"[303];
- no Ac. Rel. Lisboa, de 2.12.1999, refere-se que "verificando-se que uma determinada fracção autónoma de um prédio urbano possui licença de utilização para o exercício do comércio, mas não para o exercício de actividade industrial (de fabricação de confecções), e ainda que no contrato de arrendamento consta destinar-se a *comércio,* bem como na certidão passada pela Repartição de Finanças, factos estes cujo conhecimento era totalmente acessível ao locatário à data em que o arrendamento foi celebrado, sem que tenha havido qualquer ocultação por parte do locador ou que este tenha assegurado que também, o locado, se podia utilizar na actividade industrial, não pode o locatário invocar como justificação para a sua omissão do pagamento das rendas a excepção de não cumprimento por parte do locador por falta de licença de utilização suficiente impeditiva do gozo para

---

[301] Ac. Rel. Porto, de 25.11.2004 (VIRIATO BERNARDO), www.dgsi.pt.
[302] Ac. Rel. Porto, de 11.12.2003 (SALEIRO DE ABREU), www.dgsi.pt.
[303] Ac. Rel. Porto, de 17.6.2003 (FERNANDO SAMÕES), www.dgsi.pt.

o fim industrial (de fabricação de confecções) que lhe pretendiam dar"[304];
- no Ac. Rel. Porto, de 1.2.1996, constata-se que "a excepção de não cumprimento do contrato não opera relativamente a todas as obrigações decorrentes de um contrato bilateral, mas apenas àquelas que se encontrem ligadas por um vínculo de reciprocidade, correspectividade ou interdependência. Não se verifica esse vínculo de interdependência entre a obrigação do locatário de pagar a renda e a obrigação do locador de proceder a obras no local arrendado, sem que isso prive o locatário do gozo da coisa"[305];
- no Ac. Rel. Porto, de 25.10.1994, realça-se que "se, em acção de despejo, com fundamento na falta de residência permanente, o Réu se defende alegando que o A. destelhou a casa, impossibilitando-o de nela residir, estes factos assumem o carácter de uma verdadeira defesa por excepção. O destelhar da casa, com impossibilidade de o arrendatário nela habitar, configura não uma situação de força maior (al a) do n.º 2 do art. 1093.º CC ou al. a) do n.º 2 do art. 64.º RAU) mas antes uma situação de não cumprimento do contrato por parte do senhorio, com possibilidade da invocação da excepção de não cumprimento – art. 482.º do CC – por parte do arrendatário. Essa invocação deixa de ser possível a partir do momento em que o senhorio retelha a casa, a menos que o arrendatário alegue e prove que, apesar do retelhamento, a casa continua inabitável. De acordo com o princípio do equilíbrio ou equivalência das prestações, o arrendatário pode suspender o pagamento das rendas quando o locador, por facto seu, o prive do gozo total do local arrendado"[306];
- no Ac. Rel. Porto, de 17.5.1994, releva-se que "se na vigência do contrato de arrendamento o senhorio muda a fechadura da porta do local arrendado e passa a exercer, neste, actos de posse, verifica-se uma violação da obrigação de assegurar ao arrendatário o gozo da coisa para os fins a que se destina. Essa violação por parte do senhorio legitima o não pagamento das rendas pelo arrendatário"[307];

---

[304] Ac. Rel. Lisboa, de 2.12.1999 (ARLINDO ROCHA), www.dgsi.pt.
[305] Ac. Rel. Porto, de 1.2.1996 (PASSOS LOPES), www.dgsi.pt.
[306] Ac. Rel. Porto, de 25.10.1994 (EMÉRICO SOARES), www.dgsi.pt.
[307] Ac. Rel. Porto, de 17.5.1994 (ALMEIDA E SILVA), www.dgsi.pt.

– no Ac. Rel. Lisboa, de 11.6.1992, defende-se que "a mora do senhorio em fazer obras, sem que tal implique perda do gozo do locado, não justifica que o inquilino deixe de pagar a renda"[308];
– no Ac. Rel. Porto, de 6.6.1991, argumenta-se que "o dever que o senhorio tem de proceder a reparações (quando se mantiver no inquilino o gozo da coisa locada) não é correspectivo do dever do arrendatário pagar, pontualmente, as rendas convencionadas. Assim, se o arrendatário deixa de pagar as rendas devidas, esse facto é fundamento de despejo"[309];
– no Ac. Rel. Porto, de 29.11.1983, sustenta-se que "a regra da correlatividade, reciprocidade ou correspectividade impede suspender o pagamento da renda, quando o locador não tenha privado o locatário do gozo total da coisa, e, por igual razão, é de repelir o funcionamento da excepção do não cumprimento do contrato, para justificar a conduta do arrendatário em conservar encerrado por mais de 1 ano, consecutivamente, o local para comércio"[310].

---

[308] Ac. Rel. Lisboa, de 11.6.1992 (JOAQUIM DE MATOS), www.dgsi.pt.
[309] Ac. Rel. Porto, de 6.6.1991 (ARAGÃO SEIA), www.dgsi.pt.
[310] Ac. Rel. Porto, de 29.11.1983 (FERNANDES FUGAS), www.dgsi.pt.

CAPÍTULO II
A escassa importância do incumprimento do arrendatário

§ 1. A escassa importância do incumprimento. § 2. Critério a ter em conta e suas concretizações. 1. Apreciação objectiva. 2. Concretizações.

§ 1. A escassa importância do incumprimento

Uma das regras basilares do direito dos contratos é a que se encontra ínsita no art. 801.º, n.º 2 CC: a escassa importância [do incumprimento do devedor] não permite ao credor resolver o contrato.

Deve suscitar-se a questão de saber se tal regra vigora em sede arrendatícia, dado que aqui há especialidades a atender.

Note-se que a temática foi discutida no passado, sendo dominante o entendimento de que a escassa importância do incumprimento não se deve desconsiderar na apreciação do direito de resolução do senhorio, e é igualmente debatida no presente[311].

---

[311] Neste sentido, ver, na jurisprudência, entre outros, os seguintes arestos:
– o Ac. Rel. Porto, de 23.4.2007 (Sousa Lameira), www.dgsi.pt (aludindo ao art. 801.º, n.º 2, observa-se que "o direito do arrendamento urbano, apesar de ter regras próprias e particularidades específicas, não se pode isolar do quadro legal geral e dos princípios que enformam todo o sistema", pelo que "estamos perante uma regra, um princípio geral das obrigações, também, necessariamente, aplicável aos contratos de arrendamento");
– o Ac. Rel. Porto, de 19.12.2006 (Marques de Castilho), www.dgsi.pt ("constitui princípio geral das obrigações que o credor não pode resolver o negócio se o não cumprimento parcial, atendendo ao seu interesse, tiver escassa importância, princípio este aplicável ao contrato de arrendamento para habitação");

Aliás, na actualidade, a questão ganha até maior acuidade, dadas as soluções específicas consagradas no art. 1083.°, n.° 2 do CC, que de imediato se concretizam no n.° 3 quanto a alguns casos.

Saliente-se, de antemão, que consideramos a escassa importância do incumprimento atendível no quadro da apreciação do eventual direito de resolução ao senhorio. Justifiquemos.

Desde logo, refira-se que o art. 1083.°, n.° 1 CC, não só não exclui, como ainda remete para os termos gerais de direito, em sede de valoração do direito de resolução. Ora, o art. 801.°, n.° 2 CC é justamente uma das regras de larga importância nesse domínio.

Por outro lado, a consequência desta resolução para o arrendatário – o despejo do locado – é desequilibrada e é bastante gravosa perante o pouco relevante incumprimento. O que justifica o seu emprego[312].

Acresce que o arrendatário é visto, mesmo nos parâmetros actuais, como a parte mais fraca. Por isso merece protecção nalgumas situações e, em particular, em sede de falta de pagamento da renda.

– o Ac. Rel. Porto, de 4.12.2003 (GONÇALO SILVANO), www.dgsi.pt ("não é lícito a um senhorio pedir a resolução de um contrato de arrendamento com base na falta de pagamento de alguma renda se o incumprimento parcial tiver escassa importância;

– o Ac. Rel. Porto, de 27.9.2001 (PIRES CONDESSO), www.dgi.pt ("havendo litígio sobre o montante a deduzir na renda e estando em causa uma diferença reduzida entre o valor das rendas depositadas, relativas a três meses, e o valor devido, o incumprimento do inquilino assume escassa importância e não justifica a resolução do contrato").

Em sentido diverso, ver o Ac. Rel. Lisboa, de 10.10.2006 (LUÍS ESPÍRITO SANTO), www.dgsi.pt ("afigura-se-nos, porém, que o regime legal vigente nesta matéria, atenta a sua imperatividade, não deixa aqui grande margem para a aplicação do art. 802.°, n.° 2, CC. A obrigação imposta pelo art. 1041.°, CC, encontra-se taxativamente determinada na lei, não se vendo como possa o julgador, sem afrontar e violar directamente o normativo, introduzir excepções ou ressalvas, particulares e casuístas, das quais acaba por resultar que afinal o depósito liberatório, contra o que está escrito na norma, tanto pode fixar-se em 49%, como 45%, 43% ou 30% das rendas em dívida, conforme circunstâncias imprevistas e contingentes").

[312] Ver o Ac. Rel. Porto, de 13.10.2009 (RODRIGUES PIRES), www.dgsi.pt ("no domínio do contrato de arrendamento a resolução surge como a última sanção, de tal forma que a mesma será naturalmente de excluir quando estejam em causa infracções mínimas, de escassa importância e que de modo algum frustrem o plano contratual ou afectem a base de confiança própria de um contrato *intuitus personae*, como este o é").

§ 2. Critério a ter em conta e suas concretizações

1. Apreciação objectiva

A escassa importância do incumprimento do arrendatário deve ser apreciada objectivamente. Não há aqui divergências em relação à regra geral.

De todo o modo, neste contexto, há que valorar, em termos particulares alguns elementos:

- o incumprimento à luz do específico contrato de arrendamento;
- os interesses de ambas as partes (senhorio e arrendatário), confrontando-os[313].

2. Concretizações

A apreciação objectiva do escasso incumprimento deve atender, na sua concretização, a elementos variados.

Deste modo, podem relevar inúmeras circunstâncias, que devem ser apreciadas até em conjunto, a saber:

- o diminuto valor do incumprimento[314];

---

[313] Cfr., entre outros,

— Ac. Rel. Porto, de 13.10.2009 (RODRIGUES PIRES), www.dgsi.pt ("a escassa importância terá de ser aferida por um critério objectivo: a gravidade do incumprimento resultará, grosso modo, da projecção do concreto inadimplemento (da sua natureza e da sua extensão) no interesse actual do credor, ou seja, será "aferido" pelas utilidades concretas que a prestação lhe proporciona ou proporcionaria");

— Ac. Rel. Porto, de 23.4.2007 (SOUSA LAMEIRA), www.dgsi.pt (o tribunal "deve utilizar sempre regras objectivas, deve ponderar qual o grau de gravidade do incumprimento no contexto global do contrato, deve ponderar os interesses do credor que a lei visa proteger confrontando-os com os do devedor. O julgador deve ter sempre em atenção as especificidades de caso particular");

— Ac. Rel. Porto, de 19.12.2006 (MARQUES DE CASTILHO), www.dgsi.pt ("essa escassa importância há-de ser aferida por um critério objectivo: a gravidade do incumprimento resultará da projecção do concreto inadimplemento (da sua natureza e da sua extensão) no interesse actual do credor, ou seja, será "aferido" pela utilidades concretas que a prestação lhe proporciona ou proporcionaria").

[314] Cfr. os seguintes arestos, em que se discute esta temática:

— Ac. Rel. Porto, de 13.10.2009 (RODRIGUES PIRES), www.dgsi.pt ("o facto da ré não ter depositado com a renda respeitante ao mês de Janeiro de 2006 (€ 3,25) o valor da indemnização correspondente a 50% desta renda (€ 1,63), devida pelo seu pagamento tardio, tem escassa importância, pois trata-se de infracção mínima que não frustra o plano contratual, nem tão pouco afecta a base de confiança subjacente ao contrato. Determinar, neste caso, a resolução do contrato de arrendamento, com fundamento num incumprimento que roça a insignificância, seria totalmente injustificado, de acordo com os ditames da boa fé, surgindo assim tal sanção como manifestamente desproporcionada face à irregularidade cometida. E, para além do que se vem expondo, também não poderá deixar de se assinalar que a ré/inquilina... procedeu ao pagamento em duplicado da renda respeitante ao anterior mês de Abril de 2005, o que mais injustificada e abusiva torna a pretensão do autor/senhorio ver resolvido o contrato de arrendamento com o fundamento invocado");

– Ac. Rel. Porto, de 17.4.2008 (FERNANDO BAPTISTA OLIVEIRA), www.dgsi.pt ("em causa está apenas o não pagamento pontual pela arrendatária dum diferencial de renda mensal que importa tão somente na quantia, diríamos, irrisória, de € 1,52! E se é certo que tal situação perdurou por quatro meses (de Janeiro a Abril de 2007), certo é, também, que, não só a partir daí a ré passou a liquidar a renda já em conformidade com a actualização legal, como o montante total em dívida desses quatro meses de mora importou apenas na quantia (que poderemos, sem dúvida, apelidar de (pelo menos) "escassa importância") total de... € 6,08, além de que a mesma já desde 5 de Julho de 2007 que se encontra depositada e acrescida da "penalização" de 50%");

– o Ac. Rel. Porto, de 23.4.2007 (SOUSA LAMEIRA), www.dgsi.pt ("estamos perante uma diferença de € 4 num montante global de € 1.038,06 (692,04 + 346,02). Trata-se de menos de 0,5% da dívida, o que é manifestamente residual. Para uma violação, um incumprimento tão diminuto, como este afigura-se que a sanção pretendida (resolução do contrato) se mostra perfeitamente desajustada. A resolução do contrato – sanção pretendida – deve ser e é reservada apenas para as violações graves do contrato e não para as violações de escassa importância");

– o Ac. Rel. Porto, de 19.12.2006 (MARQUES DE CASTILHO), www.dgsi.pt ("o não recebimento da quantia de € 5.81 [181,98 (renda devida) – 176,16 (renda efectivamente paga)], necessariamente tem uma escassa importância quanto a utilidade que proporcionaria ao apelado, tratando-se de uma infracção mínima que não tem potencialidade para frustrar a base de confiança acima referida. E o despejo, consequência da resolução do contrato, nestas circunstâncias, seria injustificado à luz da boa fé, por clamorosa e manifestamente desproporcionado como sanção a irregularidade cometida. Tanto mais que o autor, ao não indicar o valor correcto da renda quando a ré lhe ofereceu um valor errado e ao não esclarecer a ré daquele valor correcto quando lhe esta lhe comunicou o depósito, não procedeu de acordo com os deveres de fidelidade, lealdade e honestidade impostos ao credor no exercício do seu direito pelo n.º 2 do artigo 762.º do Código Civil já referido");

– o Ac. Rel. Porto, de 4.12.2003 (GONÇALO SILVANO), www.dgsi.pt (releva-se que o valor de "1.000$00 num universo de 145.000$00 de rendas que foram depositadas... torna clara que se trata de uma importância escassa perante este total". Trata-se, é certo de

– a duração do incumprimento[315];
– o carácter reiterado (ou não) da falta de pagamento da renda;
– a falta de pagamento da actualização (e qual o seu acréscimo)[316].

---

um incumprimento parcial imputável ao devedor, mas neste caso conforme dispõe o n.º 2 do art. 802.º do CC "o credor não pode resolver o negócio se o não cumprimento parcial, atendendo ao seu interesse, tiver, escassa importância");
– Ac. Rel. Porto, de 4.11.1999 (OLIVEIRA VASCONCELOS), www.dgsi.pt (especifica-se que "verificando-se que o Réu não pagou até à contestação a quantia de 1.536$00 referente à diferença entre o valor das rendas depositadas e o das que devia depositar, e que, posteriormente, depositou apenas 1.080$00, ficando a dever 456$00, a escassa importância do incumprimento e o princípio da boa fé obstam a que se decrete o despejo na pendência da acção por falta de pagamento de rendas, sem prejuízo da condenação do Réu na quantia em débito");
– Ac. Rel. Porto, de 22.1.1991 (METELLO DE NÁPOLES), www.dgsi.pt ("a quantia não paga importava em cerca de 4% do montante da renda devida, pelo que se entendeu que não devia "ser de qualificar como de "escassa importância").

[315] Ac. Rel. Porto, de 27.9.2001 (PIRES CONDESSO), www.dgsi.pt ("o inquilino vem depositando a quantia que entende correcta, numa dedução de 80%, depois de prévio aviso ao senhorio e sem que este concordasse com tal percentagem de desconto mas sem recusar os depósitos de tais percentagens (ou pelo menos sem nada alegar nesse sentido). Ora <u>a falta de pagamento de renda (parcial, note-se, e por três meses)</u> apesar de o montante, só por si, não poder considerar-se como de escassa importância – a renda inicial era de 3.472$00; o inquilino passou a depositar 1.050$00 e nós fixamos o montante em 2.570$00, – a verdade é que para os fins do art. 802.º, n.º 2 CC a questão não se pode limitar ao montante, antes deve ser enquadrada no demais circunstancialismo já apontado. E, a nosso ver, é esse enquadramento, a sua motivação, o facto de haver ocorrido depósito que permite o recebimento da quantia em falta, que nos conduzem à convicção de que o exercício do direito de resolução (pondo-se cobro a um contrato que vem desde 1973, sem notícia de litígio) não encontra justificação face aos falados ditames da boa fé e daí que o referido incumprimento se deva considerar como de escassa importância para efeitos do art. 802.º, n.º 2 CC. Portanto, à luz desta disposição legal não podem os AA resolver o contrato") – sublinhado nosso.

[316] Ac. Rel. Porto, de 17.4.2008 (FERNANDO BAPTISTA), www.dgsi.pt ("não vemos assente factualidade capaz de indiciar, sequer, que a ré tenha actuado com intenção de prejudicar a autora – <u>ou a tenha prejudicado de forma minimamente relevante</u> –, antes parecendo indiciar-se que o não pagamento atempado da actualização se terá devido à sua idade e ignorância e só se terá apercebido da relevância da situação quando foi demandada nesta acção, ao que logo se apressou a depositar as quantias em falta (mais 50%). Além de que se não alega que a ré tenha noutra altura reiterado no incumprimento pontual da renda ou já incorrido noutra qualquer violação contratual, o que leva a crer que se tratou de situação isolada — que, para mais, não trouxe prejuízo significativo à autora, pois que o verificado foi devidamente ressarcido).

TÍTULO VII
Em especial, a falta de pagamento da renda na pendência da acção de despejo

§ 1. Breve notas sobre a evolução legal da falta de pagamento da renda na pendência da acção de despejo. § 2. O regime vigente. 1. Enquadramento legal. 2. Razão de ser. 3. Âmbito de aplicação da disciplina. 3.1. Alcance da locução "acção de despejo". 3.2. Alcance da expressão "pendência da acção de despejo". § 3. O regime vigente (cont.): a disciplina especial da falta de pagamento da renda. 1. O período de favor de 3 meses. 2. Apresentação pelo senhorio de requerimento aos autos em que pede a notificação do arrendatário. 3. Notificação do arrendatário. 4. A concessão de um novo prazo (decenal) para *purgar a mora*. 5. Cessação da mora: suas consequências. 5.1. Pagamento das rendas devidas e da correspondente indemnização. 5.2. A alternatividade consagrada. 5.3. Junção da prova aos autos do pagamento da(s) renda(s) e da indemnização. 5.4. Condenação do arrendatário nas custas do incidente e nas despesas de levantamento do depósito. § 4. Oposição do arrendatário. § 5. A constituição de título executivo impróprio.

§ 1. Breve notas sobre a evolução legal da falta de pagamento da renda na pendência da acção de despejo

O regime consagrado outrora no art. 77.º da Lei n.º 2030, de 22 de Junho de 1948, posteriormente no art. 979.º CPC, e, mais recentemente, no art. 58.º RAU, tinha na sua base uma acção incidental aplicável a todas as acções de despejo, incluindo as que se fundam na falta de pagamento da renda.

O regime consagrado no RAU (art. 58.°), revogado pela Lei 6/2006, consagrava tal incidente nos seguintes termos:

1 – Na pendência da acção de despejo, as rendas vencidas devem ser pagas ou depositadas, nos termos gerais.

2 – O senhorio pode requerer o despejo imediato com base no não cumprimento do disposto no número anterior, sendo ouvido o arrendatário.

3 – O direito a pedir o despejo imediato nos termos deste preceito caduca quando o arrendatário, até ao termo do prazo para a sua resposta, pague ou deposite as rendas em mora e a importância de indemnização devida e disso faça prova, sendo, no entanto, condenado nas custas do incidente e nas despesas de levantamento do depósito, que serão contadas a final.

§ 2. O regime vigente

1. Enquadramento legal

O art. 14.°, nos seus n.os 3, 4 e 5 NRAU trata de um caso específico de falta de pagamento das rendas.

Pode dizer-se que tem o anterior art. 58.° RAU como seu homólogo, embora com algumas diferenças acentuadas.

Desde logo, o facto de no passado constituir um incidente enxertado na acção de despejo[317].

Actualmente, como se releva no Ac. Rel. Lisboa, de 17.5.2007, "a execução do despejo passa assim a processar-se no âmbito do processo executivo comum para entrega de coisa certa, ao qual foram aditados pelo NRAU os artigos 930.°-B a 930.°-E, do Código de Processo Civil. Quanto

---

[317] Ver PAIS DE SOUSA, Anotações ao Regime do Arrendamento Urbano, cit., p. 154.
Na jurisprudência, entre muitos outros, cfr. o Ac. Rel. Porto, de 28.11.2000 (SOARES DE ALMEIDA), www.dgsi.pt ("o pedido de despejo imediato com base na falta de pagamento de rendas vencidas na pendência da acção traduz-se numa acção enxertada na acção pendente. Tal acção incidental consiste na petição do senhorio, na audiência do arrendatário e na decisão, não havendo lugar a resposta. Se a renda sofreu aumento na pendência da acção, tal facto deve ser alegado naquela petição e não em articulado de resposta").

ao incidente de despejo imediato, é substituído pela tramitação supra referida, a qual se subsume à prática de actos tendentes à formação de título executivo que fundará a instauração de acção executiva comum para entrega de coisa certa"[318].

Alguns dos pressupostos são também modificados, por exemplo, no que toca ao prazo para fazer cessar a mora, que é no NRAU, de 3 meses[319].

2. Razão de ser

O RAU, no seu preâmbulo, aludia ao presente mecanismo como a "única forma de evitar que alguém possa, gratuitamente, desfrutar de imóveis, durante o longo período que pode levar à conclusão de um despejo e numa situação que já não seria reparada por nenhuma condenação em indemnização ou em rendas vencidas, sempre que o despejado não tivesse bens bastantes".

Este instituto tem essencialmente duas finalidades, a saber:

– uma, de natureza preventiva, no sentido de impedir o locatário de deixar acumular as rendas que se vão vencendo;
– outra, de carácter repressivo, ao tutelar o senhorio, por via da coerção do arrendatário ao pagamento das rendas[320].

Estes dois propósitos mantêm-se no regime actual.

A ideia central é a de protecção do senhorio contra "um arrendatário menos sério que, ou porque soubesse antecipadamente a sua falta de razão, ou por outro motivo, pudesse aproveitar-se da demora da lide para não

---

[318] Ac. Rel. Lisboa, de 17.5.2007 (JORGE LEAL), www.dgsi.pt.

[319] A doutrina tem criticado, em termos gerais, este novo regime. Ver, entre outros, LAURINDA GEMAS, ALBERTINA PEDROSO e JOÃO CALDEIRA JORGE, Arrendamento Urbano, cit., p. 52 (os autores assinalam até algumas dificuldades de aplicação, pois o legislador, na tentativa de simplificação, omitiu a regulação clara de alguns aspectos essenciais do "incidente do despejo imediato").

[320] Realçando estas finalidades, o Ac. STJ, de 5.12.2006 (JOÃO CAMILO), www.dgsi.pt ("tal instituto visa compelir o arrendatário a pagar as rendas que se vão vencendo no decurso da acção e proteger o senhorio da ocupação do locado sem a remuneração correspondente durante o lapso de tempo da pendência da acção, obstando a que o arrendatário se aproveite do tempo de pendência para usufruir o locado sem pagar as rendas que se vão vencendo").

pagar as rendas que, entretanto no decurso arrastado da acção, se fossem vencendo, mas sem deixar de se aproveitar do prédio"[321].

3. Âmbito de aplicação da disciplina

O n.º 3 e o n.º 4 do art. 14.º NRAU definem o âmbito de aplicação do regime: deve tratar-se de rendas vencidas, mas não pagas, na pendência da acção de despejo.
Vejamos.
No n.º 3, estabelece-se a seguinte regra:

– "na pendência da acção de despejo, as rendas vencidas devem ser pagas ou depositadas, nos termos gerais"[322].

Por sua vez, na primeira expressão do n.º 4 especifica-se que

– "se o arrendatário não pagar ou depositar as rendas...".

O que está em causa é, portanto, a falta de pagamento da renda num período específico: o da pendência da acção de despejo.

---

[321] A motivação subjacente ao raciocínio de PAIS DE SOUSA é actual (Anotações ao Regime do Arrendamento Urbano, cit., p. 154).

[322] Ac. Rel. Évora, de 22.1.2004 (PEREIRA BATISTA), www.dgsi.pt ("por outra via, as rendas vencidas *pendente actione*, devem ser pagas ou depositadas nos termos gerais, sob pena de, não sendo tal cumprido, o senhorio ficar habilitado a requerer despejo imediato fundado em tal incumprimento, direito este que caduca se o inquilino pagar ou vier a fazer o depósito devido, de rendas e indemnização. Pressupõe, deste modo, o art. 58.º que se esteja no domínio de uma relação locatícia validamente constituída e em que o arrendatário tenha incorrido em mora quanto ao pagamento da contraprestação de renda, de forma que, se, na acção intentada com fundamento em falta de pagamento de rendas, estiverem alegados factos que, a serem provados, conduzam à respectiva improcedência, não deve ser decretado o despejo imediato por via incidental").

Acresce que "se a própria renda ou o seu exacto montante estiverem em litígio na acção, esta vicissitude já não está abrangida pela disciplina estatuída naquele normativo legal (art. 58.º do RAU) e, por isso, o despejo imediato não pode ser decretado no enquadramento desta particularidade jurídico-positiva". Assim, "ainda não estamos de posse de todos os elementos necessários para saber qual o montante das rendas em atraso, designadamente não sabemos, por enquanto, o momento a partir do qual tal pagamento é devido, ou seja, quais as rendas já vencidas e relativamente às quais o inquilino é devedor perante o senhorio" (Ac. Rel. Guimarães, de 4.2.2004 (ANTÓNIO GONÇALVES), www.dgsi.pt).

3.1. *Alcance da locução "acção de despejo"*

Questionar-se-á o alcance da expressão "acção de despejo".

Por um lado, importa saber se pode ser uma acção (declarativa) de despejo de qualquer tipo, incluindo a que se funda na falta de pagamento da renda ou se se exclui deste domínio aquela que se baseie na falta de pagamento da renda.

Sustentamos a orientação mais ampla: a de que inclui qualquer acção de despejo, mesmo aquela que se funde na falta de pagamento da renda[323].

Aliás, estes casos são até os mais habituais na jurisprudência[324].

---

[323] Neste sentido, à luz do RAU, ver

– o Ac. Rel. Porto, de 26.1.2006 (DEOLINDA VARÃO), www.dsgi.pt ("o pedido de despejo imediato por falta de pagamento das rendas vencidas na pendência da acção pode ter lugar ainda que o direito à resolução por falta de pagamento de renda já tenha caducado nos termos do art. 1048.º do CC e ainda que a acção se funde noutra causa de resolução do contrato");

– o Ac. Rel. Porto, de 17.10.2002 – sumário (MOREIRA ALVES), www.dgsi.pt (afirma-se que "o incidente do despejo imediato por falta de pagamento da renda vencida na pendência da causa é aplicável a todas as acções de despejo, seja qual for o seu fundamento", acrescentando-se, porém, que "nas acções fundadas na falta de pagamento das rendas, para efeitos do incidente consideram-se vencidas na pendência da acção as rendas que se vencerem após o termo do prazo para a contestação");

– o Ac. Rel. Porto, de 6.6.1991 (EDUARDO MARTINS), www.dgsi.pt ("o incidente do despejo por não pagamento de rendas vencidas no decurso da acção pode ter lugar qualquer que seja o fundamento invocado para o pedido de resolução do contrato de arrendamento");

– o Ac. Rel. Lisboa, de 28.4.1996 (GUILHERME IGREJA), www.dgsi.pt ("desde que se trate de contrato de arrendamento urbano, cuja cessação é visada na acção, o incidente pode ser desencadeado independentemente da causa dessa extinção corresponder à resolução, caducidade ou denúncia");

– o Ac. Rel. Guimarães, de 24.5.2006 (ESPINHEIRA BALTAR), www.dgsi.pt ("incumbe ao autor provar que as rendas se venceram na pendência da acção, que abarca as que se vencerem após o prazo para a contestação, quando a acção principal assente na falta de pagamento de rendas.

[324] Cfr., à luz do NRAU:

– Ac. Rel. Lisboa, de 6.12.2007 (ANA LUÍSA GERALDES), www.dgsi.pt (observou-se que, apesar de o legislador não fazer "qualquer referência directa no preceito ao fundamento de despejo da falta de pagamento das rendas", essa "omissão que não é de todo relevante, porquanto, os outros normativos relativos à resolução do contrato de arrendamento com esse fundamento mostram-se suficientemente explícitos ao consagrar que, em tais cir-

Foi, de resto, com esta amplitude que se sustentou, à luz do NRAU, que "este regime abrange todas as acções instauradas com a finalidade de obter o despejo do arrendatário, independentemente da causa"[325].

3.2. Alcance da expressão "pendência da acção de despejo"

Por outro lado, alude-se à "pendência da acção de despejo".

Por esta pendência deve entender-se todo e qualquer período que tem o seu início com a entrada em juízo da petição inicial e termina com o trânsito em julgado da decisão? Ou, ao invés, apenas o período subsequente ao termo do prazo para a contestação da acção declarativa?[326]

Consideramos que a resposta depende do tipo de acção de despejo em causa.

Caso esteja em causa uma acção de despejo com fundamento diverso da falta de pagamento da renda, o início do prazo previsto na 1.ª parte do art. 14.°, n.° 4 NRAU é o da entrada da acção em juízo.

---

cunstâncias, o arrendatário pode pôr fim à mora se efectuar o depósito das rendas devidas nos termos que se encontram previstos nas normas legais citadas e nos arts. 1083.° e 1084.°, ambos do CC. Por conseguinte, contrariamente ao defendido pela Agravante, pode concluir-se que os n.os 3 a 5, do art. 14.°, do NRAU, reportam-se também à acção de despejo interposta com base em tal fundamento, não relevando, para esse efeito, o facto de o seu n.° 2 fazer referência tão só à falta de residência permanente");

– Ac. Rel. Porto, de 20.5.2008 (Cristina Coelho), www.dgsi.pt ("no âmbito da presente acção de despejo que os AA. intentaram contra os RR., por falta de pagamento de rendas, vieram os AA. alegar que, na pendência da acção, os RR. não pagaram ou depositaram rendas, pelo que terminam requerendo a sua notificação nos termos do art. 14.°, n.os 4 e 5 da Lei 6/2006 de 27.02... entendemos que nenhum reparo há a fazer ao despacho recorrido").

[325] Ac. Rel. Lisboa, de 6.12.2007 (Ana Luísa Geraldes), www.dgsi.pt.

[326] Ac. STJ, de 12.5.1998 (Ribeiro Coelho), www.dgsi.pt (sobre o problema, no passado, assinalava-se o seguinte: "ou a acção se fundava, apenas ou também, em falta de pagamento de rendas, e todas as rendas vencidas até à contestação teriam que ser logo depositadas ou pagas nesse momento, juntamente com a indemnização respectiva, para que com isso se conseguisse a caducidade do direito de resolução do contrato, ficando o mecanismo do despejo imediato, regulado no art. 979.° CPC, reservado para a falta de pagamento das rendas que lhe fossem posteriores; ou tinha apenas como fundamento factos reconduzíveis aos outros que a lei prevê como determinantes da resolução pelo senhorio, e então já o pedido incidental de despejo imediato poderia referir-se a todas as rendas que na pendência da acção se vencessem e não fossem pagas").

Se estiver em causa uma acção de despejo com base na falta de pagamento da renda, o início do período previsto na 1.ª parte do art. 14.º, n.º 4 NRAU é o do termo do prazo da contestação da acção declarativa[327].

---

[327] Este foi o entendimento sustentado nos seguintes arestos
– no Ac. Rel. Porto, de 26.9.2002 – sumário (MOREIRA ALVES), www.dgsi.pt ("as rendas vencidas na pendência da acção são aquelas que se vencerem após o recebimento da petição inicial na Secretaria, excepto quando o fundamento do despejo seja a falta de pagamento da renda porque, neste caso, as rendas vencidas na pendência da acção são apenas as que se venceram após o termo do prazo para a contestação");
– no Ac. Rel. Porto, de 15.10.2002 – sumário (RAPAZOTE FERNANDES), www.dgsi.pt ("as rendas vencidas na pendência da acção, para efeito de poder ser decretado o despejo imediato previsto no art. 58.º RAU, são as que se vencerem após o termo do prazo da contestação (se o fundamento de resolução do contrato for a falta de pagamento de rendas) ou as que se vencerem após o recebimento da petição inicial na secretaria do tribunal (se for outro o fundamento da acção)");
– no Ac. Rel. Porto, de 17.10.2002 (MOREIRA ALVES), www.dgsi.pt (assinala-se que "nas acções fundadas na falta de pagamento das rendas, para efeitos do incidente consideram-se vencidas na pendência da acção as rendas que se vencerem após o termo do prazo para a contestação");
– no Ac. Rel. Lisboa, de 8.4.1997 (LOPES BENTO), www.dgsi.pt ("quando o fundamento de despejo na acção não é a falta de pagamento de rendas, rendas vencidas para os efeitos do disposto no art. 58.º RAU, são as que vencerem após o recebimento da petição inicial na secretaria do tribunal, ou seja depois de iniciada a instância");
– no Ac. Rel. Lisboa, de 12.3.1992 (TORRES VEIGA), www.dgsi.pt ("o decretamento do despejo imediato consome a eventual falta de fundamentação da acção de despejo, mesmo que esta acção não pudesse ser considerada procedente, o não pagamento ou depósito das rendas vencidas durante a pendência daquela acção, justifica sempre, nos termos do art. 58.º, n.º 2 do RAU, o decretamento do despejo imediato. Resulta do art. 58.º, n.º 3 RAU que o arrendatário só se pode opor ao decretamento do despejo imediato se provar, dentro do prazo para a sua resposta que pagou ou depositou as rendas em mora");
– no Ac. Rel. Porto, de 6.4.1999 (TERESA MONTENEGRO), www.dgsi.pt ("na acção de despejo de prédio urbano, e para efeito de despejo imediato por falta de pagamento de rendas vencidas na pendência da acção, há que distinguir se o fundamento da acção é a falta de pagamento rendas ou outro: no primeiro caso, tais *rendas vencidas* são as que se vencerem após o termo do prazo para a contestação; e, no segundo, serão as que se vencerem após o recebimento da petição inicial");
– no Ac. Rel. Lisboa, de 19.2.1982 (ANTÓNIO POÇAS), www.dgsi.pt ("a única defesa que o arrendatário pode fazer, no âmbito do art. 979.º CPC, consiste na comprovação documental de que pagou ou depositou as rendas cujo não pagamento o senhorio alegou. Rendas vencidas, para esse efeito, são: a) as que se vencerem após o recebimento da petição inicial, se a causa de pedir não é a falta de pagamento de rendas; b) as que se vencerem após o termo do prazo de contestação, se a causa de pedir for aquela").

Assim sendo, a falta de pagamento da renda no espaço de tempo indicado (de três meses acrescido do período que medeia entre essa data e a notificação e o decurso do posterior prazo de 10 dias) permite ao senhorio pedir certidão dos autos com o propósito de instaurar acção executiva para entrega do local arrendado.

Por outro lado, deve dizer-se que "não há lugar ao despejo imediato fundado na falta de pagamento de rendas na pendência da acção, quando a renda em falta é anterior à propositura da acção"[328].

§ 3. O regime vigente (cont.): a disciplina especial da falta de pagamento da renda

É necessário, por um lado, que haja mora do arrendatário no tocante ao pagamento da renda, embora aquela se reporte a um período específico: o da pendência da acção de despejo.

O que pressupõe a constituição de um relação arrendatícia válida e em vigor[329].

---

[328] Ac. Rel. Porto, de 25.3.1993 (JOAQUIM DE MATOS), www.dgsi.pt.

[329] Cfr. o Ac. Rel. Porto, de 20.5.2008 (CRISTINA COELHO), www.dgsi.pt ("é nosso entendimento que o "incidente" em questão pressupõe que se mostre assente na acção de despejo a existência de um contrato de arrendamento, a legitimidade do autor e do réu, e o montante da renda acordada, sob pena de, sendo questionada alguma destas situações, não dever proceder o "incidente", ou, actualmente, não se ordenar a notificação do arrendatário nos termos do art. 14.º, n.º 4 do NRAU") e o Ac. Rel. Évora, de 22.1.2004 (PEREIRA BATISTA), www.dgsi.pt ("admitir um alegado titular activo de uma situação jurídica de arrendamento a requerer e, eventualmente, obter, despejo imediato em casos como o dos autos, representaria que pudesse poder prevalecer-se de efeitos próprios e específicos de um contrato que ainda não está estabelecido que seja válido como arrendamento, além de que o seria com base em não pagamento de contraprestações que poderiam ser exigíveis, mas não com a natureza de renda locatícia, e ainda em situação de alegada mora do credor que, a vir a ser provada, precludiria a alegada mora do devedor... Portanto, do que verdadeiramente se trata, da parte da autora requerente, é de falta de legitimação material – como tal, de condição da acção – para, em tais casos, peticionar despejo incidental, de modo que, não tendo sido feito qualquer pagamento ou depósito, pelo alegado inquilino, na sequência de tal requerimento, tal irreleva do ponto de vista de poder ser cominado com a sanção resolutória do contrato e, consequentemente, o requerimento da autora haverá de ser julgado improcedente, sem quaisquer termos posteriores, na medida em que não só proces-

1. O período de favor de 3 meses

Tal como na comunicação resolutiva (art. 1083.°, n.° 3, 1.ª parte CC, NRAU) – pode dizer-se que há coerência na duração, mas falta dela no que se pretende a final[330] –, estabelece-se também aqui, quanto às rendas vencidas, um "período superior a três meses" (art. 14.°, n.° 4, 1.ª frase NRAU), cujo início da contagem deve operar nos termos acima descritos.

2. Apresentação pelo senhorio de requerimento aos autos em que pede a notificação do arrendatário

Decorrido, sem sucesso (do ponto de vista do senhorio), o mencionado período sem que haja o pagamento das rendas em atraso (e da correspondente indemnização) – pois há aqui uma situação de mora juridicamente relevante (a partir do "oitavo dia") – o senhorio pode juntar requerimento aos autos onde pede a notificação do arrendatário, nos termos e para os efeitos do art. 14.°, n.ºs 4 e 5 NRAU[331].

3. Notificação do arrendatário

A notificação do arrendatário deve ser efectuada por via do tribunal, a pedido do senhorio interessado, não podendo ser feita oficiosamente.

---

sualmente não estabelecidos para o caso, como porque a prova a produzir respeita ao destino da própria acção e nessa sede cabe").

[330] LAURINDA GEMAS, ALBERTINA PEDROSO e JOÃO CALDEIRA JORGE, observam que não vêem "que o novo regime represente ganhos ao nível da simplificação e celeridade do incidente de despejo imediato" (ob. cit., p. 52).

[331] Ver o Ac. Rel. Porto, de 20.5.2008 (CRISTINA COELHO), www.dgsi.pt ("em 11.06.07, vieram os AA. [senhorios] juntar requerimento aos autos, no qual, invocando que, na pendência da acção, não foram pagas nem depositadas as rendas vencidas, requerem a notificação dos RR. [arrendatários] nos termos e para os efeitos dos n.ºs 4 e 5 do art. 14.° da Lei 6/2006 de 27.02") e o Ac. Rel. Lisboa, de 17.5.2007 (JORGE LEAL), www.dgsi.pt ("tal notificação ocorrerá por iniciativa do autor/senhorio, o qual dará conta ao tribunal de que o inquilino não lhe pagou a renda nem lhe deu a conhecer a realização do seu depósito") Cfr. ainda LAURINDA GEMAS, ALBERTINA PEDROSO e JOÃO CALDEIRA JORGE (ob. cit., pp. 51 ss.).

Trata-se de uma notificação processual, que deve obedecer às regras do CPC[332].

4. A concessão de um novo prazo (decenal) para *purgar a mora*

O arrendatário dispõe de um prazo (complementar, já que, por um lado, a isso já estava obrigado desde a mora juridicamente relevante, e, por outro, já decorreu o período de favor de três meses) de 10 dias, a contar da data da notificação, para "proceder ao pagamento [da renda] ou ao [seu] depósito" e "ainda da importância de indemnização devida" (art. 14.º, n.º 4, trecho intermédio NRAU).

5. Cessação da mora: suas consequências

5.1. *Pagamento das rendas devidas e da correspondente indemnização*

O arrendatário dispõe agora de um prazo curto (e, a nosso ver, muito mais adequado) – quando confrontado com o existente em sede de resolução por comunicação (extrajudicial), que, como sabemos, ascende a (um novo período de) três meses (art. 1084.º, n.º 3 CC, NRAU) – para fazer caducar o direito de resolução do contrato.

O cumprimento do dever em causa pode fazer-se por via do pagamento ou do depósito das rendas em falta e da indemnização devida.

5.2. *A alternatividade consagrada*

Tanto o n.º 3, como o n.º 4 do art. 14.º NRAU consagram a alternatividade entre os modos de cessação da mora ("as rendas devem ser pagas ou depositadas", no primeiro caso; "se o arrendatário não pagar ou depositar as rendas…", na segunda hipótese).

---

[332] Neste sentido, LAURINDA GEMAS, ALBERTINA PEDROSO e JOÃO CALDEIRA JORGE, ob. cit., pp. 52 ss.

Trata-se aqui de uma alternatividade real e efectiva, que tem como fim "o de permitir que se evitem entre o senhorio e o inquilino contactos que facilmente se anteveriam como pessoalmente difíceis, dada a existência do litígio. Por isso, ali se faculta ao arrendatário a possibilidade de depositar a renda até ao termo da acção de despejo, dispensando-o de a oferecer ao senhorio"[333].

Note-se que o depósito pode mesmo ser condicional se o arrendatário quiser acautelar o seu direito a reaver o valor entregue, já que não reconhece, por via de tal depósito, a mora.

5.3. *Junção da prova aos autos do pagamento da(s) renda(s) e da indemnização*

Na hipótese de o arrendatário proceder ao pagamento das rendas vencidas em atraso e da correspondente indemnização, deve juntar prova do pagamento ou do depósito, consoante o caso, aos autos da acção de despejo[334].

Não o fazendo, tem de ser deferido o pedido de certidão dos autos, de modo a constituir título executivo para efeitos de despejo do local arrendado[335].

---

[333] Ac. STJ, de 12.05.98 (RIBEIRO COELHO), www.dgsi.pt, em comentário efectuado à luz do art. 22.º RAU.

[334] Cfr. o Ac. Rel. Porto, de 17.3.2003 (FONSECA RAMOS), www.dgsi.pt (observa-se que "tendo os réus feito a prova do depósito das rendas vencidas na pendência da acção de despejo e até das anteriores à sua propositura, carece de fundamento o pedido de despejo incidental a que se refere o n.º 2 do art. 58.º RAU"), e o Ac. Rel. Lisboa, de 6.12.2007 (ANA LUÍSA GERALDES), www.dgsi.pt (releva que "na pendência da acção de despejo o arrendatário pode proceder ao depósito das rendas devendo, em tal circunstância, proceder à junção das guias de depósito à contestação ou figura equivalente, caso em que a exigência de comunicação de depósito ao senhorio é substituída pela referida junção que, assim, produz os efeitos da comunicação").

[335] Analisando a situação oposta, o Ac. Rel. Lisboa, de 2.7.2009 (NELSON BORGES CARNEIRO), www.dgsi.pt, descreve que "sendo a única defesa possível para [o arrendatário] obstar ao despejo a prova do pagamento ou do depósito das rendas vencidas na pendência da acção (*depósito efectuado condicionalmente no caso de entender não serem devidas*), a mesma não juntou documento comprovativo de tal (*pagamento ou depósito*). Não tendo... feito tal prova, isto é, que pagou ou procedeu ao depósito (*definitivo ou condicional*) das rendas vencidas, é procedente o pedido, isto é, de ser deferido o pedido

5.4. Condenação do arrendatário nas custas do incidente e nas despesas de levantamento do depósito

Realce-se ainda que, à luz do art. 14.°, n.° 4, *in fine*, NRAU, a junção da prova do pagamento aos autos não afasta a condenação do arrendatário "nas custas do incidente e nas despesas de levantamento do depósito, que são contadas a final".

§ 4. Oposição do arrendatário

À luz do RAU, suscitava-se a questão de saber quais os meios a utilizar pelo arrendatário para fazer face ao incidente de despejo imediato.

A jurisprudência entendia globalmente que o incidente em causa apenas admitia, como forma de oposição relevante, a prova do pagamento das rendas ou do seu depósito[336].

---

de certidão dos autos relativa a tais factos, de modo a constituir título executivo para efeitos de despejo do local arrendado".

[336] Cfr. entre outros, os seguintes arestos:

– o Ac. Rel. Évora, de 8.3.2007 (SÍLVIO SOUSA), www.dgsi.pt ("sendo inerente à natureza dos incidentes que o que neles se discuta e haja de provar seja breve e sucinto, o incidente de despejo imediato gira, apenas, em torno do pagamento ou depósito");

– o Ac. Rel. Évora, de 11.1.2007 (ALMEIDA SIMÕES), www.dgsi.pt ("a falta de pagamento de rendas na pendência da acção de despejo, fundamenta a dedução de uma nova acção de natureza incidental, que se confina à petição inicial do senhorio e à resposta do inquilino, sendo que este tão somente poderá alegar e provar o pagamento ou o depósito das rendas e não quaisquer outras circunstâncias modificativas ou impeditivas de tal pagamento, designadamente a mora accipiendi do senhorio");

– Ac. STJ, de 5.12.2006 (JOÃO CAMILO), www.dgsi.pt ("a natureza expedita e sumária deste incidente e as razões que estão subjacente ao mesmo incidente não permitem que o arrendatário obste ao deferimento do despejo a não ser que faça a referida prova do pagamento ou depósito e não também com quaisquer outros meios de defesa que poderiam ser alegados na acção de despejo, como seja, a mora do senhorio, a existência de direito a compensação de um seu crédito sobre o senhorio com o montante de rendas devidas, ou alguma excepção de incumprimento do contrato, por parte do senhorio, ou, ainda, eventual direito de retenção com vista a garantir direito a benfeitorias... Desta forma, a única defesa possível para o arrendatário obstar ao despejo, será apenas a prova do pagamento ou do depósito das rendas vencidas na pendência da acção, podendo este depósito ser efectuado condicionalmente;

No quadro do NRAU, a jurisprudência já se pronunciou, aliás no mesmo sentido.

– o Ac. Rel. Guimarães, de 24.5.2006 (ESPINHEIRA BALTAR), www.dgsi.pt ("o arrendatário, na sua resposta, pode alegar e provar que não há rendas vencidas na pendência da acção de despejo, que pagou as rendas ou que fez o respectivo depósito, acrescido da indemnização. Mas além disso pode ainda alegar e provar que as rendas não são exigíveis, pelo que não tem que as pagar ou depositar");
– Ac. Rel. Lisboa, de 25.5.2004 (PIMENTEL MARCOS), www.dgsi.pt ("não obsta ao despejo imediato a circunstância de o arrendatário alegar que não pagou as rendas porque o senhorio não passou os recibos ou que não procedeu à realização da obras no locado ou ainda que se verificam os fundamentos para o deferimento da desocupação até um ano"; assim, o "arrendatário, quando notificado para responder, apenas tem que provar que já pagou ou depositou as rendas vencidas na pendência da acção, ou proceder ao seu depósito, acrescido da indemnização devida, fazendo a respectiva prova. Caso contrário será condenado a despejar imediatamente o local arrendado", não lhe sendo sequer viável invocar a *exceptio non adimpleti contractus*);
– o Ac. Rel. Porto, de 26.9.2002 – sumário (MOREIRA ALVES), www.dgsi.pt ("a falta de pagamento de rendas vencidas na pendência da acção de despejo faculta ao senhorio o despejo imediato, não podendo o inquilino defender-se com a mora *accipiendi* ou qualquer outra excepção, já que só pode obstar ao despejo depositando as rendas em mora e legal indemnização");
– o Ac. Rel. Porto, de 17.10.2002 – sumário (MOREIRA ALVES), www.dgsi.pt ("para obstar ao referido despejo imediato, a única defesa legalmente relevante é a prova do pagamento ou do depósito efectuada até ao termo do prazo para a resposta");
– o Ac. Rel. Porto, de 4.5.1999 (CÂNDIDO LEMOS), www.dgsi.pt ("a única oposição relevante do locatário, no incidente, é a prova, por qualquer meio, do pagamento das referidas rendas ou do seu depósito, acrescido da legal indemnização");
– o Ac. Rel. Porto, de 13.1.1992 (GUIMARÃES DIAS), www.dgsi.pt ("o réu para evitar o despejo imediato por falta do pagamento ou depósito das rendas vencidas no decurso da acção de despejo não pode invocar o direito de retenção com base em benfeitorias efectuadas no local arrendado");
– o Ac. Rel. Lisboa, de 30.10.1997 (SILVA PEREIRA), www.dgsi.pt ("no incidente previsto no art. 58.º, n.º 1 do RAU (correspondente ao art. 979.º do CPC) é válido o princípio de que a única defesa relevante que o arrendatário pode produzir limita-se à alegação e prova, ou só à prova, de que pagou ou depositou as rendas referidas pelo senhorio. Este incidente não se compadece com a discussão de qualquer outro facto impeditivo, modificativo ou extintivo do direito invocado pelo senhorio; nomeadamente a mora deste, compensação, excepção de não cumprimento, etc…).

Cremos que a posição no acórdão a seguir destacado não é absolutamente diversa desta, pois é seu pressuposto a existência de um contrato de arrendamento válido e em vigor.

Assim, o Ac. Rel. Porto, de 23.2.2006 (ANA PAULA LOBO), na sequência de decisão do Tribunal Constitucional de 6.12.05, publicado no DR, II Série de 3.02.06 (neste se real-

Vejamos:

– no Ac. Rel. Lisboa, de 2.7.2009, observa-se que "a única defesa relevante que o arrendatário pode deduzir é que pagou ou depositou a renda a que o senhorio se refere, só sendo no entanto atendida tal defesa se for acompanhada de documento comprovativo

_____

çava, como se destaca no aresto em causa, que "a exigência de recibo de pagamento das rendas vencidas na pendência da acção ou o documento comprovativo do respectivo depósito, como único meio de obstar ao despejo imediato, apresenta-se "como uma restrição constitucionalmente intolerável (...) das possibilidades de defesa do requerido.... Tal meio de defesa é manifestamente desajustado em todos os casos em que justamente se questiona o próprio dever de pagamento de determinada renda, seja por que fundamento for (inexistência de contrato de arrendamento válido, não serem autor e/ou réu os verdadeiros locador e/ou locatário, dissídio quanto ao montante da renda ou da sua imediata exigibilidade, invocação de diverso título para justificar a ocupação do local). No presente caso, em que, para além da controvérsia sobre a qualidade de locatária da primitiva ré, a interveniente (ora recorrente) sustenta o seu direito de ocupação do local em contrato promessa de compra e venda que teria celebrado com o autor, com consequente inexistência do dever de pagamento de rendas, sendo as entregas de valor feitas imputadas no pagamento do preço de compra, questão que se encontrava ainda pendente quando foram proferidas as decisões das instâncias ora em causa, é óbvia a desadequação e inefectividade do único meio de defesa que foi reconhecido à recorrente: a prova do pagamento ou depósito das rendas pretensamente em falta, acompanhada da indemnização devida"; por isso, no aresto se concluiu que "na situação em análise não existiam elementos seguros relativos ao contrato de arrendamento, mormente quanto à pessoa do arrendatário e à existência ou extensão de mora no pagamento de rendas, pelo que a decisão recorrida não pode manter-se").

O mesmo se refira nos casos a seguir enunciados, e que respeitam à discussão da renda:

– o Ac. Rel. Coimbra, de 17.10.2006, www.dgsi.pt, expressa que "discutida esta [a renda], ou alegados factos susceptíveis de a por em causa, é lícito ao arrendatário não se dever limitar ao pagamento das rendas para evitar o despejo imediato, antes podendo defender-se com quaisquer factos que justifiquem o não pagamento da renda ou a redução da renda. Colocado em crise o montante da renda a pagar não há lugar ao respectivo depósito ou pagamento imediato";

– o Ac. Rel. Lisboa, de 9.5.1995 (FERREIRA GIRÃO), www.dgsi.pt ("a previsão do art. 58.º RAU pressupõe, necessariamente, que não existe qualquer conflito quanto ao montante da renda. Está subjacente que a renda está perfeitamente determinada. Isto sob pena de poder vir o senhorio pedir o despejo com fundamento na falta de pagamento de uma renda cujo montante estivesse ao seu puro arbítrio, e se o inquilino, durante a pendência da acção, não se sujeitasse a pagar tal renda, fosse de que montante fosse, estaria inapelavelmente condenado ao despejo imediato").

do facto respectivo (pagamento ou depósito). Se o réu não fizer prova de que procedeu ao pagamento ou ao depósito de tudo quanto for devido, pode o autor fazer extrair certidão relativa a estes factos a qual constitui título executivo para efeitos de despejo do local arrendado"[337];
– no Ac. Rel. Porto, de 20.5.2008, assinala-se que "a única defesa possível para o arrendatário obstar ao despejo, será apenas a prova do pagamento ou do depósito das rendas vencidas na pendência da acção, podendo este depósito ser efectuado condicionalmente, no caso de aquele entender não serem devidas, tal como resulta da parte final do n.º 1 do art. 58.º já referido, e da parte final do art. 14.º, n.º 3 do NRAU, diremos nós. De facto, entendemos que o referido entendimento mantém plena aplicação no caso do art. 14.º, n.ºs 3, 4 e 5 do NRAU, não obstante as alterações relativamente ao normativo anterior, podendo o arrendatário fazer o depósito nos termos do art. 17.º e ss. do NRAU, à ordem do tribunal e informando nos autos que o mesmo é condicional, face à excepção de incumprimento alegada nos autos. E no seguimento da acção serão apreciados, a seu tempo, os fundamentos invocados"[338].

§ 5. A constituição de título executivo impróprio

A falta de pagamento dos montantes devidos (ou a sua demonstração nos autos) permite ao senhorio pedir ao tribunal a emissão de certidão relativa ao não pagamento do arrendatário[339].

---

[337] Ac. Rel. Lisboa, de 2.7.2009 (NELSON BORGES CARNEIRO), www.dgsi.pt.
[338] Ac. Rel. Porto, de 20.5.2008 (CRISTINA COELHO), www.dgsi.pt.
[339] Ver, pelo seu interesse, o Ac. Rel. Lisboa, de 17.5.2007 (JJORGE LEAL), www.dgsi.pt ("continuam em pleno funcionamento as regras que disciplinam a realização da prestação, nomeadamente as que concernem à cooperação das partes, sob pena de o credor ou o devedor incorrerem em mora, com as consequências inerentes. Se o credor não aceitar, injustificadamente, a prestação oferecida pelo devedor, incorre em mora, e a consignação em depósito das rendas pelo inquilino é meramente facultativa. Se tal questão estiver em discussão na acção de despejo, o inquilino/réu não poderá ser notificado nos termos do n.º 4 do art. 14.º do NRAU. Por maioria de razão, se na acção de despejo se

Tal certidão confere ao senhorio a possibilidade de instaurar uma acção executiva para entrega de coisa certa (art. 14.º, n.º 5 NRAU).

Constitui, desta sorte, título executivo impróprio, porque formado num processo, mas não é resultante de uma decisão judicial.

---

julgou que o senhorio exigiu do inquilino renda superior à legal e se recusou a receber a renda no valor efectivamente devido, não se mostrando qualquer mudança de atitude a esse respeito, o réu/inquilino não poderá ser notificado nos termos do n.º 4 do art. 14.º do NRAU").

TÍTULO VIII
Algumas hipóteses específicas

CAPÍTULO I
A penhora do estabelecimento comercial e a obrigação de pagamento da renda

§ 1. Penhora do estabelecimento comercial instalado em imóvel arrendado. § 2. Notificação da penhora ao senhorio. § 3. Efeitos da penhora do estabelecimento na relação arrendatícia. 1. Subsistência do contrato de arrendamento. 2. A obrigação de pagamento da renda. 3. A falta de pagamento da renda e os direitos do senhorio. 3.1. Considerações gerais. 3.2. Em especial, o direito à resolução do contrato por falta de pagamento da renda. 4. O cumprimento da obrigação de pagamento da renda e a venda executiva do estabelecimento comercial. 5. O caso especial da acção de despejo por falta de pagamento da renda ter sido instaurada posteriormente à venda executiva do estabelecimento comercial.

§ 1. Penhora do estabelecimento comercial instalado em imóvel arrendado

A penhora de estabelecimento comercial é, desde há longa data, generalizadamente aceite pela doutrina e pela jurisprudência que, na falta de disposição própria, aplicavam as regras gerais do Código de Processo Civil relativas à penhora em geral, designadamente o art. 863.º[340].

---

[340] Na doutrina, ver, entre outros, ANTUNES VARELA, "Anotação ao Ac. STJ de 3 de Fevereiro de 1981", RLJ, Ano 115, n.º 3701, pp. 252 ss., AMÂNCIO FERREIRA, Curso de Processo de Execução, 6.ª Ed., Rev. e Act., Coimbra, 2004, p. 235.
Na jurisprudência, *vide* Ac. STJ, de 3.2.1981, RLJ, Ano 115, n.º 3701, pp. 251 e 252.

Posteriormente, em 1995, o Código de Processo Civil consagrou, neste âmbito, um normativo (o art. 862.º-A) e um regime específicos.

Afastando-se, com acerto, da expressão comummente usada (penhora do direito ao arrendamento e ao trespasse[341]), o preceito citado não adopta, no entanto, uma terminologia uniforme. Refere-se à "penhora de estabelecimento comercial" (cfr. a epígrafe), mas também à "penhora do estabelecimento comercial" (cfr. os n.ᵒˢ 1 e 2 do art. 862.º-A CPC e ainda o art. 834.º, n.º 2 CPC) e ainda à "penhora do direito ao estabelecimento comercial" (cfr. n.º 5 do art. 862.º-A CPC).

O normativo encontra-se integrado na subsecção V (do título III, da secção III) referente à "penhora de direitos". Este enquadramento tem sido criticado por alguma doutrina atendendo a que o estabelecimento é constituído, maioritariamente, por bens móveis[342]. Conquanto partilhemos a crítica ao nível do enquadramento, parece-nos que ela se deve fundar no facto de o estabelecimento comercial ser considerado um bem móvel, ainda que com características muito próprias, pelo que deveria constar o seu regime da subsecção IV, relativa à penhora de bens deste género.

Quanto ao modo de realização, dispõe o art. 862.º-A CPC que a penhora de estabelecimento se faz por auto[343].

A elaboração do respectivo auto de penhora compete ao agente de execução (art. 836.º CPC), que o promove oficiosamente. Aí devem ser relacionados os bens que *essencialmente o integram*. A nosso ver, o auto de penhora deve contemplar, tanto quanto possível, os elementos (corpóreos e incorpóreos) que fazem parte do estabelecimento, não se limitando ao número mínimo de elementos que o permitem identificar.

Embora o advérbio "essencialmente" sugira que daquela relação devem constar os bens absolutamente necessários à caracterização do estabelecimento (art. 862.º-A, n.º 1, 1.ª frase CPC), não é menos verdade que

---

[341] Vejam-se, a título exemplificativo, na jurisprudência, o Ac. Rel. Lisboa, de 19.2.1982, CJ, 1982, I, p. 195, e o Ac. Rel. Lisboa, de 1.10.1991, CJ, 1991, IV, pp. 181 ss.

[342] Cfr. RUI PINTO DUARTE, "A penhora e a venda executiva do estabelecimento comercial", Themis, n.º 9, 2004, A reforma da acção executiva, Vol. II, p. 128. Diversamente, REMÉDIO MARQUES, A penhora e a reforma do processo civil. Em especial a penhora de depósitos bancários e de estabelecimento, Lisboa, 2000, p. 91.

[343] Ac. Rel. Porto, de 21.1.2003 (LEMOS JORGE), www.dgsi.pt ("a penhora de estabelecimento comercial só se considera como realizada depois de lavrado o auto previsto no artigo 862.º-A, n.º 1 do Código de Processo Civil").

a letra da lei também faz referência expressa ao "direito ao arrendamento" (art. 862.º-A, n.º 1, 2.ª frase CPC).

Ora, como sabemos, quando o estabelecimento está integrado num imóvel dado em locação, a posição contratual de arrendatário não integra o "âmbito mínimo", transmitindo-se naturalmente em caso de trespasse. Mostrar-se-ia incongruente com o sentido da lei um auto de penhora do qual não constasse o "direito ao arrendamento". Acresce que se a relação de bens visa, entre outras razões, impedir a sua subtracção e a sua alienação fraudulenta por parte do proprietário do estabelecimento, mal se compreenderia que a incompletude do auto viesse proporcionar um fim contrário àquele que a lei pretende[344].

§ 2. Notificação da penhora ao senhorio

A notificação da penhora ao senhorio resulta da aplicação do art. 856.º CPC.

Com efeito, o senhorio pode confirmar a existência do *crédito*, isto é, da posição de arrendatário comercial (sendo que o seu silêncio importa também o reconhecimento da relação locatícia[345]).

Desta sorte, cabe-lhe declarar se o crédito existe, em que termos existe (o prazo de duração, a renda), sem descurar outros factores (*v.g.*, a pendência de uma acção de despejo, a realização da denúncia do contrato para o final do prazo). Pode ainda infirmá-lo(a), devendo observar-se, neste quadro, o disposto nos arts. 858.º a 860.º CPC[346-347].

---

[344] Cfr. GRAVATO MORAIS, Alienação e oneração de estabelecimento comercial, 2005, pp. 165 ss.

[345] Ac. Rel. Lisboa, de 22.1.2004 (MANUEL GONÇALVES), www.dgsi.pt ("feita a notificação ao senhorio, incumbe-lhe "informar se o crédito (relação locatícia) existe e fazer as declarações que entender, entendendo-se, nada dizendo, que existe").

[346] Ver, na jurisprudência,
– o Ac. Rel. Lisboa, de 5.5.2009 (JOSÉ AUGUSTO RAMOS), www.dgsi.pt (num caso de arresto de estabelecimento comercial, assinala-se que "perante esta notificação cabe ao devedor declarar se o crédito existe e, em caso afirmativo, declarar quais as garantias que acompanham o crédito, em que data se vence e quaisquer outras circunstâncias que possam interessar ao arresto e, naturalmente, à subsequente execução que eventualmente venha a ocorrer, equivalendo silêncio do devedor ao reconhecimento da existência do crédito. Caso o devedor conteste a existência do crédito, são notificados o exequente e o executado para

Tal disciplina visa determinar, com rigor, o conteúdo das relações jurídicas constituídas em torno do estabelecimento mercantil, objecto da execução, extravasando o âmbito da mera notificação para preferência.

§ 3. Efeitos da penhora do estabelecimento na relação arrendatícia

1. Subsistência do contrato de arrendamento

A penhora do estabelecimento comercial não afecta a subsistência do contrato de arrendamento, que se mantém plenamente em vigor[348].

---

se pronunciarem, devendo o exequente declarar se mantém a penhora ou se desiste dela, mantendo o exequente a penhora o crédito passa a considerar-se litigioso e como tal será adjudicado ou transmitido");
— Ac. Rel. Lisboa, de 8.7.2004 (FÁTIMA GALANTE), www.dgsi.pt ("notificado o senhorio nos termos do art. 856.º CPC, a violação do dever de informar da pendência de uma acção de despejo contra o executado-arrendatário, apenas pode determinar a responsabilidade civil do senhorio pelos prejuízos advindos para o exequente");
— o Ac. Rel. Évora, de 13.12.2001 (FERNANDO BENTO), considera que a notificação do senhorio "serve para lhe dar a conhecer quem pode/deve ficar obrigado ao pagamento das rendas (que, para além do arrendatário, seria o depositário...)", referindo, porém, que a única utilidade da penhora é "meramente informativa" (CJ, 2001, V, p. 275);
— o Ac. Rel. Lisboa, de 28.09.1995 (FERREIRA GIRÃO) CJ, 1995, IV, p. 98 (observa--se que "a penhora de um estabelecimento comercial não impede o exercício do direito de resolução do contrato de arrendamento relativo ao prédio onde aquele está instalado. Tal hipótese não cabe no âmbito do art. 820.º CC. Cumpre contudo ao senhorio, notificado nos termos do art. 856.º CPC, informar da pendência da acção de despejo. A violação deste dever de informar pode determinar a responsabilidade civil do senhorio pelos prejuízos advindos para o exequente").
Diversamente, entendendo que a notificação do senhorio só é necessária para efeito de este exercer o direito de preferência que lhe assiste, nos termos do art. 1112.º, n.º 4 CC, NRAU, Ac. Rel. Porto, de 8.5.2000 (FONSECA RAMOS), www.dgsi.pt ("a notificação da penhora feita ao senhorio das instalações onde funciona o estabelecimento apenas visa proporcionar a este o exercício do direito de preferência relativamente ao trespasse").
[347] Note-se que o incumprimento do senhorio, notificado ao abrigo do art. 856.º CPC, pode determinar a sua responsabilidade civil (ver o Ac. Rel. Lisboa, de 28.9.1985, CJ, IV, p. 98).
[348] Ac. STJ, de 22.1.2001 (FERREIRA RAMOS), www.dgsi.pt ("não obstante a penhora, senhorio e executado não perdem a posição jurídica de proprietário e arrendatário,

Assim, o senhorio tem direito às rendas (anteriores e posteriores à penhora) e o arrendatário tem o dever de as pagar[349].

2. A obrigação de pagamento da renda

Como se sabe, o dever de pagamento da renda cabe, em princípio, ao arrendatário, por efeito do art. 1038.º, al. a) CC.
Todavia, pode ainda ser feito por terceiro
– interessado no cumprimento da obrigação; ou
– não interessado no cumprimento da obrigação (art. 767.º, n.º 1 CC).

---

respectivamente. A penhora (apenas) tem como efeito a perda dos poderes de fruição da coisa derivados do direito de propriedade, que se transferem para o tribunal. Por outro lado, aquela posição, ou qualidade, não reverte para o depositário judicial que venha a ser nomeado, ao qual incumbe, além dos deveres gerais do depositário, o dever de administrar os bens com a diligência e zelo de um bom pai de família (artigo 843.º do CPC) – o fiel depositário nomeado pelo tribunal na sequência da penhora do bem, assume o estatuto de simples detentor, devendo conservar os bens em nome do tribunal e à ordem do tribunal, ou da Repartição de Finanças").

[349] Cfr. os seguintes arestos:
– o Ac. Rel. Lisboa, de 8.7.2004 (FÁTIMA GALANTE), www.dgsi.pt ("penhorado o estabelecimento situado em prédio arrendado, o executado continua obrigado a pagar as rendas vencidas antes e depois da penhora");
– o Ac. Rel. Lisboa, 28.10.2003 (PIMENTEL MARCOS), www.dgsi.pt ("efectuada no âmbito de processo executivo movido contra o arrendatário a penhora "*do direito ao trespasse e arrendamento*", tal não interfere no direito do senhorio de receber as rendas");
– o Ac. STJ, de 30.1.1997 (ALMEIDA E SILVA), www.dgsi.pt ("penhorado o direito ao arrendamento e ao trespasse de estabelecimento comercial, essa penhora não afecta o direito de propriedade do senhorio sobre o prédio onde está situado esse estabelecimento, nem, consequentemente, a subsistência do contrato de arrendamento respectivo. Daí decorre que o executado continua obrigado a pagar as rendas vencidas antes e depois dessa penhora");
– o Ac. Rel. Lisboa, de 6.7.1989 (SILVA PAIXÃO), www.dgsi.pt ("os efeitos materiais da penhora do estabelecimento comercial enquanto unidade jurídica, abrangendo embora o direito ao arrendamento e trespasse, atingem, tão-somente, a esfera jurídica do executado--inquilino. Não obstante essa penhora, o senhorio continua a ter o direito ao recebimento das respectivas rendas").

Desta sorte, na pendência da execução, vários sujeitos podem fazê--lo, destacando-se, entre outros,

– o exequente, para manter intacto o seu direito (o que o coloca na posição de sub-rogado no direito do senhorio às rendas pagas – art. 592.º, n.º 1 CC);
– o fiel depositário, no exercício dos seus deveres de administração[350].

3. A falta de pagamento da renda e os direitos do senhorio

3.1. *Considerações gerais*

A penhora do estabelecimento instalado em imóvel arrendado, não afecta nenhum dos direitos do senhorio.

Mantém-se imutável a posição do locador no tocante aos direitos que o art. 1041.º CC lhe atribui: "rendas + indemnização"; ou "rendas + resolução".

---

[350] *Vide* o Ac. Rel. Lisboa, de 22.1.2004 (MANUEL GONÇALVES), www.dgsi.pt ("feita a penhora e nomeado depositário, sobre este incumbe o dever de assegurar que o pagamento das rendas se verifica, por forma a que o exequente não sofra prejuízo"), o Ac. Rel. Porto, de 26.5.2997 (LÁZARO DE FARIA), www.dgsi.pt ("efectuada a penhora ao direito ao arrendamento e trespasse de um estabelecimento comercial, em processo executivo, as rendas continuam a ser devidas e devem ser pagas pelo executado ou pelo fiel depositário nomeado"), o Ac. Rel. Porto, de 2.11.1998 (ANTERO RIBEIRO), www.dgsi.pt "apenas o pagamento das rendas, seja por um eventual depositário nomeado no acto de penhora, seja pelo exequente, seja pelo arrematante como legítimo interessado na conservação do direito ao arrendamento, o faria subsistir") e o Ac. STJ, de 24.11.87 (SOARES TOMÉ), www.dgsi.pt ("mas o pagamento pode ser feito pelo arrendatário executado que, não obstante a penhora, continua sujeito da relação locativa e portador de interesse em que ele não finde; ou, ainda, pelo credor exequente, detentor de similar interesse na manutenção do arrendamento (art. 767.º, n.º 1 CC). Em qualquer dos casos, o pagamento "radica-se" sempre na pessoa do arrendatário: se for ele a pagar, por evidencia; se for o depositário, porque administra em nome do executado ou, pelo menos, com reflexos no património deste; se o exequente, porque fica sub-rogado no respectivo direito (art. 592.º CC)".

3.2. Em especial, o direito à resolução do contrato por falta de pagamento da renda

Tem sido debatida a questão de saber se o senhorio, depois da penhora do estabelecimento instalado em imóvel arrendado, pode exercer o direito à resolução do contrato, importando ainda conhecer quais os efeitos decorrentes de um eventual despejo decretado[351].

Impõe-se analisar o alcance do art. 820.° CC, na perspectiva locatícia. Determina a disposição em causa:

– "sendo penhorado algum crédito [o direito ao arrendamento] do devedor [aqui arrendatário], a extinção dele por causa dependente da vontade do executado [o arrendatário] ou do seu devedor [o senhorio], verificada depois da penhora [do estabelecimento comercial que integra o direito do inquilino ao arrendamento], é igualmente inoponível à execução".

Atendendo às particularidades do objecto em causa, o estabelecimento comercial, enquanto bem *sui generis*, que integra variadas relações jurídicas, especialmente a relação arrendatícia (ou, dito de outro modo, o direito do locatário ao arrendamento), há que ler a norma neste enquadramento.

Cabe apreciar, num primeiro momento, em que circunstâncias o [direito de] crédito [ao arrendamento] do executado [proprietário do estabelecimento e arrendatário do imóvel] se extingue apenas por sua vontade.

Ora, sabemos que a cessação da relação locatícia pode estar na dependência exclusiva da vontade do arrendatário, o que sucede quando este, através de acto unilateral, denuncia o contrato ou se opõe à sua renovação, posto que qualquer destes actos tenha sido exercido após a penhora[352].

---

[351] Veja-se como a questão é usualmente posta nos nossos tribunais, por exemplo, no Ac. STJ, de 8.11.2006 (SOUSA PEIXOTO), www.dgsi.pt: "o objecto do recurso restringe-se à questão de saber se a penhora do direito ao arrendamento do local onde funcionava o estabelecimento da executada deve ser mantida, ou não, depois de o respectivo contrato de arrendamento ter sido resolvido por sentença transitada em julgado, proferida posteriormente à data da penhora, com fundamento na falta de pagamento de rendas vencidas também já depois da data da penhora".

[352] Ac. STJ, de 8.11.2006 (SOUSA PEIXOTO), www.dgsi.pt ("a ineficácia relativa prevista no art. 820.° do C.C., compreende-se quando a extinção do crédito penhorado resulte

Os actos nestes termos praticados não afectam a execução – ou como dispõe o preceito, são-lhe inoponíveis –, pelo que se mantêm incólumes os direitos do exequente sobre o estabelecimento comercial, em especial no que se reporta à relação locatícia. Esta não se extingue – porque isso prejudicaria a execução – quando é o executado que lhe pretende pôr termo.

À luz da regra civilista em causa, na sequência da penhora do estabelecimento, é portanto o exercício dos direitos de arrendatário que sofre agora restrição em razão dos interesses subjacentes à execução.

Mas pode suscitar-se a temática da extinção do direito ao arrendamento quando esta se dá por causa dependente do seu devedor [aqui o senhorio][353].

Utilizando o argumento a *contrario sensu*, conclui-se que os direitos do senhorio permanecem intactos, não sendo afectados com a penhora. A doutrina e a jurisprudência têm-no considerado[354].

---

apenas da vontade do executado ou do seu devedor, mas deixa de ter razão de ser quando resulte de uma decisão judicial").

[353] Realce-se como o problema é rigorosamente posto no Ac. STJ, de 8.11.2006 (SOUSA PEIXOTO), www.dgsi.pt: "o que se questiona é se a resolução do contrato é imputável... ao seu devedor (o senhorio do local arrendado) e, consequentemente, se a decisão proferida na referida acção é ou não ineficaz relativamente ao exequente".

[354] Ver, entre outros, os seguintes arestos:

– o Ac. Rel. Lisboa, de 8.7.2004 (FÁTIMA GALANTE), www.dgsi.pt ("o art. 820.º CC não se aplica às situações de penhora do direito ao trespasse e arrendamento, na medida em que não estamos perante um direito de crédito como qualquer outro, que existe ou não. De facto, como bem salienta a sentença recorrida, no caso da penhora do direito ao trespasse ou arrendamento, o senhorio não é titular de um qualquer crédito, antes é titular de todo um conjunto de direitos reconhecidos por lei face ao inquilino, que integram não só o direito à renda como todos os outros que, se violados, podem ser causa da resolução do contrato e que não podem considerar-se "suspensos" durante o período por que se prolonga a acção executiva até à venda judicial, que pode ser de anos. Assim, não obstante a penhora, o senhorio continua a ter o direito ao recebimento das rendas e se não forem pagas ou depositadas nos termos legais o senhorio continua a gozar do direito a exigir o pagamento e a obter a resolução do contrato de arrendamento");

– o Ac. Rel. Porto, de 2.11.1998 (ANTERO RIBEIRO), www.dgsi.pt ("os efeitos materiais da penhora do direito ao trespasse e arrendamento (ou seja, a penhora do estabelecimento enquanto unidade jurídica, com sede em prédio arrendado), em execução movida contra o inquilino não interferem nos direitos do senhorio procedentes da relação locatá-

A leitura é a mais correcta, até porque vários sujeitos (e não só o inquilino), como destacámos, podem obstar à constituição do direito do senhorio à resolução do contrato, se procederem ao pagamento atempado das rendas, pelo que a cessação do contrato não está dependente da vontade exclusiva do senhorio[355]. Assim, não depende apenas da iniciativa do locador, embora o impulso deste último seja sempre necessário para provocar o termo do contrato.

Aliás, mesmo perante o atraso no pagamento da renda, há a possibilidade de fazer caducar, à partida, o direito de resolução do senhorio, desde que se pague a indemnização devida.

É certo que actualmente isso nem sempre é possível – como decorre do art. 1048.º, n.º 2 CC, NRAU –, mas isso não deve levar a uma leitura diversa do art. 820.º CC. Apenas os interessados na não extinção do contrato de arrendamento devem, se for o caso, evitar o atraso no pagamento da renda.

Não se verifica, deste modo, a perda do direito do senhorio à resolução do contrato de arrendamento[356].

---

ria. Continua, assim, a ter o direito ao recebimento das respectivas rendas; quer das vencidas, quer das que se forem vencendo, e, não forem pagas, a gozar do direito de exigir o correspondente pagamento e de obter o decretamento judicial da resolução do contrato de arrendamento").

[355] Ac. Rel. Porto, de 13.7.1992 (SIMÕES FREIRE), www.dgsi.pt ("o arrendatário, depositário e eventualmente o credor-exequente deverão diligenciar para que não haja violação da obrigação de pagar as rendas (art. 1038.º, al. a), CC) e, assim, o arrendamento se mantenha").

[356] Cfr. o Ac. Rel. Porto, de 26.5.2997 (LÁZARO DE FARIA), www.dgsi.pt ("a falta do seu pagamento confere ao locador o direito de pedir a resolução do contrato e o consequente despejo do locado"), o Ac. STJ, de 30.1.1997 (ALMEIDA E SILVA), BMJ, 463, 1997, p. 532 ("o senhorio mantém o direito de propor acção de despejo para resolução do contrato com o fundamento da falta de pagamento dessas rendas. Tal acção, deve ser proposta contra o arrendatário mesmo depois de ordenada aquela penhora"), o Ac. Rel. Lisboa, de 6.7.1989 (SILVA PAIXÃO), www.dgsi.pt ("o não pagamento dessas rendas faz nascer o direito à resolução do arrendamento por parte do senhorio, mesmo que o arrendamento venha a ser arrematado judicialmente. Decretado o despejo, o arrematante vê o estabelecimento, que lhe foi adjudicado, despojado de um dos elementos que o integravam – o direito ao arrendamento") e o Ac. STJ, de 24.11.1987 (SOARES TOMÉ), www.dgsi.pt ("não sendo as rendas solvidas por qualquer dos sujeitos, nas condições aludidas, o senhorio tem o direito de obter a resolução do contrato com fundamento no art. 1093.º, n.º 1, al. a), CC e o pagamento das rendas em divida").

Mas podemos ir até mais longe: a resolução do contrato de arrendamento pelo senhorio pode mesmo basear-se no atraso do pagamento de rendas anteriores ou posteriores à penhora[357-358].

O raciocínio assenta nos seguintes dados:

– o não pagamento da renda não importa, sem mais, a extinção do contrato;

– o preceito em apreço visa "impedir que o executado ou o seu devedor comprometam os objectivos da execução, por sua livre iniciativa e vontade, ou seja, visam impedir que os efeitos da penhora fiquem à mercê do arbítrio do executado ou do seu devedor, mas essa ineficácia já deixa de ter razão de ser quando se trate de uma decisão judicial. E seria mesmo incompreensível que o direito do senhorio à resolução do contrato tivesse de ceder, apesar de estar judicialmente reconhecido, perante o direito do exequente"[359].

---

[357] Ac. STJ, de 8.11.2006 (SOUSA PEIXOTO), www.dgsi.pt ("no que toca ao direito do senhorio à resolução do contrato de arrendamento com fundamentos na falta de pagamento das rendas, quer se trate de rendas vencidas anteriormente à data da penhora, quer às que se vencerem posteriormente, a jurisprudência tem vindo a reconhecer pacificamente a existência desse direito, com o fundamento de que a penhora do direito ao arrendamento e trespasse do estabelecimento comercial em nada afecta o direito de propriedade do senhorio sobre o prédio onde o estabelecimento funciona");

– o Ac. Rel. Lisboa, de 8.7.2004 (FÁTIMA GALANTE), www.dgsi.pt (no caso em apreço, notificado que foi o senhorio, ao abrigo do disposto no art. 856.º do CPC, da efectivação da penhora, veio informar que a executada desde Fevereiro de 1998 deixara de pagar as rendas, acrescentando que intentara a respectiva acção de despejo", ora, "tal acção só foi intentada cerca de um mês depois de prestada tal informação (ou seja um mês após a efectivação da penhora). Porém, o direito à resolução do contrato é anterior à referida penhora, pois que as rendas já estavam em dívida em momento anterior à penhora (desde Fevereiro). Mas mesmo que as rendas só em momento posterior à penhora tivessem deixado de ser pagas, não podia o senhorio ver cerceado o seu direito de intentar a respectiva acção de despejo. O mesmo se diga relativamente a qualquer outra causa de resolução do contrato superveniente à penhora").

[358] Referência muito importante merece o Ac. STJ, de 14.1.2004 (FERNANDES CADILHA), www.dgsi.pt, ao observar que se existisse "na acção de despejo, um uso anormal do processo para praticar um acto simulado, competia ao juiz, nessa acção, obstar a que esse objectivo fosse alcançado, o que, todavia, apenas poderia suceder se se tivesse apercebido da fraude através da conduta das partes ou de quaisquer circunstâncias da causa (artigo 665.º do Código de Processo Civil)".

[359] Ac. STJ, de 8.11.2006 (SOUSA PEIXOTO), www.dgsi.pt.

Desta sorte, se tiver sido decretado o despejo por falta de pagamento da rendas, dá-se irreversivelmente a extinção do contrato de arrendamento, perdendo o estabelecimento comercial um dos seus elementos essenciais.

A eventual venda executiva da organização mercantil não envolve a repristinação do arrendamento[360].

4. O cumprimento da obrigação de pagamento da renda e a venda executiva do estabelecimento comercial

No caso de a renda ter sido pontual e integralmente paga e de a acção executiva ter seguido o seu curso, a venda executiva do estabelecimento comercial instalado em imóvel arrendado não permite ao senhorio opor-se à transmissão da posição locatícia.

Trata-se de um trespasse por venda executiva, o qual se reveste de algumas particularidades, mas que faz operar a transferência da situação de arrendatário sem necessidade de consentimento do senhorio e sem que este se possa a ela opor[361].

---

[360] Vide o Ac. Rel. Lisboa, de 22.1.2004 (MANUEL GONÇALVES), www.dgsi.pt ("resolvido o contrato de arrendamento com fundamento na falta de pagamento de rendas, a resolução é oponível ao exequente"), e o Ac. Rel. Porto, de 2.11.1998 (ANTERO RIBEIRO), www.dgsi.pt (conclui-se que não tendo sido pagas as rendas, "a posterior arrematação do direito ao trespasse e arrendamento não pode determinar a destruição dos efeitos da decisão que determinou a resolução do contrato de arrendamento e decretou o despejo do arrendado, sob pena de se praticar um acto injusto contra o senhorio, na medida em que se iriam sacrificar os interesses legítimos do mesmo a pretexto de prosseguir os fins de uma acção executiva a que era inteiramente alheio").

[361] Ac. Rel. Lisboa, de 16.10.2008 (PEREIRA RODRIGUES), www.dgsi.pt ("o que se justifica pelo facto de a transferência da posição contratual de arrendatário, integrada no trespasse do estabelecimento comercial, não comportar qualquer violação do direito do senhorio, pois este continua a ter o seu direito de propriedade intocado. É certo que o arrendatário é um possuidor em nome alheio, pois que ao exercer os poderes da detenção sobre a coisa locada, a sua actuação verifica-se em nome do senhorio e não em nome próprio. Contudo, não há violação da posse do senhorio, dono do prédio, quando há trespasse, com cessão da posição contratual do arrendatário, visto que o arrendatário exerce a posse do senhorio quando é penhorada a posição de arrendatário, juntamente com o direito ao trespasse". Assim, "a penhora que apenas incida sobre o direito que o executado tenha na qua-

5. O caso especial da acção de despejo por falta de pagamento da renda ter sido instaurada posteriormente à venda executiva do estabelecimento comercial

Importa, por fim, relevar a hipótese de a acção de despejo por falta de pagamento da renda ter sido instaurada posteriormente à venda executiva do estabelecimento comercial.

A factualidade é a seguinte:

– as rendas vencidas não foram pagas pelo arrendatário;
– foi, posteriormente, penhorado o estabelecimento comercial;
– houve, em momento ulterior, a venda executiva da organização mercantil;
– foi proposta uma acção de despejo com fundamento na falta de pagamento da renda[362].

A questão tem sido discutida na nossa jurisprudência.

---

lidade de locatário no arrendamento, estando vigente o contrato de arrendamento, não recaindo sobre a propriedade do imóvel, não ofende a posse do senhorio").

Sobre as especialidades desta venda em relação à voluntária, ver o Ac. Rel. Porto, de 28.10.2003 (PIMENTEL MARCOS), www,dgsi.pt, onde se afirma que aquela "é feita pelo tribunal (órgão do Estado, no exercício da função judicial) apresentando-se, por isso, como um acto de direito público, para a qual pouco ou nada conta a vontade do vendedor; na venda privada impera a vontade das partes, podendo estas, dentro dos limites da lei, incluir no contrato as cláusulas que lhes aprouver (art. 406.º do CC); veja-se, por exemplo, o preceituado no artigo 824.º, n.º 1 do CC: *"a venda em execução transfere para o adquirente os direitos do executado sobre a coisa vendida"*; daí que o comprador passe a ser titular desse direito, nomeadamente, no caso *sub judice*, o direito ao arrendamento. Todavia, o n.º 2 do mesmo artigo estabelece as circunstâncias em que os bens são transmitidos. E dele resulta que na venda em execução o comprador pode adquirir mais direitos do que o vendedor lhe poderia transmitir na venda privada. Outra diferença importante verifica-se, por exemplo, nas causas de anulação da venda (arts. 908.º e 909.º do CPC). Na verdade, a penhora tem como efeito a criação de um estado de indisponibilidade relativa, por virtude do qual o executado fica impedido de praticar eficazmente, em relação aos bens penhorados, actos que prejudiquem a finalidade da execução... É que a penhora é uma providência de afectação por virtude da qual os bens penhorados são colocados à disposição do tribunal, com vista à satisfação do crédito exequendo").

[362] Ac. Rel. Lisboa, de 28.10.2003 (PIMENTEL MARCOS), www.dgsi.pt (os factos, como se constata, são idênticos aos citados em texto: "no âmbito de uma execução fiscal foi penhorado um estabelecimento comercial do qual faz parte o direito ao arrendamento. As rendas não eram pagas desde data anterior à penhora, facto de que o senhorio deu

No Ac. Rel. Porto, de 28.10.2003, sustentou-se, por maioria, que "tendo a transmissão da posição jurídica de arrendatário, por *trespasse* através da venda executiva, tido lugar anteriormente à propositura da acção de despejo, o direito ao arrendamento não foi transmitido como litigioso, nos termos do art. 271.º do CPC". Assim, concluiu-se que "a causa de resolução do arrendamento por falta de pagamento de rendas, pelo anterior locatário, não é pois oponível ao novo inquilino, que lhe sucedeu por via da transmissão do direito ao arrendamento"[363].

Orientação oposta se seguiu no voto de vencido (do Juiz Desembargador Jorge Santos), defendendo-se que "a penhora e a venda judicial legalmente não retiram nem impedem o senhorio de propor acção de despejo, mesmo contra o adquirente, ainda que com fundamento causado pelo anterior arrendatário. A venda judicial opera a cessão da posição contratual, neste caso, por parte do arrendatário. Obviamente que a responsabilidade pelo pagamento das rendas em dívida – fundamento da resolução do arrendamento – mantém-se na esfera jurídica de quem usufruiu o arrendado no período a que as mesmas respeitam. De modo nenhum se transfere para o adquirente a responsabilidade pelo seu pagamento. A vingar a tese que fez vencimento, bastaria ao arrendatário ceder a sua posição contratual a terceiro ou simular processo executivo de modo a que terceiro,

---

conhecimento à Repartição de Finanças em data anterior à venda. Em 14/6/2000, no âmbito da referida execução fiscal, a R. adquiriu o aludido estabelecimento por proposta em carta fechada. Por carta datada de 27.6.2000, a R. comunicou ao A. que havia adquirido o estabelecimento, pedindo a emissão de recibos de rendas em seu nome. Por carta datada de 4.7.2000, a R. remeteu ao A. um cheque no valor de 100.464$00, destinado ao pagamento da renda e caução relativas aos armazéns que lhe foram adjudicados. A A., por carta datada de 12.7.2000, devolveu à R. o cheque que esta lhe remetera, recusando o seu recebimento com o fundamento de se encontrarem em dívida rendas anteriormente vencidas. Depois de efectuada a venda foi proposta a presente acção de despejo contra o comprador, com fundamento na falta de pagamento daquelas rendas").

[363] Ac. Rel. Porto, de 2810.2003 (PIMENTEL MARCOS), www.dgsi.pt.

Cfr. Ac. Rel. Lisboa, de 6.7.1989 (SILVA PAIXÃO), CJ, IV, p. 119: "não obstante [a] penhora [do estabelecimento comercial], o senhorio continua a ter o direito ao recebimento das respectivas rendas"... sendo que na falta de pagamento "nasce o direito a resolução do arrendamento..., mesmo que [este] venha a ser arrematado judicialmente. Decretado o despejo, o arrematante vê o estabelecimento, que lhe foi adjudicado, despojado de um dos elementos que o integravam – o direito ao arrendamento. De todo o modo, assinala-se ainda que "decretado o despejo, recompõe-se o equilíbrio nas prestações com a faculdade de o adquirente/arrematante poder vir requerer a anulação da venda judicial...".

com ele conluiado, adquirisse por venda judicial o direito ao trespasse e arrendamento para obstar a acção de despejo[364].

Cremos que com razão.

Apesar de o arrendatário em geral ser visto como um sujeito débil – embora com menor grau de protecção do que no passado –, continua a ser permitido transmitir a sua posição contratual sem o consentimento do senhorio desde que haja trespasse (art. 1112.°, n.° 1, al. a) CC, NRAU).

A esta vantagem do arrendatário – ou, dito de outra forma, a esta perda para o senhorio – não pode acrescer uma outra: a de se transformar a transmissão do arrendamento com direito ao despejo pelo senhorio numa situação de impossibilidade de actuação deste contra o novo arrendatário, por efeito do trespasse.

É certo que o art. 435.°, n.° 1 CC, dispõe que "a resolução não prejudica os direitos adquiridos por terceiros", pelo que se suscita, nesta sede, uma eventual protecção do adquirente do estabelecimento e também (agora) arrendatário do imóvel. Poder-se-ia até referir que a disposição civilista nem sequer alude à boa ou à má fé do terceiro, o que permite alargar quase indefinidamente o benefício a todos os sujeitos.

Cremos que o art. 1112.°, n.° 1, al. a) CC, NRAU, em função dos interesses que tutela – a circulabilidade do estabelecimento comercial com a respectiva manutenção deste no imóvel – não pode ter querido ir tão longe na sua protecção. Sobrepõe-se assim ao art. 435.°, n.° 1 CC.

Por outro lado, como o período de reacção do locador é relativamente curto, contabilizando-se o prazo de um ano em relação a cada renda em atraso (art. 1085.°, n.° 1 CC, NRAU), sob pena de caducidade do direito do senhorio, não saem excessivamente prejudicados os interesses do novo arrendatário (por efeito do trespasse), mesmo aquele que desconhecia o incumprimento do antigo inquilino.

Se não fosse esta a solução, atento o interesse do novo arrendatário em manter-se no imóvel, o trespasse constituiria uma forma simples e eficaz de iludir o direito de resolução do senhorio, camuflando o incumprimento do antigo locatário. No limite, sucessivos trespasses poderiam apagar incumprimentos dos vários arrendatários sem que o locador pudesse alguma vez reagir.

---

[364] Ac. Rel. Porto, de 28.10.2003 (PIMENTEL MARCOS), www.dgsi.pt (ver o voto de vencido).

Dado que a extinção ocorre, a nosso ver, independentemente da boa fé do trespassário do estabelecimento comercial, a questão dirimir-se-á posteriormente entre trespassante e trespassário, dado que foi afectado um dos direitos (o arrendatício) transmitidos por efeito da alienação do estabelecimento.

Posteriormente, o adquirente da unidade jurídica pode fazer cessar o contrato de trespasse. Tem ao seu dispor os mecanismos comuns, como, *v.g.*, a anulação[365] ou a resolução do contrato – com as suas tradicionais consequências (ou seja, a extinção do contrato e a existência de relações de liquidação, em especial a restituição de valores já entregues) –, sem prejuízo do direito a obter uma indemnização com base nos danos causados[366].

Note-se que não devem proceder os embargos de terceiro – quando tal for possível – invocados pelo trespassário, novo arrendatário[367].

---

[365] Ac. Rel. Lisboa, de 24.1.2008 (CARLA MENDES), www.dgsi.pt (a anulação pode, v.g., provir da existência de dolo ou de erro-vício; *in casu*, a celebração do contrato de trespasse pressupõe o exercício da actividade no imóvel arrendado; o trespassante não deu a conhecer ao trespassário a existência de uma acção de despejo; este, após o despejo do imóvel, ficou impedido do exercício da actividade no citado local).

[366] Ac. Rel. Lisboa, de 24.1.2008 (CARLA MENDES), www.dgsi.pt (o conhecimento ao tempo do trespasse da existência da acção de despejo relativamente à loja, a não informação do trespassário desse facto, o conhecimento daquele facto, por parte do trespassário, em simultâneo ao despejo, são factos que geram, para além da anulação do contrato, responsabilidade pré-contratual pelos danos culposamente causados, aí cabendo os danos emergentes e os lucros cessantes).

[367] A situação foi suscitada – embora com contornos distintos – no Ac. Rel. Lisboa, de 21.9.2006 (OLINDO GERALDES), www.dgsi.pt (uma sociedade comercial, por apenso à acção de despejo instaurada pelo senhorio contra o arrendatário, deduziu embargos de terceiro com função preventiva, alegando que tinha entretanto adquirido o estabelecimento comercial, instalado no imóvel arrendado, cuja posse ou o direito real de gozo é ofendido pela decisão proferida na acção de despejo).

CAPÍTULO II
A insolvência do arrendatário e a obrigação de pagamento da renda

§ 1. A insolvência do arrendatário: enquadramento legal. § 2. Efeitos da declaração de insolvência no contrato de arrendamento: regime geral. 1. Considerações gerais. 2. O direito de escolha do administrador da insolvência. 2.1. Manutenção do contrato de arrendamento. 2.2. Denúncia do contrato de arrendamento. 2.2.1. Caracteres da denúncia. 2.2.2. Em especial, o prazo de pré-aviso. 2.2.3. O período de pendência da denúncia. 2.2.4. O período que medeia entre a data da produção dos efeitos da denúncia e o termo (convencionado ou possível) do contrato. 2.2.5. Outros efeitos da denúncia. § 3. Efeitos da declaração de insolvência no contrato de arrendamento habitacional: desvio à regra. § 4. Falta de pagamento da renda e resolução do contrato pelo senhorio. 1. Falta de pagamento da renda anterior à declaração de insolvência. 1.1. Resolução do contrato depois da declaração de insolvência por rendas vencidas em data anterior àquela. 1.2. Resolução do contrato antes da declaração de insolvência por rendas vencidas em data anterior àquela. 2. Falta de pagamento da renda posterior à declaração de insolvência.

§ 1. A insolvência do arrendatário: enquadramento legal

A matéria da insolvência do arrendatário encontrava expressão no art. 169.º CPEREF[368] e, recuando ainda mais no tempo, no art. 1197.º, n.os 1 e 2 CPC[369].

---

[368] Sob a epígrafe, "arrendamento em que o falido é arrendatário", determinava o preceito: "a declaração de falência não faz cessar o contrato de arrendamento em que

A temática está actualmente regulada no art. 108.º CIRE, que não é dirigido especificamente ao arrendatário[370], mas, em termos mais amplos, a um qualquer locatário.

São seus pressupostos, no que toca especificamente à matéria que nos ocupa:

– a existência de um contrato de arrendamento válido e em vigor;
– a declaração de insolvência do arrendatário.

§ 2. Efeitos da declaração de insolvência no contrato de arrendamento: regime geral

1. Considerações gerais

Verificados os pressupostos assinalados, actua, em princípio, o regime do mencionado preceito.

---

o falido seja arrendatário, mas o liquidatário judicial pode denunciá-lo de acordo com os interesses da massa falida, ficando ao senhorio o direito de reclamar as rendas em dívida até à denúncia e ainda a indemnização devida por incumprimento do contrato, como créditos comuns" (n.º 1); "tendo o senhorio requerido a resolução do contrato só após a declaração de falência, por falta de pagamento de rendas, não tem direito a indemnização pela mora anterior a ela" (n.º 2); "não tendo o prédio arrendado sido ainda entregue ao arrendatário à data da declaração de falência deste, tanto o liquidatário judicial como o senhorio podem desistir da execução do contrato, mediante indemnização pelo incumprimento que, quando devida pelo falido, constitui para a outra parte crédito comum (n.º 3); "tanto o senhorio como o liquidatário judicial podem fixar um ao outro um prazo razoável para a declaração de resolução do contrato, findo o qual cessa o direito de resolução" (n.º 4).

[369] Tendo como título "subsistência dos contratos bilaterais do falido", dispunha o normativo que "a declaração da falência não importa a rescisão dos contratos bilaterais celebrados pelo falido, os quais serão ou não cumpridos, consoante, ouvido o síndico, for julgado mais conveniente para a massa. No segundo caso, deve o administrador notificar o outro contraente, a quem fica salvo o direito de exigir à massa, no processo de verificação de créditos, a correspondente indemnização de perdas e danos" (n.º 1); no caso de ser mantido o arrendamento da casa, estabelecimento ou armazém do falido, as rendas serão pagas integralmente pelo administrador da falência" (n.º 2).

[370] Ao contrário do que sucedia no art. 169.º do CPEREF.

A declaração de insolvência do inquilino, ao contrário do princípio aplicável aos contratos em geral, estabelecido no art. 102.º CIRE, não suspende o contrato de arrendamento (art. 108.º, n.º 1 CIRE)[371]. Portanto, aqui a regra é a da execução (ou, dito de outro modo, da continuidade) do contrato.

No entanto, essa regra não é absoluta, já que o administrador da insolvência pode sempre denunciá-lo, a todo o tempo, com um dado prazo de pré-aviso.

No fundo, também aqui se confere um direito de escolha ao administrador da insolvência: entre a continuidade do contrato ou a sua denúncia[372] (e já não, como sucede no art. 102.º, n.º 1 CIRE, entre a execução e a recusa do cumprimento).

O que releva para este regime é a tutela dos credores da massa insolvente que se pretende: se a manutenção do bem (o direito ao arrendamento) for do interesse daqueles, então dá-se prevalência à continuidade do contrato; se não o for, proceder-se-á à denúncia.

Deve referir-se ainda que se estabelece um regime geral e um regime específico para o caso de insolvência do arrendatário.

2. O direito de escolha do administrador da insolvência

2.1. *Manutenção do contrato de arrendamento*

A manutenção do contrato de arrendamento significa que este deve continuar a ser cumprido integralmente.

Assim, o senhorio, *v.g.*, permanece adstrito a proporcionar o gozo da coisa, tendo o direito a receber a correspondente remuneração.

---

[371] O art. 169.º, n.º 1 CPEREF referia similarmente que "a declaração de falência não faz cessar o contrato de arrendamento em que o falido seja arrendatário".

[372] MENEZES LEITÃO entende que se trata aqui, "em bom rigor, [de] uma recusa do seu cumprimento" (Direito da Insolvência, 2.ª Ed., Coimbra, 2009, p. 186).

A nosso ver, trata-se de uma modalidade especial de recusa, pois esta não opera imediatamente, sendo que o contrato aqui não está suspenso, antes se continua a executar, seguindo os efeitos gerais da denúncia do arrendamento, ressalvada a particularidade do prazo de pré-aviso e as deduções indemnizatórias consagradas.

Do lado do arrendatário, é agora o administrador da insolvência que ingressa na posição daquele[373], pelo que lhe cabe especificamente proceder ao pagamento da renda[374] depois de declarada a insolvência[375].

2.2. Denúncia do contrato de arrendamento

2.2.1. Caracteres da denúncia

Nada se refere no art. 108.º CIRE quanto aos caracteres da denúncia, pelo que se segue o regime geral desta.

Assim, a denúncia é, por natureza, imotivada, *ad nutum*, não havendo que alegar nenhuma razão justificativa para extinguir o contrato.

Pode tal declaração ser efectuada a todo o tempo, e não apenas logo após a declaração da insolvência.

No entanto, só o administrador da insolvência pode exercer o direito em apreço (cfr. art. 108.º, n.os 1 e 3, parte inicial CIRE[376]). Não o pode fazer nem o arrendatário, nem o senhorio.

Quanto ao modo do exercício, dado que o regime específico é omisso, cremos que se deve aplicar a disciplina arrendatícia quanto à extinção do contrato, ou seja, o art. 9.º, n.os 1 a 6 NRAU.

Realce-se, por último, que a finalidade desta denúncia não é a mesma que emerge do quadro geral privatista, ou seja, a de evitar vinculações per-

---

[373] Embora com algumas restrições.

[374] Ver Ac. Rel. Porto, de 3.12.2009 (TELES DE MENEZES), www.dgsi.pt (questionou--se se "as rendas em dívida desde a declaração da insolvência constituem um crédito sobre a insolvência ou uma dívida da massa insolvente, atento o disposto no n.º 2 do art. 89.º do CIRE"; o tribunal considerou que se tratava "de uma dívida da massa insolvente, porque a A. exercita um direito relacionado com a manutenção do contrato de arrendamento pelo administrador da insolvente, que o não denunciou, como podia fazer (art. 108.º/1), e com o não pagamento da contraprestação devida pela disponibilização do locado, as rendas que, assim, constituem dívidas da massa (n.º 3 do art. 108.º, a contrario, e art. 51.º/1-c, d) e e)"; por isso, a reclamação de créditos deve feita "em acção própria (declarativa ou executiva) que corre por apenso ao processo de insolvência, nos termos do art. 89.º/2 [CIRE]", e não "pelo meio previsto no art. 128.º do CIRE, na medida em que este meio processual apenas se destina à reclamação e verificação dos créditos sobre a insolvência"; de resto, o tribunal apoiou-se no Ac. Rel. Porto, de 18.6.2009 (MARIA CATARINA), www.dgsi.pt.

[375] ROSÁRIO EPIFÂNIO, Os efeitos substantivos da falência, Porto, 2002, p. 353.

[376] Assinala-se no n.º 1 que "o administrador da insolvência pode sempre denunciá--lo" e no n.º 3 que "a denúncia do contrato pelo administrador da insolvência...".

pétuas. O seu propósito é o de proteger os interesses da massa insolvente e dos credores da insolvência[377].

2.2.2. Em especial, o prazo de pré-aviso

Caso o administrador da insolvência escolha a via da denúncia, o art. 108.°, n.° 1 CIRE fixa um prazo de pré-aviso de 60 dias para o efeito.

Tal prazo atende em especial aos interesses dos credores da insolvência, sendo igualmente determinado, mas aqui reflexamente, em razão das legítimas expectativas da outra parte (o senhorio) na continuidade do contrato.

O prazo é bem mais curto – menos de metade – do que o prazo geral em sede arrendatícia – que é de 120 dias (independentemente de o contrato, quanto à duração, ser com prazo certo ou de duração indeterminada) e que só opera, esgotado tal período no final do respectivo mês civil (art. 1098.° e art. 1100.° CC, NRAU).

De todo o modo, deve assinalar-se que o contrato pode legitimamente estabelecer um prazo superior para a denúncia do arrendatário não habitacional, desde que tal tenha sido estipulado no contrato[378].

Aliás, há mesmo uma hipótese em que é a própria lei que fixa um prazo de pré-aviso muito superior aos 120 dias: sendo omisso o contrato quanto à duração do arrendamento não habitacional, este deve considerar-se com prazo certo de 10 anos, "não podendo o arrendatário denunciá-lo com antecedência inferior a um ano" (art. 1110.°, n.° 2 CC, NRAU).

Em qualquer destas duas situações, o prazo de pré-aviso da denúncia é reduzido também a 60 dias.

No entanto, não se esqueça que pode estar em causa um prazo de pré-aviso inferior – o que se mostra admissível, *v.g.*, no arrendamento para fins não habitacionais –, pelo que, sendo o caso, é esse o regime a considerar (art. 108.°, n.° 1, parte final CIRE).

Embora o preceito não o refira, o prazo (geral) de pré-aviso de 60 dias deve começar a contar-se a partir do momento da recepção ou do conhecimento da declaração de denúncia pelo senhorio e esgota-se no termo do

---

[377] A isso aludia expressamente o antigo art. 169.°, n.° 1 CPEREF ("... pode denunciá-lo de acordo com os interesses da massa falida...")

[378] E isso é possível, pois o art. 1110.°, n.° 1 CC permite a fixação de prazos de pré--aviso de denúncia diversos, ao abrigo do princípio da liberdade contratual.

referido período. Portanto, o contrato apenas se extingue no final do prazo mencionado.

Assinale-se que este prazo não sofre nenhuma restrição, em especial quanto ao momento do seu termo. Assim, após o exercício do direito contam-se 60 dias de calendário, findos os quais se considera extinto o contrato.

2.2.3. *O período de pendência da denúncia*

Decorre do regime geral da denúncia, por omissão do próprio art. 108.°, n.° 1 CIRE, mas também a *contrario sensu* do regime do art. 108.°, n.° 3 CIRE, que, na pendência da denúncia, o contrato de arrendamento continua a produzir todos os efeitos. Assim, a obrigação de pagamento da renda mantém-se, pelo que a renda deve continuar a ser paga na totalidade.

2.2.4. *O período que medeia entre a data da produção dos efeitos da denúncia e o termo (convencionado ou possível) do contrato*

A data da produção dos efeitos da denúncia tem um especial significado, já que a partir daí se modifica o quadro obrigacional do pagamento da renda, estabelecendo-se um regime próprio que cumpre descrever.

Por um lado, "obriga ao pagamento... das retribuições correspondentes ao período intercedente entre a data da produção dos seus efeitos e a do fim do prazo contratual estipulado, ou a data para a qual de outro modo teria sido possível a [extinção do contrato] pelo insolvente[379]..." (art. 108.°, n.° 3, 1.ª parte CIRE).

Mas a esta importância há que deduzir dois valores, a saber:

– o "[d]os custos inerentes à prestação do locador durante esse período";
– o "[d]os ganhos obtidos através de uma aplicação alternativa do locado, desde que imputáveis à antecipação do fim do contrato, com actualização de todas as quantias, nos termos do número 2

---

[379] Há que ver aqui qual o regime estabelecido pelas partes quanto à denúncia do arrendatário, que no arrendamento não habitacional pode ser bem diverso do regime geral (art. 1110.°, n.° 1 CC, NRAU).

do artigo 91.º, para a data da produção dos efeitos da denúncia" (art. 108.º, n.º 3, 2.ª parte CIRE).

O pagamento a efectuar, nos termos descritos, é qualificado como "crédito sobre a insolvência" (art. 108.º, n.º 3, 2.º trecho CIRE).

2.2.5. *Outros efeitos da denúncia*

A denúncia do contrato de arrendamento, que gera a sua extinção no termo do período de 60 dias assinalado, importa a obrigação de restituição do imóvel ao senhorio.

Assim, há que aplicar o regime geral do art. 1081.º CC, especialmente o seu n.º 1, pelo que "a cessação do contrato torna imediatamente exigível... a desocupação do local e a sua entrega...".

§ 3. Efeitos da declaração de insolvência no contrato de arrendamento habitacional: desvio à regra

No caso de o imóvel se destinar à habitação do insolvente o regime é parcialmente diverso. Tal resulta da primeira frase do art. 108.º, n.º 2 CIRE[380].

Tal como na hipótese-regra, o contrato de arrendamento não se suspende.

Mas, ao contrário dela, afasta-se o direito de denúncia do administrador da insolvência (art. 108.º, n.º 2, 1.ª parte CIRE).

No entanto, mantém-se um direito de escolha do administrador, que pode:

– continuar com o contrato de arrendamento habitacional (regime que se emprega na omissão de declaração do administrador); ou
– em vez disso, "declarar que o direito [do senhorio] ao pagamento de rendas vencidas depois de transcorridos 60 dias sobre tal declaração não será exercível no processo de insolvência...".

---

[380] Note-se que o CPEREF não regulava a questão, sendo que à luz do regime do CPC, a questão era muito discutida. Ver, sobre o assunto, ROSÁRIO EPIFÂNIO, Os efeitos substantivos da falência, cit., pp. 350 ss.

A previsão desta possibilidade ao alcance do administrador da insolvência permite retirar algumas conclusões e atender a vários cenários.

Por um lado, mantém-se a obrigação de pagamento da renda, conquanto se criem agora dois regimes, a saber:

– se ocorrer a tal declaração, as rendas vencidas (mas não pagas) até que finde o prazo de 60 dias (após a declaração) podem ser feitas valer no processo de insolvência;
– já o direito ao pagamento das rendas que se vençam depois do citado prazo de 60 dias – mas que não tenham sido pagas – fica à margem do processo de insolvência.

Caso se verifique este último circunstancialismo (e em razão da declaração do administrador), o senhorio tem o "direito de exigir... [uma] indemnização dos prejuízos sofridos em caso de despejo por falta de pagamento de alguma ou algumas das referidas rendas, até ao montante das correspondentes a um trimestre".

Tal indemnização baseia-se na existência de um duplo factor: por um lado, a falta de pagamento da renda; por outro, o despejo com base nesse fundamento.

Acresce que se estabelece um tecto máximo para essa indemnização correspondente ao valor de 3 rendas.

Este é havido, nos termos do preceito em causa, como "um crédito sobre a insolvência".

§ 4. Falta de pagamento da renda e resolução do contrato pelo senhorio

1. Falta de pagamento da renda anterior à declaração de insolvência

1.1. *Resolução do contrato depois da declaração de insolvência por rendas vencidas em data anterior àquela*

Determina o art. 108.º, n.º 4 CIRE o seguinte:

– "o locador não pode requerer a resolução do contrato após a declaração de insolvência do locatário... [por] falta de pagamento das rendas respeitantes a período anterior [àquela]" (sublinhado nosso).

Esta proibição de "requerer a resolução" tem suscitado várias considerações da doutrina.

Por exemplo, Menezes Leitão acha criticável que se obrigue o senhorio a manter um contrato quando há fundamento para o resolver, o que não fazia com que saísse alterada a qualificação do crédito em causa[381].

Já Carvalho Fernandes e João Labareda sustentam que esta imposição "surge como um corolário da razão que domina a não suspensão do contrato, enquanto solução, em regra, mais favorável aos interesses da massa", afirmando ainda que "dificilmente se justificaria conferir ao senhorio, enquanto credor do insolvente, uma situação mais favorável que a dos demais". Todavia, entendem que o regime estabelecido não se deve aplicar ao n.º 2[382].

A situação jurídica do senhorio, nos termos da lei, sofre um revés considerável com a insolvência do arrendatário. A partir daí, o locador perde o direito de resolver o contrato por falta de pagamento da renda vencida em data anterior à referida declaração.

Assim, é agora ao administrador da insolvência que compete decidir do destino do contrato, no quadro legal estabelecido.

1.2. *Resolução do contrato antes da declaração de insolvência por rendas vencidas em data anterior àquela*

O art. 108.º, n.º 4 CIRE tem também a seguinte leitura, utilizando um argumento a *contrario sensu*:

– "o locador *[...]* pode requerer a resolução do contrato antes da declaração de insolvência do locatário... [por] falta de pagamento das rendas respeitantes a período anterior [à declaração de insolvência]".

---

[381] MENEZES LEITÃO, Direito da Insolvência, 2.ª Ed., cit., p. 187 e Código da Insolvência e da Recuperação de Empresas, Coimbra, 5.ª Ed., 2009, p. 148.
[382] CARVALHO FERNANDES e JOÃO LABAREDA, Código da Insolvência e da Recuperação da Empresa Anotado, Lisboa, 2009, p. 407.

Assim, se o senhorio utilizou, em momento prévio à declaração de insolvência, quaisquer das vias resolutivas ao seu dispor (a judicial ou a extrajudicial), nada impede que o processo prossiga legitimamente, não perdendo o senhorio o direito à resolução já exercido.

2. Falta de pagamento da renda posterior à declaração de insolvência

Pressupondo agora que o contrato de arrendamento se mantém, é possível que não seja cumprido e, portanto, a renda paga.

Nesse caso, o senhorio tem a possibilidade de se socorrer do regime resolutivo em caso da falta de pagamento da renda.

Tal resulta *a contrario sensu* do art. 108.º, n.º 4 CIRE:

– "o locador *[...]* pode requerer a resolução do contrato após a declaração de insolvência do locatário... [por] falta de pagamento das rendas respeitantes a período *posterior* [à declaração de insolvência]" – itálico nosso[383].

---

[383] Ac. Rel. Porto, de 14.1.2008 (ABÍLIO COSTA), www.dgsi.pt (embora se trate de um aluguer de um automóvel, a solução é a mesma; assim, observou o tribunal que "resulta provado que a A. resolveu os contratos de aluguer celebrados com a sociedade C, Unipessoal, Lda, com fundamento na falta de pagamento dos alugueres vencidos após a data da declaração de insolvência. Em conformidade, portanto, com aquele preceito legal").

À luz do regime anterior, ver Ac. Rel. Porto, de 1.3.1999 (GONÇALVES FERREIRA), www.dgsi.pt ("declarada a falência, a massa substitui-se ao falido nos respectivos direitos e obrigações. O contrato de arrendamento de que o falido seja arrendatário pode ser mantido ou denunciado pelo liquidatário. Sendo mantido, está este obrigado a pagar a renda devida ao senhorio. Não o fazendo, pode ser intentada acção de despejo contra a massa. Demandado e condenado o falido no despejo do locado, a sentença é insusceptível de ser executada contra ele, por a tanto se opor o art. 154.º, n.º 3 do CPEREF). Ver ainda Ac. Rel. Porto, de 26.1.1999 (RAPAZOTE FERNANDES), www.dgsi.pt ("se o senhorio pretender a resolução de contrato de arrendamento urbano e o pagamento de rendas em dívida, com fundamento em falta de pagamento de rendas vencidas antes e depois de decretada a falência do arrendatário, o meio processual adequado é a acção de despejo e não a reclamação de créditos por apenso ao processo de falência").

Aqui o senhorio pode seguir qualquer das duas vias do regime geral arrendatício: a extrajudicial ou a judicial[384].

Esta possibilidade permanece em aberto, ao contrário daquela outra mencionada, dado que, em primeira linha, cabe ao administrador averiguar se deve manter o contrato ou se deve recusar o cumprimento. Caso fracasse a escolha do administrador (que pesou mal as circunstâncias e que não procedeu ao pagamento da renda), não se antevêem razões para impedir o senhorio de exercer o direito de lhe pôr termo.

---

[384] Aqui a declaração resolutiva ou a acção de despejo, consoante o caso, deve ser dirigida ao administrador da insolvência (Ac. Rel. Porto, de 13.3.2008 (CARLOS PORTELA), CJ, 2008, pp. 181 a 183).
Cfr. ainda o Ac. Rel. Porto, de 3.12.2009 (TELES DE MENEZES), www.dgsi.pt.

BIBLIOGRAFIA

ALMEIDA COSTA, Mário Júlio
– Direito das Obrigações, 10.ª Ed., Reelaborada, Coimbra, 2006
ANTUNES VARELA, João
– Das Obrigações em Geral, Vol. II, 7.ª Ed., Revista e Actualizada, Coimbra, 2007
– Das Obrigações em Geral, Vol. I, 10.ª ed., Revista e Actualizada, 2006 (4.ª reimpressão da edição de 2000)
– "Cumprimento imperfeito do contrato de compra e venda. A excepção do contrato não cumprido", CJ, 1987, IV, pp. 23 ss.
ARAGÃO SEIA, Jorge
– Arrendamento Urbano, 7.ª Ed., Rev. e Act., Coimbra, 2003
BAPTISTA MACHADO, João
– "Pressupostos da resolução por incumprimento", João Baptista Machado. Obra Dispersa, Vol. I, Braga, 1991, pp. 125 ss.
BAPTISTA DE OLIVEIRA, Fernando
– A resolução do contrato no Novo Regime do Arrendamento Urbano, Coimbra, 2007
BRANDÃO PROENÇA, José Carlos
– A resolução do contrato no Direito Civil. Do enquadramento e do regime, Coimbra, 1996
CALVÃO DA SILVA, João
– Cumprimento e Sanção pecuniária Compulsória, 4.ª Ed., Coimbra, 2007
– Responsabilidade civil do produtor, Coimbra, 1990
CAPELO, Maria José
– "Pressupostos processuais gerais na acção executiva – a legitimidade e as regras da penhorabilidade", Themis, 2003, n.º 7, pp. 79 ss.
CARVALHO FERNANDES, Luís e LABAREDA, João
– Código da Insolvência e da Recuperação da Empresa Anotado, Lisboa, 2009
CUNHA DE SÁ e LEONOR COUTINHO
– Arrendamento Urbano, 2.ª Ed., Almedina, 2006
FERREIRA, Amâncio
– Curso de Processo de Execução, 6.ª Ed., Rev. e Act., Coimbra, 2004
GARCIA, Maria Olinda
– O arrendamento plural, Quadro Normativo e Natureza Jurídica, Coimbra, 2009

– Resolução do contrato de arrendamento urbano por falta de pagamento de rendas – vias processuais, Anotação ao Ac. do TRC de 15.4.2008, Proc. 937/07, CDP, 2008, n.º 24, pp. 65 ss.
– A Acção Executiva para Entrega de Imóvel Arrendado, 2.ª Ed., Coimbra, 2008

GEMAS, Laurinda, PEDROSO, Albertina e JORGE, João Caldeira
– Arrendamento Urbano, Lisboa, 2006

GRAVATO MORAIS, Fernando de
– Contrato-promessa em geral. Contratos-promessa em especial, Coimbra, 2009
– "Título executivo para a acção de pagamento da renda – Anotação ao Acórdão do Tribunal da Relação do Porto, de 12 de Maio de 2009", Cadernos de Direito Privado, n.º 27, 2009, pp. 57 a 69
– "Acção de despejo por falta de pagamento da renda – Anotação ao Acórdão do Tribunal da Relação de Lisboa, de 23 de Outubro de 2007", Cadernos de Direito Privado, n.º 22, 2008, pp. 59 ss.
– "A mora do devedor nas obrigações pecuniárias", SI, 2008, pp. 483 ss.
– Arrendamento para habitação. Regime transitório, Coimbra, 2007
– Alienação e oneração de estabelecimento comercial, Coimbra, 2005
– "A tutela do credor perante o atraso no pagamento de transacções comerciais", Scientia Ivridica, 2005, n.º 302, pp. 271 ss.

JANUÁRIO GOMES, Manuel
– Arrendamentos para habitação, 2.ª Ed., Coimbra, 1996
– Arrendamentos comerciais, 2.ª Ed. Remodelada (reimp.), Coimbra, 1993

JOÃO ABRANTES, José
– A Excepção de Não Cumprimento do Contrato no Direito Civil Português. Conceito e fundamento, Coimbra, 1986

MAGALHÃES, David
– A resolução do contrato de arrendamento urbano, Coimbra, 2009

MENEZES CORDEIRO, António
– "O novo regime do arrendamento urbano", O Direito, 2005, II, pp. 317 ss.
– "Violação positiva do contrato. Cumprimento imperfeito e garantia de bom funcionamento da coisa vendida; âmbito da excepção do contrato não cumprido", ROA, 1981, pp. 128 ss.

MENEZES LEITÃO, Luís
– Código da Insolvência e da Recuperação de Empresas, Coimbra, 5.ª Ed., 2009
– Direito da Insolvência, 2.ª Ed., Coimbra, 2009
– Direito das Obrigações, Vol. II, 6.ª Ed., Coimbra, 2008
– Arrendamento Urbano, 3.ª Ed., Coimbra, 2007

MOTA PINTO, Carlos
– Teoria Geral do Direito Civil, 4.ª Ed. (por António Pinto Monteiro e Paulo Mota Pinto), Coimbra, 2005

PAIS DE SOUSA, António
– Anotação ao Regime do Arrendamento Urbano, Lisboa, 1996

PEREIRA COELHO, F. M.
– Arrendamento. Direito substantivo e processual, Coimbra, 1988

PINTO DUARTE, Rui
- "A penhora e a venda executiva do estabelecimento comercial", Themis, n.º 9, 2004, A reforma da acção executiva, Vol. II, pp. 123 ss.

PINTO FURTADO, Jorge
- Manual do Arrendamento Urbano, Vol. I, 5.ª Ed., Revista e Actualizada, Coimbra, 2009
- Manual do Arrendamento Urbano, Vol. II, 4.ª Ed. Actualizada, Coimbra, 2008
- Manual do Arrendamento Urbano, 3.ª Ed., Rev. e Act., Coimbra, 2001

PINTO LOUREIRO, José
- Tratado da Locação, I, Coimbra, 1946-1947

PINTO MONTEIRO, António e VIDEIRA HENRIQUES, Paulo
- "A cessação do contrato no Regime dos Novos Arrendamentos Urbanos", O Direito, 2004, II, III, pp. 289 ss.

PIRES DE LIMA e ANTUNES VARELA,
- Código Civil Anotado, Vol. III, 2.ª Ed., Rev. e Act. (com a colaboração de HENRIQUE MESQUITA), Coimbra, 1987

REMÉDIO MARQUES, João Paulo
- A penhora e a reforma do processo civil. Em especial a penhora de depósitos bancários e de estabelecimento, Lisboa, 2000

RIBEIRO DE FARIA, Jorge
- Direito das Obrigações, Vol. II, Coimbra, 1990

ROMANO MARTINEZ, Pedro
- Da cessação do contrato, 2.ª Ed., Coimbra, 2006
- Direito das Obrigações (Parte Especial) – Contratos, 2.ª Ed., Coimbra, 2007 (3.ª reimpressão da edição de 2001)
- Cumprimento defeituoso. Cumprimento defeituoso em especial na compra e venda e na empreitada, Coimbra, 1994

ROSÁRIO EPIFÂNIO, Maria do
- Os efeitos substantivos da falência, Porto, 2002

SEQUEIRA RIBEIRO, António
- "Renda e encargos no contrato de arrendamento urbano", Estudos em Homenagem ao Professor Doutor Inocêncio Galvão Telles, Vol. III, Direito do Arrendamento Urbano, Coimbra, 2002, pp. 87 ss.

SOARES DO NASCIMENTO, Paulo
- "O incumprimento da obrigação do pagamento da renda ao abrigo do novo Regime Jurídico do Arrendamento Urbano. Resolução do contrato e acção de cumprimento", Estudos em Homenagem da Faculdade de Direito de Lisboa ao Prof. Inocêncio Galvão Telles – 90 anos, Coimbra, 2007, pp. 996 ss.

VAZ SERRA, Adriano
- "Excepção de contrato não cumprido (*exceptio non adimpleti contractus*)", BMJ, n.º 67, 1957, pp. 17 ss.
- "Do cumprimento como modo de extinção das obrigações", BMJ, n.º 34, 1953, pp. 5 ss.

ÍNDICE GERAL

Abreviaturas 7
Plano sucinto 9

TÍTULO I
A obrigação de pagamento da renda

§ 1. Consagração legal da obrigação de pagamento da renda 16
§ 2. A correspectividade entre as obrigações de entrega e de proporcionar o gozo do imóvel e a obrigação de pagamento da renda 17
§ 3. A renda como prestação pecuniária 18
§ 4. A renda como prestação periódica 19
§ 5. A fixação inicial da renda 20
    1. Fixação por acordo e sem restrições 20
    2. Casos especiais 21
§ 6. Determinabilidade da renda 21
§ 7. Actualização da renda: breves notas 22
    1. Actualização legal anual 22
    2. Actualização convencional 23
    3. Actualização extraordinária da renda quanto a alguns contratos vinculísticos (antigos) 24
§ 8. Vencimento da renda 25
    1. Regime específico do arrendamento urbano: vencimento antecipado da renda 25
    2. Regime locatício: vencimento postecipado da renda 25
    3. Regime convencional 26
§ 9. Legitimidade para receber e para pagar a renda 26
    1. Legitimidade para receber a renda 26
        1.1. O senhorio 26
        1.2. O representante do senhorio 26
        1.3. Outros legitimados 27
        1.4. O caso da transmissão da posição de senhorio 27

2. Legitimidade para pagar a renda 28
   2.1. O arrendatário 28
   2.2. O representante do arrendatário... 28
   2.3. Outros legitimados... 28
   2.4. O caso da transmissão da posição de arrendatário 30
§ 10. Lugar do pagamento 30
   1. Regime supletivo 30
      1.1. O lugar do domicílio do arrendatário 30
      1.2. A presunção de mora do senhorio.. 30
   2. Regime convencional... 31
      2.1. Cláusula escrita no contrato de arrendamento: sua amplitude 32
      2.2. Do afastamento da cláusula contratual relativa ao lugar do pagamento da renda por estipulação verbal posterior............................ 32
      2.3. Da prevalência de cláusula contratual relativa ao lugar do pagamento da renda em relação aos usos posteriores................................ 33
      2.4. Da estipulação verbal posterior ao contrato de arrendamento omisso quanto ao lugar do pagamento.. 34
§ 11. Depósito das rendas: seu regime 34
   1. Hipóteses em que pode ocorrer o depósito das rendas................ 34
      1.1. Consignação em depósito 35
         1.1.1. Alguns casos 35
            1.1.1.1. O arrendatário, sem culpa sua, não pode efectuar a prestação... 35
            1.1.1.2. O arrendatário, sem culpa sua, não pode efectuar a prestação com segurança, por motivo relativo à pessoa do senhorio 35
            1.1.1.3. A mora do senhorio... 36
      1.2. Faculdade de *cessação da mora* pelo arrendatário 36
      1.3. Na pendência de acção de despejo 37
   2. Tipos de depósito e sua relevância.. 37
   3. Depósito da renda e/ou da indemnização 38
   4. Termos do depósito.. 38
      4.1. Legitimidade activa e ordem do depósito 38
      4.2. Procedimentos.. 39
      4.3. Menções a constar do depósito.. 39
   5. Notificação do depósito da renda ao senhorio............................ 39
   6. Depósitos posteriores... 40
   7. Modos de actuação do senhorio depois de efectuado o depósito................ 40
      7.1. Impugnação do depósito... 40
         7.1.1. A notificação do senhorio e o prazo geral da impugnação 40
         7.1.2. As várias hipóteses 41
            7.1.2.1. Não está pendente qualquer acção de despejo;................ 41
               a) O locador não pretende impugnar o depósito;................ 41
               b) O locador pretende apenas impugnar o depósito;........... 41

c) O locador pretende resolver judicialmente o contrato por falta de pagamento da renda;	41
d) O locador pretende resolver extrajudicialmente o contrato por falta de pagamento da renda	42
7.1.2.2. Pendência de acção de despejo	42
7.1.3. Apensação do processo de depósito ao da acção de despejo....	42
7.2. Levantamento do depósito	43
7.2.1. Levantamento mediante declaração do senhorio	43
7.2.2. Levantamento após decisão judicial	43
8. Efeitos do regular depósito da renda	43
§ 12. Prescrição da obrigação de pagamento da renda	45
1. O prazo prescricional	45
2. Interrupção da prescrição	46
3. Prescrição e transmissão regular da posição de arrendatário	47
4. Prescrição da obrigação de indemnização legal	47
§ 13. Autonomia da prestação de renda	48

TÍTULO II
Mora do arrendatário no pagamento da renda

CAPÍTULO I
Regime geral e regime especial

§ 1. Mora nas obrigações pecuniárias	49
§ 2. Mora do arrendatário na obrigação de pagamento da renda: regime geral	51
§ 3. Mora do arrendatário na obrigação de pagamento da renda: regime especial	51
1. Generalidades	51
2. Modalidades da mora	52
2.1. Mora juridicamente não relevante	52
2.1.1. Considerações gerais	52
2.1.2. O prazo de *oito dias* a contar do começo da mora	52
2.1.3. Consequências da mora juridicamente não relevante	53
2.2. Mora juridicamente relevante	54
§ 4. Meios de reacção do senhorio perante a mora do arrendatário: as vias alternativas ao seu dispor	54
§ 5. Situação das partes perante a mora juridicamente relevante	56
1. Direito do senhorio à recusa das rendas vincendas até à cessação da mora	56
2. Manutenção, na pendência da mora, de todos os direitos do senhorio	56
3. A recepção das novas rendas	57

CAPÍTULO II
Casos de mora (ou de inexistência de mora) do arrendatário no pagamento da renda

§ 1.	Considerações gerais...	59
§ 2.	Mora e lugar do pagamento..	59
§ 3.	Mora e modo de pagamento..	61
	1. Pagamento por cheque...	61
	2. Pagamento por transferência bancária...............................	62
§ 4.	Mora e recibo de renda..	63
	1. Regras gerais da emissão de recibo da renda...................	63
	2. Alguns casos...	64
	2.1. Emissão de recibo pelo valor da renda em singelo quando está também em falta a indemnização legal...................	64
	2.2. Recibo desconforme...	65
§ 5.	Pagamento de valor inferior ao da renda e recusa da recepção da renda pelo senhorio...	66
§ 6.	Mora e exigência de renda superior à devida........................	66
§ 7.	Mora e renúncia ao direito de receber parte da renda.........	67
§ 8.	Mora e titularidade da relação locatícia..................................	68

TÍTULO III
O direito do senhorio exigir a(s) renda(s) em atraso

CAPÍTULO I
As rendas em atraso

§ 1.	Consagração legal...	71
§ 2.	Acção executiva para pagamento das rendas em atraso.....	72
	1. Instauração de acção executiva para pagamento da renda........	72
	1.1. Enquadramento legal...	72
	1.2. Constituição de título executivo..................................	73
	1.2.1. O contrato de arrendamento.............................	73
	1.2.2. A comunicação do montante em dívida ao arrendatário..........	73
	1.2.2.1. Legitimidade...	73
	1.2.2.2. Forma...	74
	1.2.2.3. Conteúdo...	75
	1.2.2.4. Tempo...	75
	1.2.2.5. Finalidade..	75
	1.2.3. Outros documentos..	76
	1.3. Da constituição de título executivo contra o fiador do arrendatário....	76
	1.3.1. O problema..	76

1.3.2. Admissibilidade de constituição de título executivo sem notificação do fiador 77
1.3.3. Admissibilidade de constituição de título executivo com notificação do fiador 78
1.3.4. Inadmissibilidade de constituição de título executivo contra o fiador 78
1.3.5. Posição adoptada 79
1.4. Oposição à execução 81
§ 3. Instauração de uma acção declarativa para pagamento da renda 82
§ 4. Instauração de uma acção de despejo onde se exige o pagamento da renda 82
§ 5. Cumprimento voluntário por parte do arrendatário 83

CAPÍTULO II
Os juros de mora relativos às rendas em atraso

§ 1. Os juros de mora legais 85
 1. Tipos de juros 85
 2. Exigibilidade dos juros relativos às rendas vencidas 87
§ 2. Juros de mora convencionais; em especial, a cláusula penal 88

TÍTULO IV
O direito do senhorio a uma indemnização igual a metade do valor da(s) renda(s) em atraso

CAPÍTULO I
Direito do senhorio a exigir metade do valor das rendas em atraso

§ 1. Consagração legal 91
§ 2. Origem e evolução do valor indemnizatório 92
§ 3. O critério seguido 93
§ 4. Funções e justificação 93
§ 5. Imperatividade do valor percentual 94
§ 6. Inoponibilidade do arrendatário ao direito do senhorio à indemnização legal 94
§ 7. Do possível valor elevado da indemnização e dos meios de reacção do arrendatário 95
§ 8. Momento da constituição do direito do senhorio a exigir a indemnização legal ... 95
§ 9. Da não exigibilidade de juros de mora 97
§ 10. Modos de o senhorio obter a indemnização legal 97
 1. Da instauração de uma acção executiva para pagamento da indemnização igual a metade do valor da renda 98

1.1. Admissibilidade 98
1.2. Constituição de título executivo 100
2. Da admissibilidade de instauração de uma acção declarativa para pagamento da indemnização legal 101
§ 11. Extinção ou manutenção do direito a exigir a indemnização legal: alguns casos 101
 1. Não admissibilidade de cumulação da resolução com a indemnização legal 101
 2. Admissibilidade da indemnização legal quando o contrato não cessa por resolução 102

CAPÍTULO II
Direito do arrendatário a pagar metade do valor da renda em atraso

§ 1. A escolha voluntária pelo arrendatário da via indemnizatória 105
 1. Situação fáctica 105
 2. Direito do arrendatário ao pagamento da indemnização 106
§ 2. A escolha do arrendatário da via indemnizatória como forma de oponibilidade ao direito do senhorio 106

TÍTULO V
Resolução do contrato de arrendamento por falta de pagamento de renda

CAPÍTULO I
Aspectos gerais

§ 1. Tipologia da falta de pagamento de renda 109
§ 2. A falta de pagamento da renda como fundamento resolutivo 110
§ 3. A lógica subjacente à resolução arrendatícia em geral 111
§ 4. Imputação do cumprimento 113
 1. Regime geral 113
 2. Imputação de rendas 113
 3. Imputação de rendas e da indemnização legal 114
 4. Casos de irrelevância do critério enunciado 115

CAPÍTULO II
Resolução por comunicação

§ 1. Considerações gerais 117
§ 2. Pressupostos da resolução por comunicação 118
 1. O novo modelo resolutivo 118
 2. Identificação dos pressupostos 118
 3. Em especial, a inexigibilidade *ex lege* 119

3.1. Decurso sem sucesso do prazo de três meses completos após o atraso no pagamento de uma renda 120
4. (Cont.) A inexigibilidade na manutenção do arrendamento e o período igual ou inferior a 3 meses 121

§ 3. Exercício do direito de resolução 123
   1. Forma(s) da comunicação 123
      1.1. Enquadramento legal 123
      1.2. Notificação avulsa 123
      1.3. Contacto pessoal de advogado, solicitador ou solicitador [agente] de execução 124
         1.3.1. Legitimidade 124
            1.3.1.1. Legitimidade activa 124
            1.3.1.2. Legitimidade passiva 125
         1.3.2. Procedimentos 125
   2. Fundamentação da obrigação incumprida 126
   3. Tempo do exercício 127
   4. Casos de ineficácia da comunicação 128

§ 4. A faculdade de o arrendatário pôr "fim à mora" 128
   1. Considerações gerais 128
   2. Pressupostos 129
      2.1. Pressuposto material: "pôr fim à mora" 129
      2.2. Pressuposto temporal: fixação de um prazo de três meses completos para "pôr fim à mora" 130
   3. A oferta de pagamento ao senhorio das importâncias devidas 130

§ 5. O não pagamento da renda e da indemnização devida no prazo de 3 meses: seus efeitos 130

§ 6. A desocupação do locado 131
   1. Exigibilidade da desocupação 131
   2. Consequências da não desocupação do locado 132

§ 7. Natureza jurídica 133

CAPÍTULO III
Resolução por comunicação (cont.): meios processuais subsequentes

§ 1. Títulos executivos extrajudiciais para entrega de imóvel arrendado 136
   1. O problema à luz do RAU 136
   2. A questão à luz do NRAU 136

§ 2. Constituição de título executivo extrajudicial para entrega de imóvel arrendado com fundamento na falta de pagamento da renda 137
   1. Consagração legal 137
   2. Pressupostos para a constituição de título executivo extrajudicial 138
      2.1. Pressupostos materiais 138
         2.1.1. Não desocupação do locado na data devida por lei 138

2.1.2. Resolução por comunicação na sequência da falta de pagamento
de renda.. 139
2.2. Pressupostos formais 139
    2.2.1. Existência de contrato de arrendamento................................. 139
        2.2.1.1. O contrato escrito de arrendamento...................... 139
        2.2.1.2. O recibo de renda.. 140
        2.2.1.3. O contrato de arrendamento qualificado por decisão transitada em julgado.. 141
        2.2.1.4. Consequências da falta de contrato de arrendamento escrito na acção executiva.. 143
    2.2.2. Comprovativo da comunicação por falta de pagamento de renda 144
    2.2.3. Eventual relevo de outros documentos..................................... 146
3. Do momento da instauração da acção executiva para entrega de imóvel
arrendado... 146
    3.1. Nos três meses em que se permite ao arrendatário sanar a mora........ 146
    3.2. No período prévio à desocupação do locado................................... 148
4. Da possibilidade de o arrendatário pôr *fim à mora* no prazo para a oposição
à execução.. 148
5. Do requerimento executivo à oposição à execução............................... 151
    5.1. Requerimento executivo; indeferimento liminar............................. 151
    5.2. Citação do arrendatário/executado 151
    5.3. Oposição à execução 151
    5.4. Oposição à execução (cont.): os caminhos possíveis...................... 152
        5.4.1. Casos de indeferimento liminar da oposição à execução.......... 152
        5.4.2. Casos de suspensão da execução... 152
        5.4.3. Em especial, a execução fundada em resolução por comunicação 152

CAPÍTULO IV
Resolução judicial

SECÇÃO I
Admissibilidade da acção de despejo

§ 1. Introdução... 155

§ 2. O debate jurisprudencial e a discussão doutrinária: as posições existentes...... 156
    1. Rejeição liminar da acção de despejo... 156
    2. Admissibilidade da acção de despejo.. 158
    3. Admissibilidade temporalmente limitada da acção de despejo.......... 162
    4. A resolução por comunicação como regra que admite excepções............. 163
    5. Posição adoptada: admissibilidade da acção de despejo a todo o tempo..... 163
        5.1. Argumentos a favor da admissibilidade da acção (declarativa) de despejo e em alternativa à via extrajudicial... 163
        5.2. Argumentos a favor da admissibilidade da acção (declarativa) de despejo a todo o tempo 166

SECÇÃO II
Requisitos da constituição do direito de resolução judicial

§ 1.	Mora do arrendatário	169
§ 2.	Gravidade ou consequências do incumprimento	170
§ 3.	Inexigibilidade na manutenção do contrato de arrendamento	170
	1. Considerações gerais..	170
	2. A acção de despejo instaurada nos 3 meses subsequentes à mora...............	172
	3. A acção de despejo proposta nos primeiros 3 meses após a mora (mas decorrido o prazo inicial de *oito dias* depois do atraso)	173
	3.1. Considerações gerais	173
	3.2. Alguns exemplos	174

SECÇÃO III
A faculdade de o arrendatário fazer "caducar o direito de resolução"

§ 1.	A faculdade de o arrendatário fazer "caducar o direito de resolução"..............	179
§ 2.	O pagamento das rendas em atraso e da indemnização legal............................	180
	1. Considerações gerais..	180
	2. Pressupostos	181
	2.1. Pressuposto *pecuniário*..	181
	2.1.1. Em caso de incumprimento total	181
	2.1.1.1. Somas devidas	181
	2.1.1.2. Indemnização igual a metade do valor das rendas devidas	182
	2.1.2. Em caso de incumprimento parcial	182
	2.1.2.1. A base do cálculo do valor da indemnização............	182
	2.1.2.2. A indemnização legal moratória no caso de discordância quanto à actualização da renda...................	185
	2.1.3. Posição adoptada	186
	2.2. Pressuposto quanto ao modo de fazer caducar o direito de resolução....	187
	2.3. Pressuposto temporal..	188
	3. Da caducidade do direito de resolução por efeito do pagamento	189
	3.1. Verificação dos pressupostos..	189
	3.2. Prova	189
§ 3.	A invocação da caducidade pelo arrendatário do direito de resolução do senhorio: o caso das rendas devidas há mais de um ano..	190

SECÇÃO IV
A perda da faculdade de o arrendatário fazer caducar o direito de resolução

§ 1.	Considerações gerais..	193
§ 2.	Uso limitado da faculdade de fazer caducar o direito de resolução................	194
	1. A nova regra	194

2. Âmbito de aplicação 194
   2.1. Arrendatário urbano.. 194
   2.2. Fase judicial... 195
      2.2.1. Utilização da via extrajudicial e, seguidamente, da via judicial (executiva) 195
      2.2.2. Utilização da via judicial (acção declarativa de despejo) 196
         2.2.2.1. Hipótese típica... 196
         2.2.2.2. Hipótese atípica... 196
      2.2.3. Utilização da via judicial, seguida do despejo imediato e da obtenção de título executivo.. 197
   2.3. Utilização da faculdade pelo arrendatário "uma única vez" 198
   2.4. Utilização da faculdade com referência a cada contrato..................... 198
§ 3. Alguns casos específicos 199
   1. Alteração da posição de arrendatário... 199
   2. Modificação da posição de senhorio 202

TÍTULO VI
Resolução do contrato de arrendamento por falta de pagamento de renda: outros aspectos de relevo

CAPÍTULO I
A excepção de não cumprimento invocada pelo arrendatário

§ 1. Identificação das prestações.. 203
§ 2. Sinalagmaticidade entre as prestações.. 204
§ 3. Efeitos da correspectividade entre as prestações................................ 204
   1. A excepção de não cumprimento do contrato em termos gerais............... 204
   2. A não entrega do imóvel e a excepção de não cumprimento.................... 205
   3. O cumprimento defeituoso ou o incumprimento parcial do senhorio e a excepção de não cumprimento 206
      3.1. As regras da boa fé e da proporcionalidade 206
      3.2. Privação do gozo do imóvel, imputabilidade da conduta e causa da invocação 206
      3.3. Prática judicial 209

CAPÍTULO II
A escassa importância do incumprimento do arrendatário

§ 1. A escassa importância do incumprimento... 215
§ 2. Critério a ter em conta e suas concretizações................................... 217
   1. Apreciação objectiva.. 217
   2. Concretizações 217

TÍTULO VII
Em especial, a falta de pagamento da renda na pendência da acção de despejo

§ 1. Breve notas sobre a evolução legal da falta de pagamento da renda na pendência da acção de despejo 221

§ 2. O regime vigente 222
    1. Enquadramento legal 222
    2. Razão de ser 223
    3. Âmbito de aplicação da disciplina 224
        3.1. Alcance da locução "acção de despejo" 225
        3.2. Alcance da expressão "pendência da acção de despejo" 226

§ 3. O regime vigente (cont.): a disciplina especial da falta de pagamento da renda 228
    1. O período de favor de 3 meses 229
    2. Apresentação pelo senhorio de requerimento aos autos em que pede a notificação do arrendatário 229
    3. Notificação do arrendatário 229
    4. A concessão de um novo prazo (decenal) para *purgar a mora* 230
    5. Cessação da mora: suas consequências 230
        5.1. Pagamento das rendas devidas e da correspondente indemnização 230
        5.2. A alternatividade consagrada 230
        5.3. Junção da prova aos autos do pagamento da(s) renda(s) e da indemnização 231
        5.4. Condenação do arrendatário nas custas do incidente e nas despesas de levantamento do depósito 232

§ 4. Oposição do arrendatário 232

§ 5. A constituição de título executivo impróprio 235

TÍTULO VIII
Algumas hipóteses específicas

CAPÍTULO I
A penhora do estabelecimento comercial e a obrigação de pagamento da renda

§ 1. Penhora do estabelecimento comercial instalado em imóvel arrendado 237

§ 2. Notificação da penhora ao senhorio 239

§ 3. Efeitos da penhora do estabelecimento na relação arrendatícia 240
    1. Subsistência do contrato de arrendamento 240
    2. A obrigação de pagamento da renda 241
    3. A falta de pagamento da renda e os direitos do senhorio 242
        3.1. Considerações gerais 242

3.2. Em especial, o direito à resolução do contrato por falta de pagamento da renda.. 243
4. O cumprimento da obrigação de pagamento da renda e a venda executiva do estabelecimento comercial.. 247
5. O caso especial da acção de despejo por falta de pagamento da renda ter sido instaurada posteriormente à venda executiva do estabelecimento comercial.. 248

CAPÍTULO II
A insolvência do arrendatário e a obrigação de pagamento da renda

§ 1. A insolvência do arrendatário: enquadramento legal......................... 253
§ 2. Efeitos da declaração de insolvência no contrato de arrendamento: regime geral 254
    1. Considerações gerais.. 254
    2. O direito de escolha do administrador da insolvência..................... 255
        2.1. Manutenção do contrato de arrendamento 255
        2.2. Denúncia do contrato de arrendamento.................................. 256
            2.2.1. Caracteres da denúncia.. 256
            2.2.2. Em especial, o prazo de pré-aviso.............................. 257
            2.2.3. O período de pendência da denúncia......................... 258
            2.2.4. O período que medeia entre a data da produção dos efeitos da denúncia e o termo (convencionado ou possível) do contrato.... 258
            2.2.5. Outros efeitos da denúncia... 259
§ 3. Efeitos da declaração de insolvência no contrato de arrendamento habitacional: desvio à regra.. 259
§ 4. Falta de pagamento da renda e resolução do contrato pelo senhorio................ 260
    1. Falta de pagamento da renda anterior à declaração de insolvência 260
        1.1. Resolução do contrato depois da declaração de insolvência por rendas vencidas em data anterior àquela... 260
        1.2. Resolução do contrato antes da declaração de insolvência por rendas vencidas em data anterior àquela... 261
    2. Falta de pagamento da renda posterior à declaração de insolvência............ 262

Bibliografia... 265
Índice Geral... 269